Curso
para Extranjeros

VEN 2
(edición especial profesor)

Francisca Castro Viudez
Agregada

Fernando Marín Arrese
Catedrático

Reyes Morales Gálvez
Agregada

Soledad Rosa Muñoz
Agregada

Coordinadora: Pilar Jiménez Gazapo
Catedrática

Diseño gráfico, ilustraciones y maquetación:
TD-GUACH

Fotomecánica y Fotocomposición:
ART / KARMAT

Imprenta:
GRÁFICAS PEÑALARA

- Foto cubierta y portadas unidades
  3, 4, 5, 6, 8, 10, 12 y 15
  J. R. BROTONS

- Fotos portadas:
  Unidad 1
  EUROPA PRESS

- Unidad 2
  MINISTERIO DE CULTURA (España)

- Unidad 7
  . E. LERKE (FOTOPANORAMA. Argentina)

- Unidad 9
  E. DÍAZ CAMPO

- Unidades 11 y 13
  F. LAGHI (FOTOPANORAMA. Argentina)

© EDELSA/EDI 6
General Oráa, 32
28006 MADRID
I.S.B.N.: 84-7711-050-6
Depósito legal M-8755-1991

Impreso en España / Printed in Spain
Talleres Gráficos Peñalara
Ctra. Villaviciosa a Pinto, km 15,180
Fuenlabrada (Madrid)

▲ 1

FOTOGRAFÍAS Y TEXTOS

Unidad 1. Pág. 11: Portada «La verdad sobre el caso Savolta» (E. Mendoza, SEIX BARRAL). Pág. 15: Portada «Queda la noche» (S. Puértolas, PLANETA). Pág. 16: Titular de *El País*, agosto 1990 y breve noticia de *ABC*, 11-2-1990.

Unidad 2. Pág. 20: Portada «Los españoles» (A. de Miguel, TEMAS DE HOY). Pág. 22: Portada «El general en su laberinto» (G. García Márquez, MONDADORI). Pág. 27: Resumen artículo «Qué piensan, qué desean, qué temen los jóvenes españoles de hoy» (*ABC* «Blanco y Negro» 11-3-1990).

Unidad 3. Pág. 33: Portada «Los mares del Sur» (M. Vázquez Montalbán, PLANETA). Pág. 37 Foto de ingredientes de un gazpacho (*El País*, Estilo, octubre 1990). Pág. 38: Resumen artículo «El mezcal» (*Muy interesante*, núm. 109, junio 1990).

Unidad 4. Pág. 45: Portada «Todos los fuegos al fuego» (J. Cortázar, EDHASA). Pág. 50: Extractos del folleto «Descubra Barcelona» y fotos de una aguja de la Sagrada Familia y del Palau de la Música (Ajuntament de Barcelona); fotos de las Ramblas y de la Casa Batlló de Gaudí (Javier Peña).

Unidad 5. Pág. 54: Breve noticia de *El País*, 29 de septiembre de 1990. Pág 56: Portada «La Tregua» (M. Benedetti, CATEDRA).

Unidad 6. Pág. 67: Portada «Cae la noche tropical» (M. Puig, SEIX BARRAL)

Unidad 7. Págs. 78, 82 y 83: Reproducción programa y datos generales folleto de viajes *Ticket 31*, págs. 82 y 83 (INTSATUR). Pág. 79: Portada «Entre visillos» (C. Martín Gaite, DESTINO).

Unidad 8. Pág. 90: Portada «La tía Julia y el escribidor» (M. Vargas Llosa, SEIX BARRAL). Pág. 95: Resumen artículo «La Universidad y la mujer latinoamericana» (núm. 4 revista BONNIE de Bolivia, autora, Magali Vega. FEMPRES).Foto mujer de la campaña por la igualdad de derechos mujeres/hombres (INSTITUTO DE LA MUJER, Ministerio de Asuntos Sociales).

Unidad 9. Pág. 99: Extractos del folleto de las fiestas de San Isidro año 1990 (Ayuntamiento de Madrid). Pág. 101: Portada libro «Últimas tardes con Teresa» (J. Marsé, SEIX BARRAL). Pág. 106: Foto de bailable chenteño (Distribuidora Lumy, Oaxaca-México).

Unidad 10. Pág. 113: Portada «Cartas de amor de un sexagenario voluptuoso» (Miguel Delibes, DESTINO). Pág. 118: Resumen artículo sobre Buenos Aires y fotos de un gaucho y del edificio del Congreso de la Nación (Revista TIEMPO DE VIAJAR, núm. 33); foto del centro comercial «Alto Palermo» (FOTOPANORAMA, Argentina).

Unidad 11. Pág. 124: Portada «La desheredada» (B. Pérez Galdós, ALIANZA). Pág. 129: Resumen sobre Fernando Botero («Arte en Iberoamérica», de Dawn Ades) y reproducción de «La familia presidencial» (igual procedencia).

Unidad 12. Pág. 133: Reproducción de una página del Consultorio de Psicología de la revista MÍA y foto del asesor Bernabé Tierno. Pág. 135: Portada «Juan de Mairena» (A. Machado, CÁTEDRA).

Unidad 13. Pág. 145: Reproducción de una página de la Guía de *El Mundo* (16, 17 y 18 de marzo de 1990); breve referencia y foto del cantante Lucho Gatica (*El País*, marzo 1990; autora, Maruja Torres). Pág. 147: Portada «La consagración de la primavera» (A. Carpentier, PLAZA y JANÈS). Pág. 151: Breve referencia de *El País* (8 de julio de 1990; autor Juan Arias) al concierto de las Termas de Caracalla; foto portada disco «Carreras, Domingo y Pavarotti en concierto» (DECCA). Pág 152: Resumen sobre J. C. Uribe y O. Viteri («Arte en Iberoamérica», Dawn Ades, Ministerio de Cultura) y reproducción de «Declaración de amor en Venezuela» y «Ojo de luz» (igual procedencia).

Unidad 14. Pág. 156: Extracto de un artículo sobre «Hijos sí; Hijos no (Revista ELLE, septiembre 1988). Pág. 158: Portada «El túnel» (E. Sábato, CÁTEDRA). Pág. 162: Resumen entrevista con Antonio Resines (GRECA, julio1990). Pág. 163: Resumen entrevista con Javier Mariscal y tres ilustraciones (Revista ELLE, septiembre 1988).

Unidad 15. Pág. 165: Portada «Crónica de una muerte anunciada» (G. García Márquez, MONDADORI). Pág 175: resumen artículo sobre Colombia (Revista TIEMPO DE VIAJAR, núm. 31).

El resto de las fotografías son propiedad de los autores o de la Editorial.

Hemos buscado y solicitado los derechos de las fotografías y textos y agradecemos la amabilidad de cuantos nos han respondido y autorizado la reproducción. Sus derechos quedan a su disposición en EDELSA/EDI 6.

PRÓLOGO

Si analizamos el panorama actual en la enseñanza de lenguas, vemos que los alumnos de hoy en día exigen una enseñanza dinámica y participativa, en la que se sientan responsables y conscientes de su propio proceso de aprendizaje; los profesores necesitan materiales actualizados, atrayentes e imaginativos, pero claros y fáciles de manejar.

VEN se ha diseñado como un instrumento de trabajo, útil y completo, tanto para alumnos como para profesores.

Las características más destacables de este método son las siguientes:

— Integración de actividades comunicativas con la presentación clara y concisa de contenidos gramaticales en orden gradual de dificultad.

— Variedad de actividades y ejercicios, que cubren todos los aspectos de la enseñanza del español: funciones, gramática, vocabulario, pronunciación. También se incluye una introducción a las variaciones léxicas existentes entre los diferentes países de habla hispana.

— Flexibilidad y adaptabilidad a situaciones y alumnos diferentes.

— Un acercamiento a la cultura y civilización de España y de Hispanoamérica.

VEN 2 parte de un nivel elemental y llega hasta un nivel intermedio. Se completa la presentación y práctica de las estructuras básicas del español, iniciadas en Ven 1, y se introduce un aspecto nuevo: la lectura y comprensión de textos literarios breves, relacionados con el resto de la unidad en cuanto a su temática y seleccionados de autores representativos de la literatura moderna en lengua española.

El nivel terminal obtenido con Ven 2 permitirá al alumno afrontar de forma adecuada la preparación para el examen del Diploma Básico de Español Lengua Extranjera u otras pruebas similares.

Los autores
Madrid 1991

ÍNDICE GENERAL

UNIDAD 1

CANCIÓN MEXICANA

Mi ABUELO, al tomar el café,
me hablaba de Juárez y de Porfirio,
los zuavos y los plateados.
Y el mantel olía a pólvora.

Mi padre, al tomar la copa,
me hablaba de Zapata y de Villa,
Soto y Gama y los Flores Magón.
Y el mantel olía a pólvora.

Yo me quedo callado:
¿de quién podría hablar?

Octavio PAZ

Octavio Paz, escritor mexicano,
premio Nobel 1990, en la recepción
del Premio Cervantes; abril 1982.
Paraninfo de la Universidad de Alcalá (Madrid).
Foto: EUROPA PRESS.

A. *Llega la chica "au pair"*

Sra. Soler: ¡Hola! Eres Allison, ¿verdad?

Allison: Sí, sí. Allison Matson.

Sra. Soler: Pasa, pasa... A ver, háblame un poco de ti. ¿De dónde eres?

Allison: Soy de Liverpool, pero he vivido muchos años en Cambridge.

Sra. Soler: ¿Ah sí?, ¿en Cambridge? ¡Es una ciudad muy bonita! ¿Y cuánto tiempo llevas en Valencia?

Allison: Una semana.

Sra. Soler: Pues hablas muy bien español. ¿Dónde lo has aprendido?

Allison: Aquí, en España. Hace varios años que vengo de vacaciones y además he hecho algunos cursillos en Inglaterra.

Sra. Soler: Yo llevo dos años estudiando inglés y lo hablo muy mal; con el trabajo y los niños no me queda tiempo para estudiar. ¿A ti te gustan los niños?

Allison: Sí, me encantan. Tengo tres sobrinos y juego mucho con ellos.

Sra. Soler: Nosotros sólo tenemos dos niños: Juan y Marta.

Allison: ¿Qué edad tienen?

Sra. Soler: Juan, el mayor, tiene cinco años y Marta dos, aún no va al colegio. Por cierto, Allison, ¿sabes cocinar?

Allison: Un poco. Bueno, casi nada.

Sra. Soler: No te preocupes, no es difícil.

> —¿**Cuánto tiempo llevas (viviendo) en Valencia?**
> —**Una semana.**
> —¿**Cuánto tiempo hace que estudias español?**
> —**(Hace) dos años (que estudio español).**
>
> -
>
> —¿**Te gustan los niños?**
> —**Sí, me encantan (= me gustan mucho)**
> —**No, no me gustan nada.**

practica

1. Pregunta a tu compañero:

A	B
—¿De dónde eres?	—De aquí.
	—De _ _ _ _
—¿Cuánto tiempo llevas estudiando español?	_ _ _ _ _ _
—¿Has vivido en otra ciudad/país?	_ _ _ _ _ _
—¿Dónde has estudiado/trabajado?	_ _ _ _ _ _
—¿Has estado alguna vez en España?	_ _ _ _ _ _
—¿Sabes hablar otros idiomas?	_ _ _ _ _ _
—¿Cuánto tiempo hace que estudias idiomas/trabajas...?	_ _ _ _ _ _

2. Pregunta a tus compañeros sobre sus gustos, ejemplo: A. *¿Te gusta esquiar, Helmut?*
B. *No, no me gusta nada.*

Nombre del compañero	tomar el sol	el español	los dulces	ver la tele	esquiar	la paella

++ = Me gusta(n) mucho, me encanta(n)
 + = Me gusta(n) bastante
 x = No me gusta(n) nada

Ahora, escribe los resultados:
A Helmut le encantan los dulces; no le gusta nada esquiar, etc.

3. Haz frases como en el ejemplo: Teresa llegó a Zaragoza en 1988. Estamos en 1991.
Lleva viviendo en Zaragoza 3 años.
Utiliza los verbos DORMIR, ESPERAR, TRABAJAR, ESTUDIAR.

1. Empecé a trabajar a las 9 h. Son las 2 h.
2. Quedé con Irene a las 5. Son las 5 y media.
3. Se acostó a las 10 de la noche. Son las 9 de la mañana.
4. Empezó a estudiar a las 6. Son las 8.

B. *Perfil de un personaje*

Eva Gallardo es periodista. Trabaja en "El Mundo", un periódico nacional muy importante y vive en un apartamento, en Madrid.

Tiene 38 años, está soltera y le gusta muchísimo leer, viajar y cocinar para sus amigos. Además, prefiere la comida vegetariana y los zumos naturales.

Eva nació en Murcia, pero vino a Madrid a estudiar Periodismo. Cuando estaba estudiando quinto curso, obtuvo una beca para completar sus estudios en Munich y estuvo allí tres años. En 1982 ganó el Premio "Actualidad" de Periodismo con un artículo sobre "La situación de los indios en Guatemala". Últimamente ha realizado entrevistas muy polémicas a personajes importantes de la política y las finanzas.

Cuando estaba estudiando quinto curso, obtuvo una beca.

Estuvo en Munich tres años.

Ganó un premio en 1982.

Últimamente ha realizado algunas entrevistas.

practica

1. Contesta:

1. ¿Dónde vive? ¿Dónde trabaja?
2. ¿A qué se dedica?
3. ¿Cuántos años tiene?
4. ¿Qué le gusta?
5. ¿Dónde nació?
6. ¿Cuándo ganó el Premio?

2. En parejas. A dice nombres de personajes que conoce (actores, deportistas...) y B dice si los conoce o no. Si la respuesta es negativa, B pregunta los datos del personaje:

A. *¿Conoces a...?*
B. *No, ¿quién es?*
A. *Es un...*
B. *¿De dónde es?/¿Dónde nació?*

3. En grupos de 4, tenéis que escribir la mayor cantidad posible de información personal acerca de estos personajes. Gana el grupo que tiene más información:

FEDERICO GARCÍA LORCA
SEVERIANO BALLESTEROS
DIEGO ARMANDO MARADONA
ISABEL ALLENDE
CARMEN MAURA

C.

UN JUEZ TOMA DECLARACIÓN A UN SOSPECHOSO

Juez Davidson. Dígame su nombre y profesión.

Mr. Miranda. Javier Miranda, agente comercial.

J. D. Nacionalidad.

M. Estadounidense.

J. D. ¿Desde cuándo es usted ciudadano de los Estados Unidos de América?

M. Desde el 8 de marzo de 1922.

J. D. ¿Cuál era su nacionalidad anterior?

M. Española de origen.

J. D. ¿Cuándo y dónde nació usted?

M. En Valladolid, España, el 9 de mayo de 1891.

J. D. ¿Dónde ejerció usted sus actividades entre 1917 y 1919?

M. En Barcelona, España.

J. D. ¿Debo entender que vivía usted en Valladolid y se trasladaba diariamente a Barcelona, donde trabajaba?

M. No.

J. D. ¿Por qué no?

M. Valladolid está a más de 700 kilómetros de Barcelona...

J. D. Aclare usted este punto.

M. ...Aproximadamente 400 millas de distancia. Casi dos días de viaje.

J. D. ¿Quiere decir que se trasladó a Barcelona?

M. Sí.

J. D. ¿Por qué?

M. No encontraba trabajo en Valladolid.

J. D. ¿Por qué no encontraba trabajo? ¿Acaso nadie le quería contratar?

M. No. Había escasez de demanda en general.

J. D. ¿Y en Barcelona?

M. Las oportunidades eran mayores.

J. D. ¿Qué clase de oportunidades?

M. Sueldos más elevados y mayor facilidad de promoción.

J. D. ¿Tenía trabajo cuando fue a Barcelona?

M. No.

J. D. Entonces, ¿cómo dice que había más oportunidades?

M. Era sabido por todos.

E. Mendoza. (España)
La verdad sobre el caso Savolta – 1975

EDUARDO MENDOZA
La verdad sobre el caso Savolta

BIBLIOTECA DE BOLSILLO

texto literario

A. **Preguntas de comprensión**

1. *Enumera los datos personales y profesionales que conoces del Sr. Miranda.*
2. *El juez parece no entender algunas de las respuestas del Sr. Miranda, ¿a qué se debe?*
3. *¿Qué es lo que quiere saber realmente?*
4. *¿Cuáles fueron los motivos que llevaron al Sr. Miranda a trasladarse a Barcelona?*
5. *Este diálogo es muy formal. Una conversación entre amigos sería muy distinta. ¿En qué parte del texto se ve este carácter formal?*

tienes que saber...

• **INFORMACIÓN PERSONAL:**	
nombre	—¿Cómo se llama? /Dígame su nombre —Me llamo..............
nacionalidad	—¿De dónde es? —Soy de.................
edad	—¿Qué edad tiene (s)? —Tengo veinticinco años
estado civil	Estoy/soy soltero
profesión	Soy periodista
• **GUSTOS Y AFICIONES**	—¿Qué te gusta hacer? —Me gusta leer —¿Te gustan los niños? —Me encantan
• **CONTINUIDAD/DURACIÓN**	Llevo viviendo una semana en Barcelona Hace dos años que estudio español Estuvo tres años en Munich

LOS TIEMPOS DEL PASADO
• **INDEFINIDO Y PERFECTO**

> *En 1989 entrevistó a Vargas Llosa*
> *Este año ha realizado muchas entrevistas*
> *¿Has estado alguna vez en América?*
> *Sí, estuve en América el verano pasado*

• **EXPRESIONES TEMPORALES CON INDEFINIDO**

> *Estudió* *tres años*
>   *en Munich*
> *Vivió*   *hace tiempo*
> *Hace diez años* *estuvo en Guatemala*
> *En 1959*   *ganó un premio*

• **ESTABA + GERUNDIO**
Cuando estaba estudiando quinto curso obtuvo una beca.

• **LLEVAR + GERUNDIO**

> *¿Cuánto tiempo llevas (viviendo)en España?*
> *»* *»* *»* *(estudiando) en esta escuela?*
> *»* *»* *»* *(trabajando) en esta empresa?*
> *¿Cuánto tiempo llevas esperando a Juan?*
>   *estudiando español?*
>   *durmiendo?*
>   *viendo la tele?*

PRONUNCIACIÓN Y ORTOGRAFÍA

— Escucha atentamente y coloca cada palabra en la columna correspondiente:

trabajo   cocinar   vivió   veranos   español   difícil
mayor   periódico   niño   están   música   lápiz   soltera
gustan   rapidez   ganó   estás

ESDRÚJULAS	LLANAS	AGUDAS
*__ __ __	__ *__ __	_ _ __ *__
....	....	....
....	....	....
....	....	....
....	....	....
....	....	....
....	....	....

— Ahora observa la colocación de la tilde. ¿Sabrías deducir las reglas? Fíjate en las terminaciones.
— Escucha estas palabras y coloca el acento si hace falta: crisis, examen, articulo, ciudad, nacio, Madrid, alli, situacion, gano, tuvo.

VOCABULARIO

Datos personales

primer apellido
segundo apellido
nombre (de pila)
nacionalidad actual
        »   de origen
lugar/fecha de nacimiento

lugar de residencia habitual { localidad / provincia / distrito postal

domicilio/dirección
ocupación/empleo/profesión
experiencia profesional/laboral
estudios realizados
aficiones
referencias
❶ sexo: varón o hembra/hombre o mujer

Documentos

rellenar un impreso ❷/formulario/etc.
presentar original de...
                fotocopia de...
                ....
❸ Documento Nacional de Identidad
Pasaporte
❹ Carné de conducir
❺ Certificado de estudios
Partida de nacimiento

❶ *En Argentina, Venezuela y México,* masculino o femenino
❷ *En Venezuela,* planilla. *En México,* forma
❸ *En Venezuela,* cédula de identidad

❹ *En México,* licencia de manejar
❺ *En Venezuela,* constancia de estudio

ienes que saber...

1. Haz las preguntas:

Ejemplo: *¿Cómo está usted?*   *Muy bien, gracias. ¿Y usted?*

1) ....   M.ª José Sanabria.
2) ....   Treinta.
3) ....   De Santander.
4) ....   Sí, tengo una hija de tres años y medio.
5) ....   Soy juez.
6) ....   A ocho kilómetros de Santander.
7) ....   Me gusta la música, hacer deporte y comer bien.
8) ....   Sí, hablo francés y un poco de inglés.

2. Completa esta carta de Pierre a su corresponsal español con los verbos en el tiempo adecuado.

> Pierre Junot
> 16, Rue de l'Etoile
> Nantes
>
> Nantes, 2 de octubre de 1990
>
> Querido Ignacio:
> Mi profesor me ha dado tu dirección y te escribo para presentarme.
> _____ Pierre, _____ francés y _____ 19 años. _____ con otros estudiantes en un piso, en Nantes. _____ mucho el cine y hacer deporte.
> _____ en un pueblo pequeño y, cuando 13 años, _____ a Nantes para estudiar en el Instituto. Allí _____ español 1 año. Ahora _____ Derecho en la Universidad.
> Escríbeme pronto y cuéntame algo de ti.

— Ahora completa esta ficha de Pierre:

Nombre ....

Apellidos ....

Nacionalidad ....

Profesión ....

Dirección ....

Aficiones ....

ctividades.

a

3. Lee esta biografía que aparece en la contraportada de un libro de la autora:

Soledad Puértolas nació en Zaragoza (España) en 1947. Estudió Literatura y Periodismo. Vivió durante algún tiempo en Noruega y California. De vez en cuando escribe artículos en la prensa. Ha escrito varias novelas. En 1989 obtuvo el premio Planeta de Literatura con su libro "Queda la noche".

Ahora, con los siguientes datos escribe biografías como la anterior.

Javier Marías Madrid (España) 1951
Filosofía y Letras
profesor literatura española en Oxford dos años
artículos en prensa, varias novelas
1976 premio Herralde "El hombre sentimental"

Manuel Olivar México D.F. (México) 1952
Matemáticas y Sociología
1979 largo viaje por Europa
artículos en revistas, varias novelas

4. Escucha y completa.

NOMBRE Y APELLIDOS	
LUGAR DE NACIMIENTO	
DIRECCIÓN	
ESTADO CIVIL	
ESTUDIOS	
EXPERIENCIA PROFESIONAL	

¿Consigue el trabajo?

ctividades.

a

Hispanos en Estados Unidos

La mayoría de los norteamericanos no sabe que América del Norte, un siglo antes de que desembarcaran los emigrantes anglosajones, era un territorio ampliamente colonizado por la Corona española. Y una parte de él, el suroeste, fue mexicano hasta mediado el siglo XIX, cuando fue ocupado militarmente por los anglosajones. Precisamente en el suroeste: en Tejas, Colorado, California, Arizona, Nevada y Nuevo México, reside casi el 70 % de los más de veinte millones de norteamericanos de origen hispano.

El éxodo de latinos hacia EE. UU. se debe tanto a motivos puramente económicos y laborales como a motivos sociopolíticos. En general, las familias hispanas tienen trabajos mal remunerados. La esperanza hispana en un futuro mejor tiene que ver con la demografía. La fertilidad latina es cinco veces mayor que la anglosajona, de modo que se calcula que para el año 2020, doce de cada cien residentes en EE. UU. serán hispanos.

Aumenta la presencia del español en los medios de comunicación: ya hay cuarenta revistas en español, diez periódicos diarios, dos cadenas nacionales de televisión, etc. Cada vez hay más hispanos en la vida pública interesados en defender la lengua española contra el "English only" y en mejorar el nivel de vida y la educación de la mayoría de los hispanos.

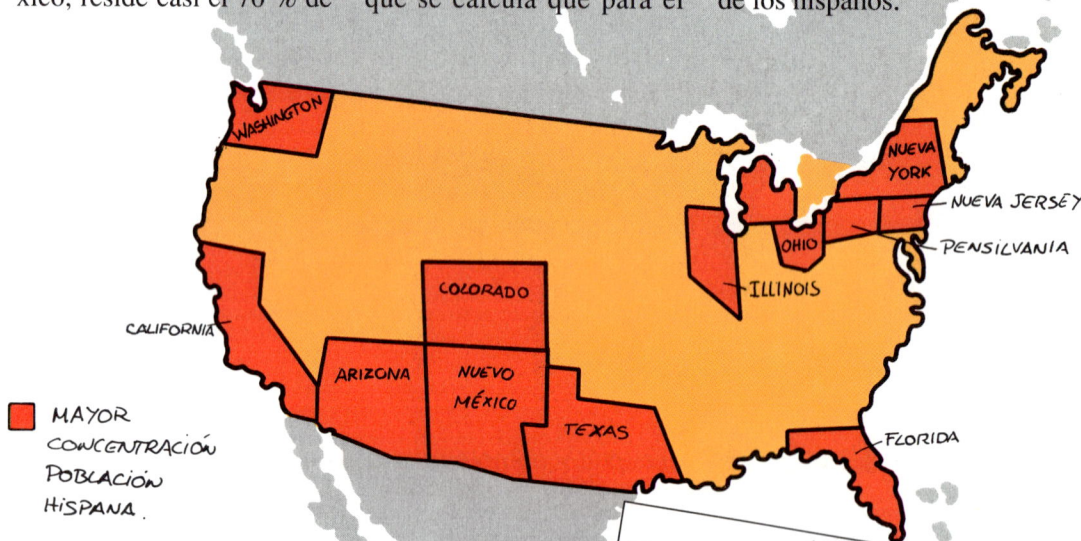

escubriendo

MAYOR
CONCENTRACIÓN
POBLACIÓN
HISPANA.

WASHINGTON
NUEVA YORK
NUEVA JERSEY
OHIO
PENSILVANIA
ILLINOIS
COLORADO
CALIFORNIA
ARIZONA
NUEVO MÉXICO
TEXAS
FLORIDA

EL PAIS

AGOSTO 1990

El idioma español se defiende bien en Estados Unidos, según Odón Betanzos

A B C

DOMINGO 11 FEBRERO 1990 – CULTURA – ABC, pág. 59

La semana

• El idioma español logró una importante victoria en Estados Unidos con el rechazo judicial de la enmienda de la Constitución del Estado de Arizona que estableció el uso del inglés como idioma oficial para todos los funcionarios y actividades administrativas. El juez afirma que el establecimiento del inglés como idioma oficial es «una prohibición del uso de cualquier otro idioma».

• ¿Se hablan varias lenguas en tu país?
• ¿Son todas oficiales?

UNIDAD 2

Título

EL CARÁCTER

Contenidos Comunicativos

- Estados de ánimo
- El carácter
- Sentimientos
- Acuerdo y desacuerdo
- Afirmación y opiniones

Contenidos Gramaticales

- Ser/estar
- Caer bien/mal
- Parecer

Ortografía y Pronunciación

- Separación de palabras en sílabas

Léxico

- Relaciones personales

Literatura

- G. García Márquez
  "El general en su laberinto"

Contenidos Culturales

- ¿Qué piensan, qué desean, qué temen los jóvenes de hoy?

«Campesino Andaluz», de Rafael Zabaleta.
Museo Español de Arte Contemporáneo
(Madrid).
Foto: MINISTERIO DE CULTURA.

A. *Están enfadados*

Andrés: ¡Hola, Beatriz! ¿Y Javier?, ¿no viene?

Beatriz: No, nos hemos enfadado. Ya no lo aguanto, estoy harta.

Andrés: Pero, … ¿cómo?, si Javier es muy buena persona, divertido, amable…

Beatriz: Se nota que es amigo tuyo, pero últimamente tiene muy mal carácter, siempre está de mal humor.

Andrés: No sé,… seguro que tiene problemas.

Beatriz: Sí, en el trabajo, pero yo no tengo la culpa.

Consuelo: Tranquila, Beatriz. Creo que Andrés tiene razón, a mí Javier también me cae muy bien.

Beatriz: Pues yo creo que es un egoísta, sólo piensa en sí mismo. Ya no puedo soportarlo.

ser divertido/aburrido	**tener la culpa**
tener buen/mal carácter	**tener razón**
aguantar, soportar	**estar de buen/mal humor**
enfadarse	**estar harto**
caer bien/mal	

practica

1. Escucha la cinta y relaciona cada nombre con el adjetivo correspondiente:

Antonia, .../ ....
Lali, .../ ....
Pedro, .../ ....
Javier, .../ ....
Pilar, .../ ....
Alberto, .../ ....
Jesús, .../ ....

Ahora, encuentra algunos opuestos para estos adjetivos.

OPTIMISTA   TÍMIDO   AMABLE   GENEROSO
CARIÑOSO   EGOISTA   PESIMISTA
GROSERO   SERIO   ABURRIDO
DIVERTIDO   TACAÑO

2. A escribe sobre el carácter de B, éste lee lo que A ha escrito y da su opinión:

A: *John es optimista*
John: *Peter dice que soy optimista, pero yo creo que soy pesimista*

3. Completa las frases siguientes con **tener razón, tener la culpa, caer bien, estar de buen humor/mal humor**:

1. A: ¿Qué te pasa?
   B: _____ porque el coche no va bien.
2. A: Luis Hervás es un grosero.
   B: Pues yo creo que no, a mí _____.
3. A: Marisa _____ porque mañana empieza las vacaciones.
4. A: ¿No te parece que Roberto y Angel son muy simpáticos?
   B: Sí, _____, y también son muy amables.
5. A: Mira, chico, si tú tienes problemas fuera de casa, yo no _____.

B. *En mi opinión*

14. *Los españoles son iguales ante la ley, sin que pueda prevalecer discriminación alguna por razón de nacimiento, raza, sexo, religión, opinión o cualquier otra condición o circunstancia personal o social.*

1. PEDRO MARQUINA HA DICHO: "ESPAÑA ES UNO DE LOS POCOS PAÍSES DONDE NO HAY APENAS DISCRIMINACIÓN"
   ¿ESTÁ VD. DE ACUERDO?

2. ¿QUÉ PIENSA VD. DE LOS TOROS?
3. ¿CREE QUE LOS POLÍTICOS SON SINCEROS?

Pablo Hervás, 13 años, estudiante

1. No estoy totalmente de acuerdo. A veces sí hay discriminación con los gitanos.
2. A mí me parece que el toreo es una crueldad, porque los toros tienen derecho a vivir. Creo que hay que prohibir el toreo.
3. No, porque cuando hay elecciones siempre dicen: "haré esto, haré lo otro", y luego no cumplen lo que habían prometido.

Susana Pérez, 36 años, psicóloga

1. Sí, estoy de acuerdo con Pedro Marquina; creo que no hay un sentimiento general de discriminación, aunque hay pequeños incidentes aislados.
2. A mí me gustan los toros por su colorido, su arte, el espectáculo, pero también me parece cruel matar a un animal indefenso.
3. En principio sí, lo que pasa es que algunas personas son débiles y se dejan influenciar.

Antonio Suárez, 68 años, jubilado

1. No estoy de acuerdo. Ahí están, por ejemplo, los gitanos, es una raza distinta y difícil de comprender...
2. A mí me gustan mucho, porque el toro está unido a España, forma parte de la idiosincrasia del pueblo español. Yo no voy a la Plaza de Toros, pero me gusta verlos por la tele.
3. Yo creo que sí. Es verdad que hay algunos políticos que no lo son, pero en general, son sinceros.

A mí me parece que...
Yo pienso que...
Estoy en contra / a favor de las corridas de toros.
Yo creo que... porque...
Sí, estoy de acuerdo/ Tienen razón/ Es verdad.
No, no estoy (totalmente) de acuerdo.
Es verdad que... pero...
Lo que pasa es que...

practica

1. En parejas, realizad la encuesta escribiendo las respuestas.
Ahora poned en común los resultados para toda la clase:

Mi compañero piensa que...
(no) está de acuerdo con...

2. Expresa acuerdo o desacuerdo:

Sí, es verdad.

Tienes razón

Estoy de acuerdo/

No estoy (totalmente) de acuerdo

1. Ahora vivimos mejor que antes
2. La natación es un deporte aburrido
3. El baile flamenco es muy sensual
4. La televisión es mala para los niños
5. Reírse es necesario para la salud
6. Miró fue un gran pintor

C.

UN HÉROE DE LA INDEPENDENCIA

El mariscal Sucre [...] Era inteligente, ordenado, tímido y supersticioso, y tenía una dulzura del semblante que las viejas cicatrices de la viruela no habían logrado disminuir. El general, que tanto lo quería, había dicho de él que fingía ser modesto sin serlo. Fue héroe en Pichincha, en Tumusla, en Tarqui, y apenas cumplidos los veintinueve años había comandado la gloriosa batalla de Ayacucho que liquidó el último reducto español en América del Sur. Pero más que por estos méritos estaba señalado por su buen corazón en la victoria, y por su talento de estadista. En aquel momento había renunciado a todos sus cargos, y andaba sin ínfulas militares de ninguna clase, con un sobretodo de paño negro, largo hasta los tobillos, y siempre con el cuello levantado para protegerse mejor de las cuchillas de vientos glaciales de los cerros vecinos. Su único compromiso con la nación, y el último, según sus deseos, era participar como diputado por Quito en el congreso constituyente. Había cumplido treinta y cinco años, tenía una salud de piedra, y estaba loco de amor por doña Mariana Carcelén, marquesa de Solanda, una hermosa y traviesa quiteña casi adolescente, con quien se había casado por poder dos años antes, y con quien tenía una hija de seis meses.

G. García Márquez. (Colombia)
El general en su laberinto - 1989

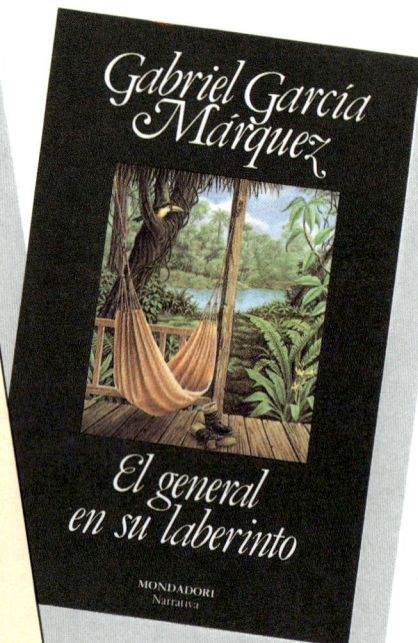

Gabriel García Márquez

El general en su laberinto

MONDADORI
Narrativa

Texto literario

A. **Preguntas de comprensión**

1. ¿Qué datos conoces de la vida personal del mariscal Sucre?
2. ¿Cuáles son sus características físicas?
3. ¿Y los rasgos de su carácter?
4. ¿Qué sabes de su vida profesional?, ¿es un hombre ambicioso?

B. **Expresión oral o escrita**

Entre varios, describid a un personaje famoso, un compañero de clase... alguien conocido por todos.

CONTENIDOS COMUNICATIVOS

• **ESTADOS DE ÁNIMO**	Está enfadada/estoy aburrido Se ha enfadado/me aburro
• **EL CARÁCTER**	Javier tiene mal carácter. Pepa es aburrida
• **SENTIMIENTOS HACIA OTRAS PERSONAS**	Me cae bien/mal (ya) no lo aguanto/soporto
• **ACUERDO Y DESACUERDO**	Juan tiene razón No estoy (totalmente) de acuerdo con él
• **AFIRMACIÓN CON CIERTA SEGURIDAD**	Estoy seguro/a de que...
• **OPINIONES**	— ¿Qué piensa Vd de...? — Yo creo que... — (Pues) (a mí) me parece que...

CONTENIDOS GRAMATICALES

• **SER - ESTAR:**

> SER, con carácter: *Es divertido.*
> ESTAR, con estado de ánimo: *Está contento.*

• **CAER BIEN/MAL:** igual que gustar

> *(A mí) no me caen bien estos vecinos.*
> *(A mí) no me gustan mucho estos vecinos.*

• **PARECER**

Me parece ⟶ | *que es cruel*
cruel
una crueldad | *matar a los toros*

Matar a los toros   *me parece* ⟶ | *cruel*

una crueldad

Estos cuadros   *me parecen*   *buenos*

PRONUNCIACIÓN Y ORTOGRAFÍA

— Escucha las siguientes palabras y di cuántas sílabas tienen:

Ej. *amable = 3*

amable, carácter, Javier, políticos, abierto, buen, humor, tiene, aguanto

— Ahora, separa las siguientes palabras en sílabas, teniendo en cuenta que:

— En español, las vocales se dividen en abiertas (a, e, o) y cerradas (i, u)
— Dos vocales cerradas o una vocal cerrada y una abierta forman una sola sílaba, un diptongo

Ej. *tiene = tie- ne*

bien	amigo
automóvil	colegio
idioma	espacio
puente	quién
viruela	traviesa
ventinueve	aire

VOCABULARIO

Nos conocemos

❶ somos amigos → le caigo bien

→ le gusto

salimos juntos → me quiere

somos novios → está loco/a por mí

¡Vamos a casarnos!

* ¿Qué diferencia hay entre "ser aburrido" y "estar aburrido"?
Las palabras siguientes también cambian de significado según vayan con "ser" o "estar":

despierto/a ❷ guapo/a bueno/a listo/a ❸ reservado/a

❶ *En Méx.*, somos cuates
❷ *En Ven.*, buen mozo y bonita; *en Arg.*, buen mozo y linda; *en Méx.*, chulo/a, mono/a; *en Arg.*, ser un guapo = ser atrevido, valeroso
❸ *En Méx.*, penoso

¡enes que saber...

1. Lee y contesta.

— 32 años, 1,83 m, moreno, ojos verdes, divorciado y padre de un niño guapísimo (3 años), amante de los animales. Busca chica divertida y cariñosa. Ofrece y pide amor y comprensión. Tel.: 257 32 48.

— Tres amigos con título universitario, atractivos, interesantes, de 30 a 40 años, quieren amistad con chicas de 19 a 27 años, guapas, simpáticas, preferible nivel universitario. Tel.: 234 12 23.

— Empresario de alto nivel, amante de la naturaleza y de los viajes, busca amistad con señorita de gustos parecidos. Apdo. 3024. Foto imprescindible.

— Nos gustaría entablar amistad con hombres de 40 a 45 años, divertidos y optimistas, para salir, compartir gustos, etc. Somos 3 amigas. Tel.: 234 56 78.

— Chica de 22 años, atractiva, simpática y guapa, busca chico para salir los fines de semana. Pilar. Tel.: 354 22 00.

— Hombre no siempre libre, de 27 años, 1,80, atractivo, rubio, ojos azules, practica natación, educado y discreto busca una amiga para amistad y posible relación. Tel.: 221 37 23.

— Caballero de 63 años, viudo sin hijos, jubilado, desea amistad con señoritas o señoras viudas sin hijos. Fines serios. Apdo. 2903.

1. ¿Quién busca a alguien para salir los fines de semana?
2. El hombre moreno, de ojos verdes, ¿está casado?
3. La persona amante de la naturaleza, ¿a qué se dedica?
4. ¿Cómo ponerse en contacto con el viudo?
5. ¿Quiénes buscan amistad con chicas universitarias?
6. ¿A quién le gustan los animales?
7. ¿Quiénes desean entablar amistad con hombres de 40 a 45 años?
8. ¿Quién practica la natación?
9. ¿Cuáles de estas personas te caen bien y cuáles mal?
10. ¿Qué anuncio te gusta más? ¿Por qué?
11. ¿Qué opinión tienes de esta clase de anuncios?

2. Ahora escribe tú un anuncio igual a los anteriores.

a ctividades.

3. Escucha la cinta y di a quién corresponde cada descripción:

4. Elegid por votación un tema polémico de actualidad y expresad vuestra opinión, justificándola.

ctividades.

a

QUÉ PIENSAN, QUÉ DESEAN, QUÉ TEMEN LOS JÓVENES ESPAÑOLES DE HOY

¨La juventud actual se ha hecho más estudiosa, más optimista y más conservadora¨ se dice en el informe, «Jóvenes españoles» elaborado por la fundación Santa María. Creen en la libertad, el amor y el éxito, pero también en Dios y en el matrimonio. Parecen haber olvidado revoluciones de otros tiempos, defienden la democracia como sistema de gobierno y la permanencia, cada vez más tiempo, en el hogar familiar. Muchas cosas han cambiado.

Estos jóvenes también están preocupados por el paro, la falta de dinero y la soledad y apuestan por una sociedad con normas, por el pragmatismo en el mundo del trabajo, y por la ecología y el pacifismo como principales preocupaciones. Entre sus preferencias para ocupar el tiempo libre resaltan dos tipos de actividades: *salir con amigos y viajar.*

Para Paloma Serrano, presentadora de T.V.E., su pareja debe tener simpatía, sinceridad y "saber estar."

Alex Crivillé, campeón del mundo de motociclismo, cree que "la gente joven es ahora más materialista que antes"

Beatriz Santana, actriz, subraya que "la gente joven da demasiada importancia al físico y a la imagen".

ABC, once de marzo de 1990

- ¿Cómo crees tú que es la juventud de tu país? ¿Se parece en algo a la española de hoy en día?

- ¿Qué cualidades y defectos le encuentras?

escubriendo

UNIDAD 3

Cocina de la casa-museo de El Greco (Toledo).
Foto: J. R. BROTONS.

*H*acer unos recados

Amparo: Juan, ¿vas a salir a la calle?

Juan: Sí, voy a comprar algunas cosas: fruta, queso,...

Amparo: No hace falta que compres fruta, tenemos bastante. Pero mira, hazme un favor: compra sellos y echa estas cartas.

Juan: Vale, ¿algo más?

Amparo: Si te coge de camino, ¿me puedes hacer un par de cosas más?

Juan: Claro, no tengo nada que hacer.

Amparo: ¡Estupendo! Trae el periódico y no te olvides de sacar dinero del banco. Yo no puedo, tengo trabajo.

Juan: ¿Tienes que ir a la oficina hoy sábado?

Amparo: Sí, un rato. Hay que terminar un informe. Me voy.

Juan: ¿Te recojo a las dos?

Amparo: No, no hace falta que vayas. Vuelvo con Nuria en el metro, y no me esperes para comer, tardaré un poco.

¿Tienes que ir a la oficina hoy sábado?
Hay que terminar un informe.

No hace falta que vayas.

PRESENTE DE SUBJUNTIVO		
COMPRAR	**CORRER**	**ABRIR**
(tú) compr<u>es</u>	corr<u>as</u>	abr<u>as</u>

¡OJO!	IR	HACER	PAGAR	SACAR	PONER
	vayas	hagas	pagues	saques	pongas

IMPERATIVO NEGATIVO

No esperes
No vayas

practica

1. ¿Para qué sirve cada cosa?

una factura, unas botas, una lavadora, una aspiradora, una fregona, un vídeo, unos sellos, unas cartas

1. Para lavar la ropa, ...
2. Para quitar el polvo del suelo, ...
3. Para limpiar los suelos, ...
4. Para comunicar noticias, ...
5. Para ver películas y grabarlas, ...
6. Para notificar a alguien cuánto tiene que pagar, ...
7. Para proteger los pies, ...
8. Para pagar los servicios del correo, ...

2. En parejas. Vivís juntos, y hoy tenéis muchas cosas que hacer. Algunas ya las habéis hecho por separado (las que están marcadas con una x). Consultad cada uno vuestra lista (A. B) y hablad sobre lo que **HAY QUE HACER** y lo que **NO HACE FALTA**.

Ejemplos: A: *Hay que comprar el periódico*
B: *No hace falta que lo compres. Ya lo he comprado yo.*
No lo compres.

	A
	Comprar el periódico
x	Comprar una fregona
x	Pagar el alquiler de la casa
	Pagar el gas
	Sacar dinero del banco
x	Llevar las botas al zapatero
	Llevar el vídeo a la tienda
x	Hacer la compra
	Hacer la comida
x	Arreglar la lámpara
	Arreglar la aspiradora
x	Poner la lavadora

	B
x	Comprar el periódico
	Comprar una fregona
	Pagar el alquiler de la casa
x	Pagar el gas
x	Sacar dinero del banco
	Llevar las botas al zapatero
x	Llevar el vídeo a la tienda
	Hacer la compra
x	Hacer la comida
	Arreglar la lámpara
x	Arreglar la aspiradora
	Poner la lavadora

B. *Recetas de la cocina tradicional venezolana*

LA REINA PEPIADA

Ingredientes: Una arepa, 100 gramos de pollo, cebolla picada (dos cucharadas), salsa mayonesa (unos 50 gramos), medio aguacate, sal (al gusto).

Preparación: Primero hay que preparar los ingredientes para rellenar la arepa. El pollo se puede freír o hacer al horno (unos treinta minutos a 200°). Después déjelo enfriar y pártalo en trozos pequeños. Pele el aguacate y quite el hueso. Aplaste la carne del aguacate hasta dejarla como una pasta. Añada un poco de sal al gusto. Pique cebolla muy fina.
Cuando estén todos los ingredientes preparados, fría o haga al horno las arepas. Como plato principal puede preparar 2 ó 3 arepas. Una vez hechas las arepas, ábralas y meta los trozos de pollo. Extienda luego la pasta de aguacate y añada la cebolla picada. Por último, cúbralo todo con mayonesa y vuelva a cerrar la arepa. Sirva las arepas bien calientes.

IMPERATIVOS (tratamiento de Vd.)

Irregulares

dejar – deje

pelar – _ _ _ _ _

quitar – _ _ _ _ _

picar – pique

_ _ _ _ – aplaste

meter – meta

partir – parta

añadir – _ _ _ _ _

_ _ _ _ – abra

cubrir – _ _ _ _ _

poner – ponga

servir – sirva

hacer – haga

volver – vuelva

singular: abra

plural: abran

ábralo, ábrala, ábralos, ábralas

- -

no lo abra, no la abra, ...

practica

1. Una persona está aprendiendo a preparar la "Reina Pepiada". Dile lo que tiene que hacer. No repitas las mismas palabras de la pregunta, usa pronombres:
Ejemplo: *Ya he asado el pollo ¿Ahora qué hago?* — *Ahora pártalo en trocitos*

— Ya están todos los ingredientes preparados.
— Ya están hechas las arepas.
— Ya he rellenado la arepa.
— ¿Cómo la sirvo?

2. Las instrucciones siguientes están desordenadas, y una en cada lista está cambiada. Escríbelas correctamente.

PARA HACER UNA LLAMADA TELEFÓNICA INTERNACIONAL

— marque el 07
— marque el número de teléfono
— consulte la guía para buscar el prefijo del país
— marque el prefijo del país
— ponga monedas
— seleccione el programa de lavado

PARA PONER UNA LAVADORA

— espere el tono de línea
— ponga detergente
— conecte la lavadora
— abra el grifo del agua
— meta la ropa
— cierre bien la tapa de la lavadora

C.

CARVALHO HACE LA COMPRA

Pepe [...] salvó la escasa distancia que le separaba de la charcutería.

—Lo de siempre.

—Han llegado los tarros con lomo y butifarras en adobo.

—Póngame dos.

Completó el dependiente el lote con meticulosidad rutinaria.

—Este jamón de Salamanca ya no es lo que era. A todo lo que le llaman jamón de Salamanca. A todo lo que no es jamón de Jabugo o de Trevélez, pues de Salamanca. Hay que fastidiarse. Y así no sabes cuándo comes jamón de Salamanca o jamón de Totana.

—Se nota.

—Usted lo nota porque entiende. Pero yo he visto vender jamones de Granollers como si fueran de Jabugo. Ya ve usted.

Salió Carvalho con el paquete de queso del Casar, Cabrales, Ideazábal, chorizos de Jabugo, jamón de Salamanca para todo comer y una pequeña muestra de Jabugo para las depresiones.

M. Vázquez Montalbán. (España)
Los mares del Sur – 1979

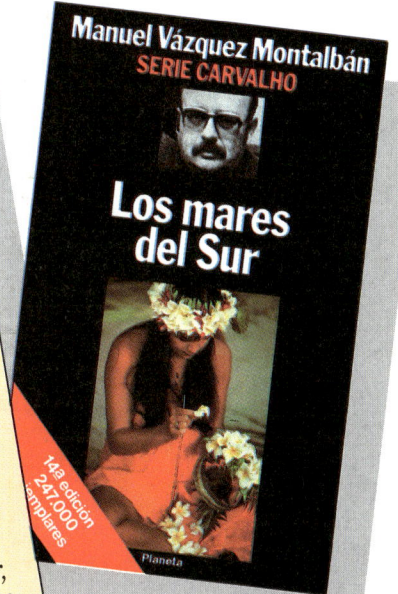

Manuel Vázquez Montalbán
SERIE CARVALHO

Los mares del Sur

14ª edición
247.000 ejemplares

Planeta

A. **Preguntas de comprensión**

1. ¿Es Pepe un cliente habitual de esta charcutería?, ¿por qué lo sabes?
2. ¿Está satisfecho el dependiente con la calidad de los productos?, ¿por qué?
3. ¿La gente, en general, sabe bien lo que compra?, ¿y los vendedores les dan a los clientes lo que éstos desean?
4. ¿Por qué compra Pepe "una pequeña muestra de Jabugo para las depresiones"?

B. **Expresión oral o escrita**

La publicidad de los alimentos.
La sociedad de consumo y el gusto por lo exquisito.

CONTENIDOS COMUNICATIVOS

• **OBLIGACIÓN**
    Personal
    Impersonal
    Ausencia de obligación
	¿Tienes que ir a la oficina?
	Hay que comprar más pan.
	No hace falta que compres...
	No es necesario que » ...

• **INSTRUCCIONES Y ÓRDENES**	Fría el pollo, pártalo... No te olvides de sacar...

CONTENIDOS GRAMATICALES

• (NO) TENER QUE	+ INFINITIVO	Refiriéndose
• (NO) HACE FALTA QUE		a una persona
• (NO) ES NECESARIO QUE	+ SUBJUNTIVO	en concreto

¿Hoy también tienes que ir a trabajar, Juan?
Mañana no hace falta que vayas a trabajar.

• (NO) HAY QUE		Refiriéndose
• (NO) HACE FALTA	+ INFINITIVO	a todos o a
• (NO) ES NECESARIO		cualquiera

Para aprender español hay que estudiar los verbos.
Para venir a Venezuela en invierno no hace falta traer abrigo.

• IMPERATIVO

	COMPRAR		METER		PARTIR		OLVIDARSE	
TÚ VOSOTROS	compra comprad	no compres no compréis	mete meted	no metas no metáis	parte partid	no partas no partáis	olvídate olvidaos	no te olvides no os olvidéis
USTED USTEDES	compre compren	no compre no compren	meta metan	no meta no metan	parta partan	no parta no partan	olvídese olvídense	no se olvide no se olviden

• PRESENTE DE SUBJUNTIVO

OLVIDAR	METER	PARTIR	IR	SER	PONER	HACER
olvide	meta	parta	vaya	sea	ponga	haga
olvides	metas	partas	vayas	seas	pongas	hagas
olvide	meta	parta	vaya	sea	ponga	haga
olvidemos	metamos	partamos	vayamos	seamos	pongamos	hagamos
olvidéis	metáis	partáis	vayáis	seáis	pongáis	hagáis
olviden	metan	partan	vayan	sean	pongan	hagan

PRONUNCIACIÓN Y ORTOGRAFÍA

— Escucha y separa en sílabas las siguientes palabras, teniendo en cuenta que:

— Dos vocales abiertas no forman diptongo, por tanto, cada una pertenece a una sílaba distinta. Van en HIATO.

Ejemplo: trae = tra–e.

— Igualmente, si la vocal cerrada de un diptongo tiene acento tónico se produce un hiato.

Ejemplo: país = pa–ís.

egoísta	viuda
aguantar	colegio
natación	freír
cae	aguacate
vídeo	guapa
sabía	marea

VOCABULARIO

"Yo he sido cocinero antes que fraile"

❶ Las formas de guisar	Los sabores	Las temperaturas
		A mí me gusta:
freír	picante	el café, hirviendo
❷ asar / hacer al horno	dulce	la sopa, caliente
❸ hervir / cocer	agrio / ácido	la leche, templada/tibia
hacer a la plancha	amargo	el vino tinto, del tiempo
❹ rebozar / empanar	salado	el agua, fresca
	❺ soso	el vino blanco, frío
		y los helados, pues eso: ¡helados!

• ¿Puedes añadir ejemplos a cada lista?

❶ *En Arg.*, cocinar   ❹ *En Méx.*, capear/empanizar
❷ *En Ven.*, hornear   ❺ *En Méx.*, desabrido
❸ *En Arg.*, cocinarse

1. Lee el texto y contesta las preguntas:

PON EN TU VERANO ALIMENTOS FRESCOS Y SANOS

En el verano, más que en ninguna otra época del año, hay que extremar los cuidados sobre los alimentos. Evitarás problemas con las siguientes recomendaciones:

— Lávate bien las manos antes de cocinar y comer.
— Protege los alimentos del sol y del calor.
— Conserva en el frigorífico incluso los ya cocinados.
— En los alimentos envasados la fecha de caducidad tiene que estar muy clara. Compruébalo y consúmelos inmediatamente después de abrir el envase.
— Lava las frutas y verduras con agua abundante e incluso añádeles una gota de lejía.
— Entre la preparación de las comidas y su consumo debe pasar el menor tiempo posible, especialmente en el caso de las mayonesas, salsas, cremas y todas las comidas con huevo. Hazlas inmediatamente antes de comerlas.
Una vez descongelados los alimentos no vuelvas a congelarlos.

¡SALUD AL VERANO!
Servicio de Salud

1. ¿De qué debemos proteger los alimentos?
2. ¿Dónde se deben conservar los ya cocinados?
3. ¿Cómo debe aparecer la fecha de caducidad?
4. ¿Qué hay que hacer antes de consumir frutas y verduras?
5. ¿Qué recomendaciones se nos dan sobre las mayonesas, salsas, cremas y todas las comidas con huevo?

2. Escucha las instrucciones para preparar el gazpacho y escribe las palabras que faltan en la receta.

actividades.

a

Ingredientes (de 4 a 6 personas)
1 1/2 kg de tomates maduros
1/2 cebolla mediana (80 grs.)
1 pepino pequeño
1 pimiento verde pequeño
250 grs. de miga de pan (mejor del día anterior)
sal
1 taza de aceite de oliva
2 cucharadas de vinagre
agua fría (al gusto)
cubitos de hielo

Preparación
_ _ _ _ _ bien los tomates. _ _ _ _ _ _ lo mismo con la cebolla, el _ _ _ _ _ _ y el pimiento.
Aparte un poco de _ _ _ _ _ _ _ _, pimiento, pepino y pan, _ _ _ _ _ _ _ _ en cuadraditos y _ _ _ _ _ _ _ _ en platillos separados, para añadir al servir el gazpacho.
Ponga en la batidora el resto de todos los _ _ _ _ _ _ _ _ _. Hay que batirlos muy bien. _ _ _ _ _ _ _ que quedar muy fino (como una sopa o crema). Si hace _ _ _ _, añada un poco de agua. Después de _ _ _ _ _ _ _ _ todo, póngalo en la sopera y _ _ _ _ _ _ _ _ en el frigorífico. No añada los _ _ _ _ _ _ _ de hielo hasta el momento de _ _ _ _ _ _ _
Al servir el gazpacho _ _ _ _ _ _ _ _ _ agua fría al gusto y remuévalo bien.
_ _ _ _ _ _ aparte los _ _ _ _ _ _ con las verduras y el pan, todo por separado.

3. Da instrucciones por escrito (por ejemplo, una receta) sobre cómo hacer algo.

El licor más peligroso del mundo: el mezcal

Tres son los licores originarios y definitorios de México: **el tequila, el pulque y el mezcal.** Los tres tienen un mismo origen: *la planta del maguey*, de aspecto gigantesco y amedrantador, con frecuencia asociada erróneamente a la familia de los cactus, por sus espinas y color verde oscuro. Ya los aztecas la cultivaban y aprovechaban, no sólo para el mezcal, sino para obtener hilos y cuerdas de sus fibras, papel de su pulpa y agujas y ganchos de sus espinas. El maguey se sigue cultivando actualmente en Oaxaca. En sus raíces vive el gusano que será incorporado al mezcal. Este gusano también se machaca para fabricar una sal que se toma junto con el licor.

Esta bebida se presenta en numerosos tipos de envases y vasijas, que son pequeñas obras de artesanía. Se toma en vasos pequeños, acompañado de un sorbo de sal previo y una rodaja de limón, después. Según cuentan, se debe tomar de un trago.

Los mexicanos, lejos de considerar al mezcal como un trago demoníaco por sus efectos alucinógenos, lo asumen como parte de su tradición.

Extracto de *Muy interesante*, núm. 109, junio 90.

d escubriendo

TEST 1 (Unidades 1, 2 y 3)

Elige la respuesta correcta

1. Dígame __ nombre.
  a) tu   b) su   c) la   d) vuestro

2. ¿__ dónde eres?
  a) en   b) a   c) de   d) por

3. Manolo __ cae mal, no __ aguanto.
  a) me ... lo   b) te ... lo   c) se ... lo   d) él ... le

4. No estoy __ acuerdo __ él.
  a) con ... de   b) en ... con   c) de ... con   d) de ... para

5. **A**. ¿Tienes que __ la compra todos los días?   **B**. Yo, __ hago los fines de semana.
  a) hagas ... la   b) hacer ... le   c) hacer ... la   d) haces ... la

6. No __ esa botella, me parece que el vino no __ bueno.
  a) abras ... está   b) abre ... está   c) compres ... sea   d) compras ... es

7. ¿A qué __ dedica?
  a) él   b) se   c) te   d) ella

8. ¿Cuánto tiempo __ trabajando en esta empresa?
  a) estás   b) has   c) llevas   d) era

9. Nos __ que tiene razón. Estamos de acuerdo __ ella.
  a) parece ... con   b) parece ... a   c) parecen ... con   d) parece ... de

10. Pepe está de malhumor, pero yo no tengo __.
  a) razón   b) la culpa   c) buen carácter   d) trabajo

11. No hace falta que __ el banco, pero __ el periódico.
  a) ve ... compra   b) ven ... compras   c) vayas ... compra   d) vayas ... compres

12. Es necesario __ los deberes a diario, pero hoy es sábado y no tienes que hacer __.
  a) haces ... los   b) hacer ... los   c) hagas ... los   d) hacer ... les

13. Su mujer murió el año pasado. Está __.
  a) separado   b) viudo   c) soltero   d) casado

14. Tiene muy __ carácter, siempre __ contento.
  a) mal ... es   b) buen ... está   c) buen ... es   d) divertido ... está

15. Los niños no me gustan __.
  a) poco   b) muchos   c) algunos   d) nada

16. ¿Dónde __ este verano?
  a) habías estado   b) has estado   c) estuviste   d) estarías

17. __ parece que __ enfadado. No me habla.
  a) me ... está   b) le ... es   c) te ... sea   d) te ... está

18. La película de anoche fue muy __. Nos reímos mucho.
  a) amable   b) aburrida   c) divertida   d) cariñosa

19. En 1990, Octavio Paz __ el Premio Nobel de Literatura.
  a) ha ganado   b) ganó   c) ganaba   d) gané

20. No hace falta __ los tomates para __ gazpacho.
  a) pelar ... hacer   b) peles ... hagas   c) peles ... hacer   d) pelar ... hago

UNIDAD 4

Título

EN COCHE

Contenidos Comunicativos

- Probabilidad/hipótesis
- Sugerencias
- Direcciones
- Distancia/tiempo

Contenidos Gramaticales

- Condicional
- SE impersonal
- Pret. Pluscuamperfecto

Ortografía y Pronunciación

- Entonación:
  exclamativa, interrogativa

Léxico

- Circulación; tráfico

Literatura

- J. Cortázar
  "La autopista del Sur"

Contenidos Culturales

- Descubra Barcelona

Estatua de Francisco Pizarro en Trujillo
(Cáceres).
Foto: J. R. BROTONS.

A. *Viaje a Extremadura*

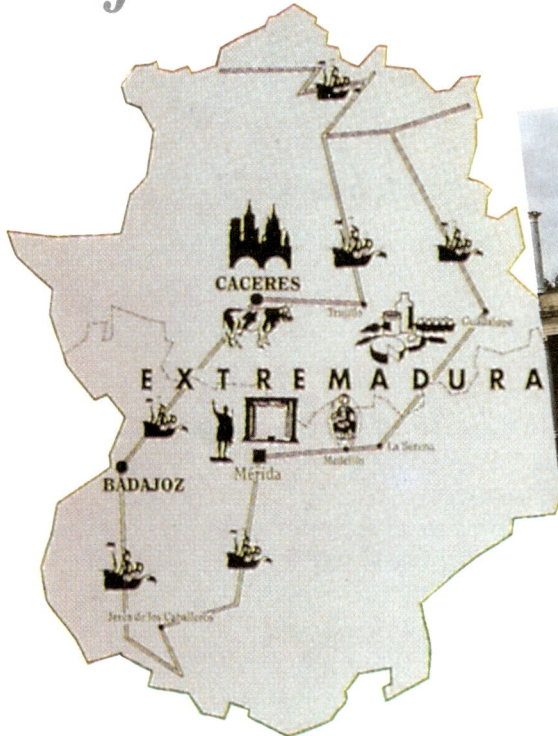

Consuelo: ¿Sabes?, como tenemos unos días de vacaciones hemos pensado hacer un viaje por Extremadura.

Beatriz: ¿Ah, sí? ¿Y qué planes tenéis?

Consuelo: Es que a primeros de julio son los festivales en el Teatro Romano de Mérida y podríamos asistir a alguna representación y conocer el nuevo Museo. ¿Por qué no os animáis Javier y tú?

Beatriz: Hablaré con él. Me gustaría mucho. Además, nosotros no conocemos esa parte de España.

Consuelo: Iremos en nuestro coche, es un viaje muy cómodo. Mérida estará a unos 350 Kms. y se tarda unas 4 horas.

Beatriz: Y desde Madrid, ¿cómo se va exactamente?

Consuelo: Espera, aquí tengo un mapa..., se sale por el Paseo de Extremadura para coger la N-V, a unos 100 kms. está Talavera, y antes de llegar a Mérida pasamos por Trujillo, que es un pueblo precioso. En Mérida seguramente estaremos un par de días y desde allí a lo mejor vamos a Yuste y a Portugal.

Beatriz: ¡Me apetece muchísimo! Voy a llamar a Javier ahora mismo.

— **¿Está lejos Mérida?**	— **Estará a unos 350 kms. de Madrid**
	— **De Madrid a Mérida se tarda unas 4 horas.**
— **¿Por qué no venís con nosotros?**	— **A lo mejor vamos, hablaré con mi marido.**
— **Podríamos asistir a alguna representación.**	

practica

1. Haz sugerencias, como en el modelo:
- La semana que viene hay un "puente"
  ¿por qué no vamos a la playa?
  podríamos ir a la playa.
  1. El miércoles hay un partido de fútbol importante.
  2. No tenemos dinero.
  3. Estoy aburrido.
  4. Son las 3, tengo hambre.
  5. Me duele la cabeza, tengo fiebre.
  6. Llevamos 4 horas trabajando.

2. En grupos de 4 planead una excursión de un día a algún sitio de interés próximo a vuestra ciudad:
   Ejemplos: A: *¿Por qué no vamos a...?*
   Podríamos parar en... / ver... / comer... etc.
   B, C, D: *¿Cómo se va de... a... / desde...?*
   ¿Qué se puede ver en...?
   ¿Qué distancia hay aproximadamente?
   ¿Cuánto se tardará?

B. *En la ciudad*

Motorista: Oiga, por favor ¿Sabe si hay un hotel por aquí cerca?
Policía: Sí, mire, siga recto y al llegar a la catedral tuerza a la derecha. El hotel está al final de la calle, enfrente del Teatro Romea.
Motorista: Vale, muchas gracias.
Policía: De nada.

> **Perdone / Oiga, (por favor)**
> **¿Cómo se va...? / ¿Sabe Vd. dónde está? /**
> **¿Sabe Vd. si hay un...?**
> **Siga recto hasta...**
> **Tuerza a la izquierda...**

UN AUTOBÚS CHOCÓ CON UNA MOTO Y DOS JÓVENES RESULTARON HERIDOS GRAVES

Ayer, a las 5 de la tarde, en el cruce de las Calles Mayor y Avda, de la Libertad, una moto, que circulaba por la calle Mayor, se saltó el semáforo y chocó con un autobús. El conductor de la moto, Antonio Pérez, un joven de 22 años, y su acompañante, Roberto Martínez, de 18, resultaron heridos graves.

El conductor del autobús declaró que él no tuvo la culpa, ya que intentó frenar y desviarse a la derecha, pero no pudo evitar el choque.

Algunos testigos del accidente, por el contrario, han declarado que el autobús arrancó cuando el semáforo ya se había puesto rojo.

La policía municipal llegó cuando todo había ocurrido y tomó nota de los hechos.

1. ¿Quiénes protagonizaron el accidente?
2. ¿Qué pasó?
3. ¿Cuál fue el resultado?
4. ¿Qué dijo el conductor del autobús? ¿Y la gente que vio el accidente?

*p*ractica

1. En parejas. A pregunta cómo ir de un sitio a otro según el plano y B responde.

De la gasolinera	a la plaza de toros.
Del hotel	al campo de fútbol.
Del Ayuntamiento	a la Biblioteca.
Del supermercado	al bar
De la peluquería	al restaurante.

2. Sigue el modelo:

Primero: Ocurrió todo. Luego: Llegó la policía.
Cuando llegó la policía, ya había ocurrido todo.

1. Empezó la representación / llegaron al teatro
2. Se quemó la casa / llegaron los bomberos
3. Salieron / llegamos a su casa
4. Se terminaron / fuimos a comprar las entradas

3. Escribe el verbo que hay entre paréntesis en la forma más adecuada:
1. ¿Qué tal el fin de semana?
   Regular, la vuelta a Madrid el domingo por la noche (SER) _____ horrible. (ES-TAR, nosotros) _____ dos horas parados. Cuando (LLEGAR, nosotros) _____ a casa ya (SER) _____ las 12.
2. ¡Otra multa! Pero tú ¿qué haces?
   Yo no tengo la culpa. El viernes pasado, cuando (VOLVER, yo) _____ del traba-jo, me (PONER, ellos) _____ una multa porque no (PARARSE, yo) _____ delante del semáforo en rojo; yo no lo (VER) _____.
3. ¡Esta ciudad cada vez está peor!
   ¿Qué te pasa mujer?
   Nada, que anoche, cuando (SALIR, nosotros) _____ del cine, (SER) _____ ya más de la una de la mañana, y (PARECER) _____ que (SER) _____ las 12 del mediodía. (HABER) _____ muchos coches y a esa hora (CONDUCIR) _____ a una velocidad excesiva.

C.

EL ATASCO

Al principio la muchacha del Dauphine había insistido en llevar la cuenta del tiempo, aunque al ingeniero del Peugeot 404 le daba ya lo mismo. Cualquiera podía mirar su reloj, pero era como si ese tiempo atado a la muñeca derecha o el bip bip de la radio midieran otra cosa, fueran el tiempo de los que no han hecho la estupidez de querer regresar a París por la autopista del sur un domingo de tarde y, apenas salidos de Fontainebleau, han tenido que ponerse al paso, detenerse, seis filas a cada lado (ya se sabe que los domingos la autopista está íntegramente reservada a los que regresan a la capital), poner en marcha el motor, avanzar tres metros, detenerse, charlar con las dos monjas del 2HP a la derecha, con la muchacha del Dauphine a la izquierda, mirar por el retrovisor al hombre pálido que conduce un Caravelle, envidiar irónicamente la felicidad avícola del matrimonio del Peugeot 203 (detrás del Dauphine de la muchacha) que juega con su niñita y hace bromas y come queso, o sufrir de a ratos los desbordes exasperados de los dos jovencitos del Simca que precede al Peugeot 404, y hasta bajarse en los altos, explorar sin alejarse mucho (porque nunca se sabe en qué momento los autos de más adelante reanudarán la marcha y habrá que correr para que los de atrás no inicien la guerra de las bocinas y los insultos), ...

J. Cortázar. (Argentina)
De "La autopista del sur" (Todos los fuegos el fuego), 1976

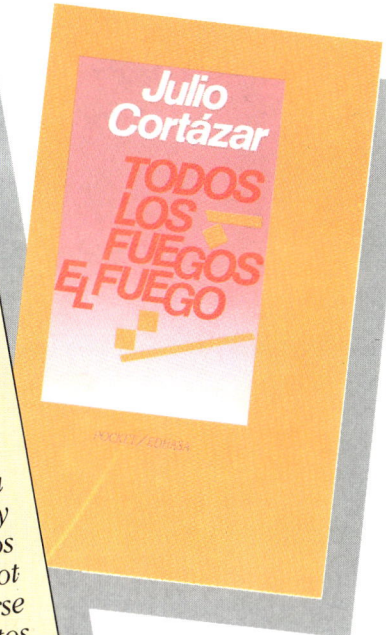

A. Preguntas de comprensión

1. ¿Por qué ni el ingeniero ni la muchacha del Dauphine miran ya el reloj?
2. ¿Qué sucede todos los domingos por la tarde en la autopista del sur de París?
3. ¿Qué se ven obligados a hacer los conductores?
4. ¿En qué se entretienen las personas que van en los coches?
5. ¿Por qué se produce una "guerra de bocinas e insultos"?
6. ¿Cuántos coches y conductores aparecen en el fragmento?, enuméralos.

B. Tema de debate

El tráfico en el lugar en que tú vives, ¿es también un problema?
¿Qué soluciones propondrías?

texto literario

tienes que saber...

• **PROBABILIDAD/HIPÓTESIS**	Mérida estará a unos 350 kms. Seguramente pasaremos dos días ... A lo mejor vamos a Yuste.
• **SUGERENCIAS**	¿Por qué no pasamos la noche en Cáceres? Podríamos ir a Extremadura.
• **DIRECCIONES**	Siga recto. Tuerza a la derecha.
• **DISTANCIA Y TIEMPO** **exactos**	Está al final de / al lado de ... Está a 195 kms, se tarda tres horas y cuarto
aproximados	Estará a unos 200 kms, se tardará unas tres horas

• **CONDICIONAL**

PENSAR	IR			¡OJO!
pensaría	iría			
pensarías	irías		FUTURO	CONDICIONAL
pensaría	iría	HACER	haré	haría
pensaríamos	iríamos	TENER	tendré	tendría
pensaríais	iríais	PODER	podré	podría
pensarían	irían			

• **SE impersonal**
¿Cómo se va? ¿Qué se puede ver?

• **PRETÉRITO PLUSCUAMPERFECTO**
había, habías, ... + tenido / podido / hecho / etc.
Cuando llegó la policía, ya había ocurrido todo.

PRONUNCIACIÓN Y ORTOGRAFÍA

— Escucha atentamente la entonación de las frases exclamativas e interrogativas:

¿Por qué no vamos a Mérida?

¡Me apetece muchísimo!

— Ahora escucha las frases siguientes y pon los signos que convengan:

Sabes, tenemos vacaciones

Sabe si hay un hotel cerca

Es un pueblo precioso

Está muy lejos Mérida

Cómo se va

Ya no puedo soportarlo más

— Escucha otra vez y repite.

VOCABULARIO

Vías públicas

dentro de la ciudad:	**de una ciudad a otra:**	**en el campo:**
calle	carretera	camino
avenida	autopista	sendero
paseo		
plaza		
glorieta		

• ¿En qué clase de vías puedes encontrar estas cosas?

❶ acera ❷ bordillo calzada un carril ❸ en cada sentido varios carriles en cada sentido

SEÑALES DE TRÁFICO

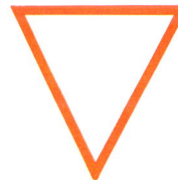

dirección prohibida | prohibido adelantar ❹ | prohibido aparcar ❺ | stop ❻ | ceda el paso

Se ha pinchado una rueda. ❼
La batería está descargada.
No arranca.
No "van" / funcionan las luces.
Hace un ruido raro al frenar.
Se ha quedado sin ❽ gasolina/aceite/agua.

— ¿Qué le pasa al ❾ coche?

❶ *En Méx.*, banqueta; *en Arg.*, vereda.
❷ *En Méx.*, orilla; *en Arg.* cordón.
❸ *En Arg.*, mano; *en Ven.* vía.
❹ *En Méx.*, rebasar, *en Arg.*, adelantarse.
❺ *En Méx., Arg., y Ven.*, estacionarse
❻ *En Arg.*, pare.
❼ *En Méx.*, se pinchó una llanta
❽ *En Arg.*, nafta.
❾ *En América Latina*, más frecuentemente carro.

ienes que saber...

t

1. En grupos. Estáis viajando por España en coche y queréis conocer ciudades de Castilla y Cantabria. Partiendo de una de las ciudades que figuran en el mapa, planead una excursión de dos días (una noche) solamente. Contad al resto de la clase lo que habéis decidido.

ALGUNOS LUGARES DE INTERÉS TURÍSTICO

Salamanca: Catedral, Plaza Mayor, Universidad y otros monumentos. Estilos: renacentista, barroco y otros. Artesanía: cuero y piel. Gastronomía: jamón.

Ávila: murallas del siglo XI, catedral románico-gótica, iglesias románicas, recuerdos de Santa Teresa de Jesús.

Segovia: acueducto romano, catedral, iglesias románicas. Gastronomía: cordero y cochinillo.

Valladolid: varios monumentos. Estilos: románico, gótico, renacentista y barroco. Gastronomía: vinos.

Burgos: catedral (siglo XII a siglo XVI) y monasterio de Las Huelgas (gótico). Gastronomía: queso.

Santander: playas, actividades culturales. Gastronomía: pescado.

Santillana: pequeño pueblo medieval muy bien conservado.

Cuevas de Altamira: pinturas rupestres de más de quince mil años.

ctividades.

a

2. Ayer presenciaste un accidente de tráfico. Escribe un informe basándote en este croquis:

Utiliza las palabras y expresiones de este cuadro:

Detenerse	**Ceder el paso**	**señal de «stop»**	**Saltarse un «stop»**
Adelantar	**Estar prohibido**	**Tener obligación de...**	
línea continua	**línea discontinua**	**Chocar**	

3. Escucha y completa:

Anoche _____ un sueño muy raro. Iba _____ _____ _____ era ya de noche, y de repente, _____ un coche en una esquina, _____ _____ y me subí. No lo conducía _____.

El coche arrancó, _____ varias veces a la _____ y se paró delante de una _____ - _____ , rodeada de jardines, a las afueras de _____ _____ . Del interior _____ una música que _____ de otros tiempos. Allí la _____ iba _____ también de una forma extraña, unos _____ otros _____ _____ . Cuando entré, _____ _____ la música y todo se desvaneció, _____ Sólo la vieja casa, deshabitada, con sus _____ _____ , y yo que me preguntaba ¿dónde he estado?.

actividades.
a

DESCUBRA BARCELONA

descubriendo

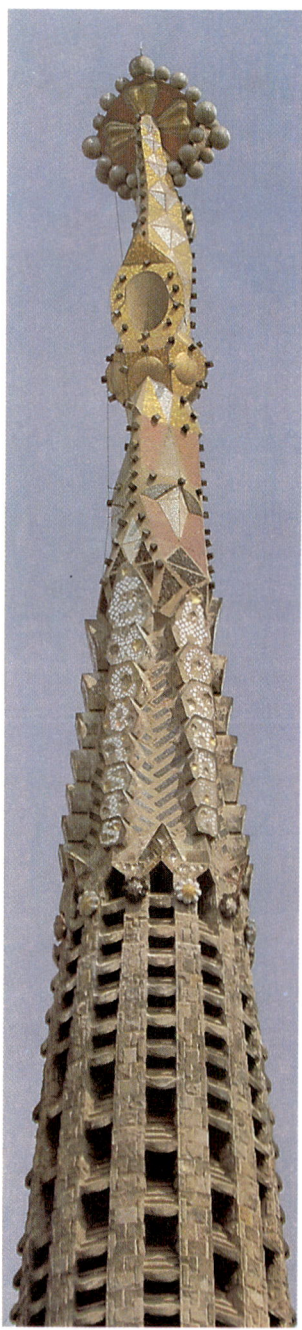

Sagrada Familia.

Casa Batlló de Gaudí.

Ciudad cosmopolita, dinámica y emprendedora, la capital de Cataluña ha contribuido a forjar durante más de mil años una historia, una lengua —el catalán— y una cultura propias.

Quiosco de prensa del Paseo de las Ramblas.

Barcelona es, sobre todo, un importantísimo centro económico y comercial.

Palau de la Música.

En Barcelona la cultura se da cita los 365 días del año. La ciudad sirve de escenario permanente a Festivales y manifestaciones artísticas de toda índole.

UNIDAD 5

Título

¿SABES?

Contenidos Comunicativos

- Sorpresa
- Afirmar con énfasis
- Felicitaciones
- Relatar lo que han dicho otras personas
- Pedir información
- Dar una noticia

Contenidos Gramaticales

- Estilo indirecto
- LO, sustituto de frase

Ortografía y Pronunciación

- /θ/ y /s/

Léxico

- Juego, suerte, rumores

Literatura

- M. Benedetti
  "La tregua"

Contenidos Culturales

- Nos jugamos hasta la camisa

El juego del parchís.
Foto: J. R. BROTONS.

A. *De boca en boca*

BUENOS DÍAS, DON FERNANDO LO VEO MUY CONTENTO

HOMBRE ¡ENHORA BUENA! ¿QUÉ VA USTED A HACER CON ESE DINERO?

¡YA LO CREO, BASILIO! ME HA TOCADO LA LOTERÍA ¡MILLÓN Y MEDIO DE PESETAS!

PUES POCA COSA LA VERDAD. ME VOY A COMPRAR UN COCHE NUEVO, O A LO MEJOR HACEMOS UN VIAJE TODA LA FAMILIA, A MI HIJA INÉS LE GUSTARÍA CONOCER EL CARIBE.

VICTORIA, HE VISTO A DON FERNANDO, EL DEL 4º IZQUIERDA. ME HA DICHO QUE LE HA TOCADO LA LOTERÍA.

PUES NO SÉ... UN MILLÓN O DOS, CREO. DICE QUE VA A HACER UN VIAJE POR EL CARIBE CON TODA LA FAMILIA.

NO ME DIGAS ¿Y CUÁNTO LE HA TOCADO?

¿UN VIAJE? ¿NO VA A COMPRARSE NADA?

SÍ, ME DIJO QUE IBA HA COMPRARSE UN COCHE NUEVO.

PORTERÍA

¿YA SABE USTED LO DE DON FERNANDO? AYER ME DIJO QUE LE HABÍAN TOCADO VARIOS MILLONES EN LA LOTERÍA.

¡VAYA! ¿LE PREGUNTÓ USTED QUÉ IBA A HACER CON TANTO DINERO?

SÍ, SÍ. ME DIJO QUE HARÍA UN VIAJE ALREDEDOR DEL MUNDO. Y YO LE PREGUNTÉ SI SE IBA A COMPRAR ALGO, Y ME DIJO QUE SÍ, QUE SE IBA A COMPRAR UN COCHE NUEVO, ÚLTIMO MODELO. UNO DE LUJO, YA SABE.

DON FERNANDO ES MILLONARIO. LE HAN TOCADO 20 Ó 30 MILLONES. SE VA A VIVIR AL CARIBE, A MIAMI, O POR AHÍ. YA SE HA COMPRADO VARIOS COCHES DEPORTIVOS, Y JOYAS PARA SU MUJER Y DE TODO.

¡QUÉ SUERTE TIENEN ALGUNOS!

Me dijo:	Me dijo que…	
"Me ha tocado…"	… le había tocado…	¡Ya lo creo!
"Me tocó…"	… le había tocado…	¡No me digas!
"Me compraré…"	… se compraría…	¡Enhorabuena!
"Voy a comprarme…"	… iba a comprarse…	¡Vaya!
		Pues…

practica

1. Formad cuatro grupos en clase. En cada grupo memorizad entre todos un diálogo (1, 2, 3 ó 4).

¿Qué dijo exactamente cada persona?
— Don Fernando le dijo a __Basilio__ que _____.
— Basilio, el portero, le dijo a _____ que _____.
— Victoria, su mujer, le dijo a _____ que _____.
— Eulalia, la vecina, le dijo a _____ que _____.

2. En grupos de tres. Cada uno elige un papel: A, B o C, y lee y memoriza **solamente** la información del papel elegido:

A Ayer hablaste con **Amparo.** Esto es lo que te dijo:
1. "A Montse le han tocado 2 millones en la lotería"
2. "Miguel va a casarse con Julia."
3. "Montse está triste."
4. "El domingo fui con Montse al cine."
5. "Soy de Valencia."

B Ayer hablaste con **Montse.** Esto es lo que te dijo:
1. "Me ha tocado medio millón en la lotería."
2. "Miguel va a casarse con Amparo."
3. "Estoy triste hoy."
4. "El domingo fui al cine con Miguel."
5. "Amparo es de Valencia."

C Ayer hablaste con **Miguel.** Esto es lo que te dijo:
1. "A Montse le ha tocado medio millón en la lotería."
2. "Voy a casarme con Julia."
3. "Montse está muy contenta."
4. "El domingo no salí de casa."
5. "Amparo es de Murcia."

3. Ahora contestad a las preguntas siguientes con la información que os han dado vuestros amigos. Por ejemplo:

1. *¿Cuánto dinero le había tocado a Montse?*
A: *Amparo me dijo ayer que a Montse le habían tocado 2 millones en la lotería.*
B: *(Pues) a mí me dijo Montse (ayer) que le había tocado medio millón en la lotería.*
C: *(Pues) a mí me dijo Miguel (ayer) que a Montse le había tocado medio millón en la lotería.*
2. ¿Con quién iba a casarse Miguel?
3. ¿Cómo estaba Montse ayer?
4. ¿Quiénes fueron al cine el domingo?
5. ¿De dónde era Amparo?

6. Vuestros amigos a veces no dicen la verdad. ¿Qué mentiras han dicho?

B. *Noticias*

Los relojes se atrasarán una hora la próxima madrugada

EL PAÍS, **Madrid**

Los relojes deberán atrasarse una hora a las tres de la madrugada (las dos en Canarias) de mañana, domingo, con el fin de adaptarse al horario de invierno. Todos los trenes que circulen a esa hora serán detenidos 60 minutos en la estación más próxima. El 25 de marzo comenzó el horario de verano en el que se adelantó una hora para aprovechar la luz solar y conseguir un ahorro energético.

A las 3 de la madrugada del domingo los relojes se ATRASAN a las 2

¿TE HAS ENTERADO DE QUE ESTA NOCHE HAY QUE ATRASAR LOS RELOJES UNA HORA?

SÍ, YA LO SABÍA, LO HE LEÍDO EN EL PERIÓDICO.

¿SABES SI NOS VAN A SUBIR EL SUELDO?

SÍ, CREO QUE UN 6% SEGÚN DIJO ANTONIO.

PUES SÍ, NOS VAN A SUBIR UN 6%

¿Te has enterado de que...?
¿Sabes que...?
No, no me había enterado
Sí, ya me he/había enterado
No, no lo sabía
Sí, ya lo sé/sabía

¿Sabes si...?
(No), no lo sé.
Sí, ...

practica

1. En parejas: **A** pregunta a **B** si conoce estas noticias:

El presidente del Gobierno se encuentra en Sudamérica en visita oficial.

A partir del próximo mes se prohibirá la circulación de vehículos privados por el centro de la ciudad.

Breves

• **Charo Izquierdo, nueva directora de «Elle».** La periodista Charo Izquierdo fue nombrada ayer directora de la revista mensual «Elle», editada por el grupo «Hachette», en sustitución de María Luisa Malibrán.

• **«Las Noticias», nuevo diario.** Mañana saldrá a la calle el nuevo periódico «Las Noticias», que se distribuirá únicamente en Cataluña, con lo que Barcelona contará con seis cabeceras de prensa diaria.

Desde ayer, los controladores aéreos de todo el país están en huelga.

2. Ahora vosotros podéis haceros preguntas sobre noticias de actualidad de todo tipo (políticas, deportivas, etc.)

3. Completa con una palabra en cada espacio:

1. **A.** ¿Te has enterado_____ _____ a D. Fernando le ha tocado la lotería?
   B. — Sí, ya _____ _____ _____.

2. **A.** ¿Sabes _____ me he comprado un piso precioso?
   B. — No, _____ _____ _____.

3. **A.** ¿Sabes _____ tu hermano está en casa? Quiero hablar con él.
   B. — No, _____ _____ _____.

4. **A.** ¿Te has enterado _____ _____ Isidro se ha casado?
   B. — Sí , ya _____ _____.

5. **A.** ¿Sabes _____ acabamos el curso el día 15?
   B. — Sí, ya _____ _____ _____.

6. **A.** ¿Sabes _____ me voy de vacaciones mañana?
   B. ¡Qué suerte!, _____ _____ _____.

4. Pide información:

Alguien te ha dicho que el jueves no hay clase
¿Sabes si el jueves hay clase?

1. Quieres sacarte el carnet de conducir. Tienes todos los impresos pero no sabes si necesitas fotos.

2. Quieres ir al centro, estás en la parada del 47 y no conoces bien la ciudad.

3. Te recomiendan un restaurante, pero no tienes mucho dinero.

C.

UNA BROMA PESADA

Lunes, 9 de setiembre

En la sección Ventas le han preparado una trampa sangrienta a un tal Menéndez, un muchacho ingenuo, supersticioso, [...]

Resulta que Menéndez se compró un entero para la lotería de mañana. Dijo que esta vez no lo iba a mostrar a nadie, porque tenía la corazonada de que, si no lo mostraba, el número iba a salir con la grande. Pero esta tarde vino el cobrador de Peñarol, y Menéndez, al abrir la billetera para pagarle, dejó por unos segundos el número sobre el mostrador. Él no se dio cuenta, pero Rosas, un cretino en permanente estado de alerta, anotó mentalmente el número y de inmediato hizo un repartido verbal. La broma que han preparado para mañana es la siguiente: se combinaron con el lotero de enfrente para que, a determinada hora, anote en el pizarrón el número 15301 en el lugar del primer premio. Sólo por unos minutos, después lo borrará. Al lotero le gustó tanto la concepción del chiste, que, contra lo previsto, accedió a colaborar.

Martes, 10 de setiembre

[... Parece que Menéndez dio vuelta a la cabeza con toda parsimonia, en la actitud del tipo que todavía se está frenando para no hacerse ilusiones. Vio las grandes y claras cifras del 15301 y quedó por un momento paralizado...]

Pero el itinerario de la broma terminaba allí. El plan establecía que, en ese momento, todos vendrían en equipo a tomarle el pelo. Pero nadie había previsto que Menéndez pegara un salto y saliera corriendo hacia el fondo. La versión del algún testigo es que entró sin golpear en el despacho del gerente (que en ese momento atendía a un representante de una firma americana), prácticamente se le tiró encima y antes de que el otro pudiera encauzar su propio asombro, ya le había dado un sonoro beso en la pelada.

Mario Benedetti.- (Uruguay)
La Tregua - 1973

Mario Benedetti

La tregua

Edición de
Eduardo Nogareda

CÁTEDRA
Letras Hispánicas

A. Preguntas de comprensión

1. ¿Por qué no quiso Menéndez enseñar a nadie su número?
2. ¿Cómo se enteró Rosas del número? ¿Qué hizo después?
3. ¿Qué le proponen al lotero?
4. ¿Cuál fue la reacción de Menéndez cuando creyó que su número era el premiado?
5. ¿Qué crees tú que pasó después?

B. Tema de debate

Las bromas pesadas.

texto literario

• **SORPRESA**	¡Hombre! / ¡No me diga(s)! / ¡Vaya!
• **AFIRMAR CON ÉNFASIS**	¡Ya lo creo!
• **FELICITACIONES**	¡Enhorabuena!
• **RELATAR LO QUE HAN DICHO OTRAS PERSONAS**	Me ha dicho que... Le pregunté si...
• **PEDIR INFORMACIÓN**	¿Sabe(s) si...?
• **DAR UNA NOTICIA**	¿Te has enterado de que...? ¿Sabes que...?

CONTENIDOS GRAMATICALES

**lenes que saber...**

• **ESTILO INDIRECTO**

— **Correlación de tiempos verbales**

DICE QUE   está muy / va a comprarse / irá / le ha tocado
contento

HA DICHO QUE

DIJO QUE   estaba muy / iba a comprarse / iría / le había tocado
contento

— **Preguntas**

¿Vas a ir?	_Le preguntó (que) si iba a ir_
¿Dónde/cuándo/etc... vas a ir?	_Le preguntó (que) dónde/ cuándo/... iba a ir_
¿Qué vas a hacer?	_Le preguntó (que) qué iba a hacer_

• **"LO" COMO SUSTITUTO DE FRASE:**

¿Sabes que ya tengo coche?
No, no lo sabía.

PRONUNCIACIÓN Y ORTOGRAFÍA

¿Recuerdas?

/θ/: za zo zu ce ci

/s/: sa se si so su

— Escucha atentamente estas frases y repite:

¿Sabes si los vecinos del segundo son valencianos?

¡Qué suerte ha tenido Basilio!

— En el texto siguiente faltan las letras s-c-z. Escucha la cinta y escríbelas.

Pa __an unas muchachas que __e adornan el amplio __ombrero de paja con ramitos de aliaga, llevan unas batas de cretona y andan sueltas, ligeras,
gra__io__as como cor__as. El viajero las ve marchar y __ierra los ojos. El viajero prefiere dormir bajo el recuerdo de una última __en__a__ión agradable: una
__igüeña que vuela, un niño que __e chapu__a en el restaño de un arroyo, una
abeja libando la flor del espino, una mujer joven que camina, al na__er del verano, con los bra__os al aire y el pelo __uelto __obre los hombros.

Viaje a la Alcarria. Camilo José Cela

VOCABULARIO

❶ Echar una partida (juego)
Jugar un partido (deporte)

❷ Echar a suertes (al azar)
Celebrarse un sorteo
Tener suerte (=buena suerte) / mala suerte

❸ Tener mala pata
Tener una buena / mala racha

❹ Ser afortunado/a
Ser desafortunado, un(a)❺ gafe

un rumor
una noticia

un chisme
habladurías
un comentario

se dice que…
se comenta que…
se oyen rumores sobre…
me han dicho por ahí que…

❶ *En Arg., Méx. y Ven.*, jugar un partido
❷ *En Méx.*, echar un bolado;
❸ *En Ven.*, tener pava;
❹ *En Méx., Arg.*, suertudo; *en Ven.*, sortario
❺ *En Méx.*, estar salado; *en Arg.*, ser un geta, *en Ven.*, ser pavoso.

1. Esta semana puedes hacerte millonario. Has comprado:

- Un «décimo» de la Lotería Nacional para el sorteo de Navidad.
- Un «cupón» de la Lotería de la ONCE (Organización Nacional de Ciegos Españoles).
- Un «boleto» de apuestas de la Lotería Primitiva.

Rellena el boleto de la Lotería Primitiva.
Escucha este programa de radio con los resultados de los sorteos ,de Lotería.
Anota los números premiados y comprueba los tuyos.
¿Has ganado algo? ¿Cuánto?

2. Escucha el capítulo 132 de la radionovela «Unidos por el destino» y completa el resumen.

Ricardo, muy enfadado, le dijo a Gonzalo que _____ el puesto de director del hospital y el amor de Verónica, y que a él lo _____ sin nada. Gonzalo se defendía diciéndole a Ricardo que _____. Pero Ricardo le respondió que no _____ que explicara nada y que ahora lo _____ todo perfectamente. En este mismo momento se presentó Verónica, y Ricardo, furioso, le preguntó qué _____ allí. Verónica le contestó que _____ como paciente a la consulta de Gonzalo. Éste acababa de confirmarle que _____ un hijo suyo. Ricardo se quedó atónito. Todo este ataque de celos había sido invención suya.

ctividades.

a

3. Relaciona los titulares con los artículos.

Comenta las noticias.
Ejemplo:
A: *¿Sabes que el Papa está en México?*
B: *Sí, ya lo sabía.*
   No, no me había enterado.

Empieza la fiesta del impermeable
La corrida de ayer, aplazada al 5 de junio a causa de la lluvia

---

Van Gogh vuelve a conmover el mundo del arte
Los 8.600 millones por «El retrato del doctor Gachet» fueron pagados al contado

---

Barranco propone la solución mexicana
La iniciativa «Madrid, un día sin cohes», se extiende a otros 10 municipios

---

Falta de acuerdo en la Comunidad Europea para prohibir la publicidad del tabaco

---

El Sumo Pontífice inicia hoy una nueva visita a México

A Once municipios de la Comunidad van a seguir la iniciativa de la Federación Regional de Asociaciones de Vecinos para celebrar el jueves 24 de mayo la jornada *Madrid, un día sin coches*, con lo que el nombre elegido significará ahora un esfuerzo de las principales localidades de la región para que ese día desaparezcan los automóviles de las calles.

B El papa **Juan Pablo II** comienza mañana una gira de ocho días a México, dirigida a elevar la moral de la población católica de América Latina y a fortalecer la Iglesia de ese país, que es oficialmente anticlerical.

C La corrida de ayer en Las Ventas, séptima de la Feria de San Isidro, no pudo celebrarse a causa de la lluvia y quedó aplazada para el 5 de junio próximo, con el mismo cartel: toros del marqués de Albayda para José Luis Parada, Curro Vázquez y Pepe Luis Vázquez.

D El mundo del arte parece haber enloquecido con El retrato del doctor Gachet, un cuadro del pintor holandés Vicent van Gogh (1853-1890) que fue vendido el pasado miércoles en la sala de subastas neoyorquina Christie´s por 82,5 millones de dólares (8.500 millones de pesetas). La venta batió todos los precios pagados hasta la fecha por un óleo.

E El Consejo de Ministros de Sanidad de la Comunidad Europea aprobó ayer el programa comunitario de lucha contra el cáncer para 1990-1996, que contará con un presupuesto de 50 millones de ecus (unos 6.400 millones de pesetas). Los ministros también aprobaron la directiva que reduce el contenido máximo de nicotina y alquitrán en los cigarrillos; sin embargo, no llegaron a un acuerdo para prohibir la publicidad del tabaco. La razón principal es la dificultad de armonizar las legislaciones nacionales al respecto.

a ctividades.

Nos jugamos hasta la camisa

Los juegos de azar tienen una larga y profunda tradición en España y toda Hispanoamérica. La afición empieza en casa. Basta una simple baraja de cartas, que no falta en ningún hogar, para «echar una partidita» y jugarse unos cuantos duros.

Claro está, donde existe demanda aparece la oferta. España es uno de los países del mundo donde más dinero gasta cada ciudadano en juegos de azar de todo tipo. Hay juegos para todos los bolsillos y para todas las clases sociales, desde la humilde máquina tragaperras («perras» es una de las formas coloquiales

de referirse al dinero) hasta el lujoso casino, pasando por las salas de bingo.

El Estado es, sin duda, el mayor proveedor de juegos de azar, con las diversas loterías y las quinielas hípicas y de fútbol. La primera lotería llegó a España desde Italia en el siglo XVIII, precisamente de la mano de un rey, Carlos III, y desde entonces ha sido un negocio muy bueno... pero sólo para el Estado. Bien es cierto que el dinero obtenido se destina a fines benéficos. El caso de la ONCE (Organización Nacional de Ciegos Españoles) es un ejemplo claro: con los ingresos

provenientes de la venta de los «cupones» de lotería se financian todo tipo de actividades y programas de ayuda a los invidentes.

Hay muchos juegos que gozan de popularidad, pero ninguno como el sorteo especial de Navidad de la Lotería Nacional. Este sorteo se celebra el día 22 de diciembre, y los premios son mayores que en cualquier otro sorteo de lotería. Si «toca el gordo» puede uno hacerse millonario.

Ni que decir tiene, muy pocos son los que ganan. La mayoría pierde. Pero eso no importa. Siempre puede haber más suerte la próxima vez. ¿O no?

escubriendo

Farmacia antigua de Madrid.
Foto: J. R. BROTONS.

UNIDAD 6

Título

LA SALUD

Contenidos Comunicativos

- Salud
- Probabilidad/hipótesis
- Deseo
- Posiciones del cuerpo
- Recomendaciones

Contenidos Gramaticales

- Futuro Perfecto
- Quizás/ojalá
- Es conveniente que...
- Pres. de Subjuntivo (irregulares)

Ortografía y Pronunciación

- h

Léxico

- Estados de salud; estados de ánimo

Literatura

- M. Puig
  "*Cae la noche tropical*"

Contenidos Culturales

- El curanderismo en la costa peruana

En la consulta

Andrés: ¿Sra. López? La llamo para decirle que no podré ir a trabajar esta mañana. Se ha puesto mala mi hija y voy a llevarla al médico ahora mismo.

Sra. L.: ¿Qué le pasa?

Andrés: No sé, tiene mucha fiebre. Se habrá enfriado por la noche.

Sra. L.: ¿No será varicela?, ahora hay mucha.

Andrés: No, la varicela ya la pasó el año pasado y está vacunada contra todo. No sé qué le pasará, pero estoy preocupado.

Sra. L.: Pues nada, llévela al hospital cuanto antes. Ojalá no sea nada grave.

Andrés: Gracias. Quizá vaya a la oficina esta tarde si se encuentra mejor la niña.

* * *

Dr. Grau: A ver, ¿qué le pasa a esta niña?

Andrés: Pues no sé, doctor. Ha estado llorando toda la noche. Tiene mucha fiebre y está tosiendo mucho. Quizá sea bronquitis.

Dr. Grau: Bueno, quítele la camiseta… mmm… ojalá me equivoque, Sr. Casas, pero creo que tiene pulmonía. Vamos a hacerle unas pruebas. Tendrá que quedarse ingresada dos o tres días.

LOS SÍNTOMAS	LAS CONJETURAS	EL DIAGNÓSTICO
Tiene fiebre y granos por todo el cuerpo. **Tose** mucho.	No sé, … **será** varicela se **habrá enfriado**	Estoy seguro, **es** varicela se **ha enfriado**

LOS DESEOS
Ojalá no sea nada grave. **Ojalá se cure pronto.**

practica

1. ¿Qué les pasará a estas personas? Relaciona, como en el ejemplo

No nos oye. ————————— Se habrá quedado en la oficina.
Es muy tarde y Marisa   Será sordo.
No ha vuelto todavía. ———   Quizá tenga fiebre.
Está muy delgada.   Te habrá hecho daño la comida.
Tiene la cara muy caliente.   no estará en casa.
Me encuentro fatal   Habrá seguido un régimen.

2. Expresa tus deseos con OJALÁ

Ejemplo: *Ya he llamado al médico (LLEGAR)*
                  Ojalá llegue pronto

1. El cielo está muy oscuro   (LLOVER)
2. El tren sale dentro de 5
    minutos y todavía no tenemos los billetes   (PERDER)
3. He comprado un décimo de lotería   (TOCAR)

3. Completa las frases. Escribe los verbos que están entre paréntesis en la forma apropiada.

1. A Se (PONER) _____malo al actor principal. No sé que le (PASAR)_____
       pero no (PODER) _____ actuar esta noche.

    B Pues ojalá se (PONER) _____ bueno pronto, porque si no (TENER)
       _____ que suspender la obra. No podemos seguir sin él.

2. A ¿Cuándo sintió mareos por primera vez?

    B   Pues, no sé, (HACER) _____ unos tres o cuatro meses.

4. Representa tu papel.

MÉDICO   PACIENTE

Saluda al paciente y
pregúntale por su salud ———————→ Responde y explica tus síntomas

Pregunta más detalles:
    ¿Desde cuándo...?
    ¿Bebe Vd, fuma, etc?

Dile qué tiene   Responde

                                      Pregunta: si es grave
                                                 si puedes trabajar, viajar
                                                 salir a la calle....

Responde y explica el tratamiento

(si el paciente pregunta) responde   (si tienes dudas) pregunta y pídele que repita
todas las preguntas

                                      Da las gracias y despídete.

Despídete y dile que no se preocupe,
que no tiene nada grave.

B. *Belleza y Salud*

PROLONGAR LA JUVENTUD

Te damos unas pocas fórmulas que no fallan:

1. Es indispensable que duermas de 7 a 9 horas al día, según tus necesidades. La falta de sueño produce cambios de humor, pérdida de memoria y tensiones.

2. Es necesario que aprendas a respirar bien. Una buena oxigenación aumenta el rendimiento del cerebro.

3. Es conveniente que tomes una sesión semanal de sauna, aumenta las defensas del organismo.

4. Es indispensable que tomes diariamente legumbres, frutas, verduras y cereales integrales.

5. Y, sobre todo, es necesario que hagas ejercicio físico. 15 minutos diarios de gimnasia hacen milagros.

¡Si sigues estos consejos habrás dado un paso hacia la eterna juventud!

Es necesario que comas más
Es conveniente que eches la siesta

practica

1. En parejas:

- Pregunta a tu compañero si cumple estas 5 normas:

Ejemplo: *¿Duermes de 7 a 9 horas diarias?*

Anota sus respuestas y luego explica al resto de la clase lo que ha respondido tu compañero.

- Añadid otros consejos para mantenerse joven.

2. Completa la descripción de los ejercicios con las palabras del recuadro:

Para evitar malas posturas del cuerpo, imita a los animales

EL DELFÍN

brazos, repita, piernas, pies, rodillas, pelota.

1. Tumbada boca arriba, con el cuerpo y los _____ bien estirados y los _____ sujetando una _____ de unos 20 cm. de diámetro, eleve las _____ y lleve las _____ a la altura de la cara.
2. Deje caer la pelota y recójala después con los _____ para volver a la posición inicial. _____ unas diez veces.

LA RANA

piernas, brazos, cabeza, manos, pies, salto.

1. Sentada sobre la punta de los _____ con las _____ separadas, lleve los _____ hacia arriba y cruce las _____ encima de la _____.
2. Dé un _____ hacia arriba y baje los _____, con las palmas de las _____ vueltas hacia dentro, apoyadas en el suelo. Repita.

EL GATO

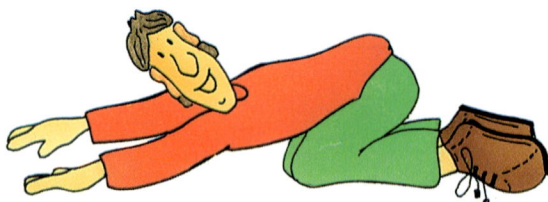

brazos, atrás, adelante, piernas, cuerpo, músculos, cabeza.

1. De rodillas, con las _____ juntas, extienda los _____ hacia _____ y desplace el _____ hacia _____.
2. Adelante el cuerpo hacia los _____ y eleve la _____ como hacen los gatos por la mañana, cuando estiran los _____.

Una vez completados, escucha la cinta y comprueba.

exto literario

MALAS NOTICIAS

Ing. Alfredo Mazzarini, 8 Französische/Strasse
Lucerna, 21 de octubre de 1987

Señora Silvia Bernabeu
Rua Igarapava 120, Río de Janeiro

Estimada amiga:

Es muy triste la circunstancia que me lleva a escribirle. Sé que la unía a mamá un gran afecto. Me cuesta ponerlo por escrito, y darle la noticia de este modo. Mamá falleció hace cinco días, el pasado lunes dieciséis, de un paro cardíaco. Lo único positivo de toda esta tragedia es que no sufrió para nada, ni creo que se haya dado cuenta de que el fin estaba tan cerca.

Yo había estado con ella todo el sábado y domingo y decidimos quedarnos en casa debido al mal tiempo, vientos y aguaceros, conversando de todo lo que nos preocupaba tanto, me refiero por supuesto al traslado. Mamá estaba muy calma y decidió no mantener la casa en Río, porque ya estaba acostumbrándose a la idea de vivir en Suiza.

El lunes a la mañana me desperté como de costumbre a mi hora, ocho de la mañana, para estar en la oficina a las nueve y media, y mamá como era habitual en ella ya estaba levantada, incluso se había desayunado. Ya casi listo para salir fui a la cocina a calentar el café, algo entibiado, cuando oí que mamá desde su cuarto me decía que se había recostado porque estaba un poco cansada. Fui a preguntarle qué sentía y ya estaba sin vida, recostada, las manos como acariciando la almohada, totalmente serena.

El médico llegó muy pronto, un vecino, pero yo ya me había dado cuenta que mamá se me había ido.

M. Puig. (Argentina)
Cae la Noche Tropical. 1988

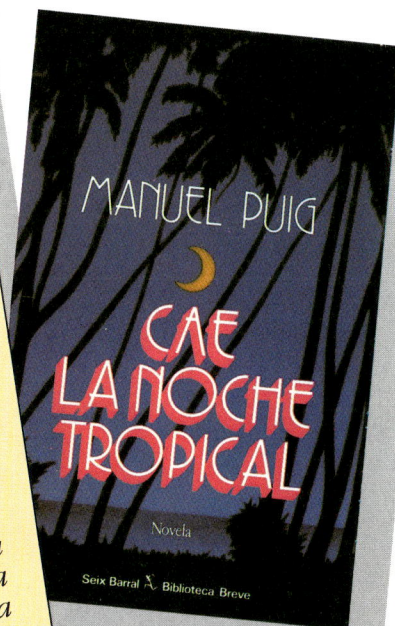

A. Preguntas de comprensión

1. ¿Qué relación existía entre Silvia y la madre del ingeniero A. Mazzarini?
2. ¿Qué noticia le da en la carta?
3. ¿Estaba enferma la madre del Sr. Mazzarini? ¿Cómo murió?
4. ¿Qué habían hecho la señora que ha muerto y su hijo el fin de semana?
5. ¿De qué habían estado hablando?
6. ¿Qué hizo el Sr. Mazzarini después de levantarse? Y su madre ¿qué había hecho?

B. Expresión oral o escrita

En parejas, escribid o representad una conversación telefónica entre Silvia y una amiga, en la que se cuente lo que ha pasado.

CONTENIDOS COMUNICATIVOS

• **SALUD**	— ¿Qué te pasa? — Tengo fiebre, me encuentro mal
• **HIPÓTESIS / PROBABILIDAD**	Estará en casa Ya habrá llegado Quizá llegue mañana
• **DESEO**	Ojalá haga buen tiempo
• **POSICIONES DEL CUERPO**	Está sentado/tumbado...
• **RECOMENDACIONES**	Es necesario que aprendas a conducir

CONTENIDOS GRAMATICALES

- **FUTURO PERFECTO**

  habré
  habrás
  habrá
  habremos
  habréis
  habrán

  ⟶ + venido, perdido, etc.

  Pedro no ha venido aún. Habrá perdido el autobús.

- **QUIZÁ, OJALÁ + SUBJUNTIVO**

  Quizá vayamos a Grecia este verano

- **ES NECESARIO, CONVENIENTE, INDISPENSABLE QUE + SUBJUNTIVO**

  Es conveniente que vayas al médico

- **PRESENTES DE SUBJUNTIVO IRREGULARES**

  La irregularidad del Presente de Subjuntivo es la misma que la del Presente de Indicativo:

TENER		ENCONTRAR	
tenga	VENIR = venga	encuentre	DORMIR = duerma
tengas	SALIR = salga	encuentres	ACOSTARSE = acueste
tenga		encuentre	LLOVER = llueva
tengamos		encontremos	
tengáis		encontréis	
tengan		encuentren	

PRONUNCIACIÓN Y ORTOGRAFÍA

Como sabes, en español, la ɲ no se pronuncia nunca. Escucha y repite las palabras siguientes:

hija, hospital, hotel, hacer, hombros, ahora.

— En las frases siguientes, escribe H donde sea necesario:

1. ¿Sabes?, esta mañana Manuel __a tenido un __accidente.
2. __abitualmente me levanto __a las __ocho, pero __oy me __e levantado a las nueve.
3. ¡__ojalá __aga buen tiempo el domingo!
4. ¿__abía mucha gente en el cine?
   Sí, bastante. La cola llegaba __asta la __esquina.
5. ¡__ombre, Juan!, ¿qué __aces por aquí?
6. A__í __ay un __ombre que dice ¡__ay!

VOCABULARIO

	bueno, malo	enfermo	bien, mal mejor, peor
Estar	X	X	X
❶Ponerse	X	X	X
Sentirse		X	X
Encontrarse		X	X

Echar una mano a alguien
Tomar(le) el pelo a alguien
Salvarse por los pelos
❷ Estar hasta las narices
Ser todo oídos

No mover un dedo por alguien/nadie.
❸ Perder la cabeza
Ser uña y carne.
Dar la cara
Ser un caradura.

❶ *En Arg.* y *Ven.* enfermarse o caer enfermo.
❷ *En Méx.* estar hasta el copete.
❸ *En Ven.,* perder los papeles / los libros.

1. Debate radiofónico
Escucha el debate sobre "automedicación" y contesta las preguntas.

1. ¿Quién es quién? Relaciona:

   Grau   Presidente/a del Colegio de Farmacéuticos.
   Gracia   Vicepresidente/a de una Asociación de Consumidores.
   Sanchis   Jefe de Servicio de un hospital.

2. ¿Qué pasa con el 40% de las medicinas que se venden en las farmacias?

   a) Son más suaves que las que recetan los médicos.
   b) Las vende directamente el farmacéutico al enfermo.
   c) Las compra el enfermo sin consultar al médico.

3. Comprar medicinas sin visitar al médico es peligroso por dos motivos:

   (Completa).   — El enfermo puede sufrir una _____
                  — El enfermo quizá no _____

4. La Sra. Sanchis habla de dos problemas. ¿Cuáles?

   a) Los médicos son muy lentos.
   b) Hay que esperar semanas para conseguir medicinas en los hospitales.
   c) Los médicos a veces no examinan a sus pacientes.
   d) A veces los médicos tardan muchos días en recibir a sus pacientes.
   e) Los enfermos son demasiado impacientes.

2. Mira estos dibujos y escribe frases para explicarlos. Ejemplo:

"Estará.... / tendrá.... / irá a ...
quizá esté... / tenga .... / vaya a ...."

ctividades.

a

3. Acabas de recibir una carta de un familiar. Éste es el contenido:

— Van a operar de apendicitis a su hijo de doce años.
— él/ella va a publicar su primera novela.
— te pregunta cómo estás tú y tu familia.
— quiere saber qué vas a hacer en Navidades. (Tú no lo has decidido to- davía. Explica dos o tres posiblidades).

Escribe una carta en contestación a la suya.

4. En grupos. Estáis organizando un viaje a *uno* de estos sitios:

Los monasterios de las montañas del Tibet
Las ruinas mayas en las selvas de Guatemala y Honduras
El carnaval de Río de Janeiro
El Camino de Santiago (500 Kms. a pie)

Decidid qué cosas debéis *llevar* y *hacer*. Distinguid entre lo que es "conve- niente", "necesario", e "indispensable". Ejemplo:

"Es necesario llevar loción contra los mosquitos".
"Es indispensable llevar comida. Allí no hay".
"Es conveniente reservar los billetes de avión cinco meses antes".

ctividades.

a

El curanderismo en la costa peruana

Desde sus orígenes, religión, curanderismo y brujería han estado estrechamente relacionados. Esto se manifiesta claramente, entre otros sitios, en la costa peruana.

El curandero es el intermediario entre Dios o sus santos y el hombre, y es capaz de curar a los enfermos o solucionar sus problemas con oraciones, ritos, sacrificios, etc.

En estos ritos se mezcla lo sagrado y lo profano. Los procedimientos mágicos siguen un ritual estricto:

Los lugares elegidos suelen estar cerca del agua. El momento, los días seis de cada mes, siempre que sean martes o viernes y en noches de plenilunio. Los materiales empleados son piedras en forma de corazón (u otras formas), metales, flores, hierbas, licores, etc. Tanto el diagnóstico como la curación son muy complejos. El curandero toca al enfermo con las manos, canta, reza, etc. Todo lo que hace tiene una significación especial.

En casi todos los templos peruanos hay "votos", es decir, placas de plata que representan la parte del cuerpo (piernas, brazos, etc.) enferma. Todos los santos son considerados "curadores" y uno de los más invocados en esta zona es San Cipriano, que es el santo de los brujos.

Oración a S. Cipriano

"De lenguas voraces y de los malos cuentos, de amigos falaces, viles sin temor, Señor San Cipriano, líbranos por favor."

- *¿Qué piensas de los curanderos?*
- *¿Crees que realmente curan?*

TEST 2 (Unidades 4, 5 y 6)

Elige la respuesta correcta

1. No sé ir a tu casa. ¿Cómo __ va?
   a) yo   b) él   c) se   d) tú

2. A. ¿Está muy lejos la frontera francesa?   **B**. No sé, __ a unos 15 Kms.
   a) está   b) estará   c) estaría   d) será

3. Voy a llamar a Antonio, a lo mejor ya __.
   a) llega   b) llegará   c) había llegado   d) ha llegado

4. El jefe me dijo ayer que me __ hoy a las 7.
   a) llamaría   b) llamará   c) había llamado   d) ha llamado

5. Andrés les dijo a sus padres que con el dinero que __ en la lotería, se __ una moto.
   a) toca ... compraría   b) ha tocado ... iba a comprar   c) había tocado ... iba a comprar
   d) tocará ... ha comprado

6. Tiene mala cara. Está __.
   a) de mal humor   b) enfermo   c) preocupado   d) enfadado

7. Allí hay mucha gente. ¿Qué __?
   a) pasó   b) habrá pasado   c) pasaría   d) había pasado

8. Mañana vamos de excursión. ¡Ojalá __ buen tiempo!
   a) haga   b) hará   c) sea   d) haz

9. __ recto, la farmacia está __ la calle.
   a) siga ... al final de   b) tuerza ... a la derecha de   c) gire ... al final de   d) siga ... frente a

10. A. ¿Sabes __ ha llegado el paquete?   **B**. No, no __ sé
   a) que ... le   b) si ... me   c) si ... lo   d) si ... yo

11. ¿Te has enterado __ tengo un trabajo nuevo?
   a) de que   b) que de   c) si   d) ya

12. Cuando decimos que alguien tiene mucha fiebre, es que tiene __.
   a) dolor de cabeza   b) dolor de muelas   c) una pierna rota   d) temperatura alta

13. Es conveniente que __ al dentista dos veces al año.
   a) irás   b) vas   c) vayas   d) fuera

14. Cuando llegué a tu casa, ya te __.
   a) fuiste   b) habías ido   c) has ido   d) irás

15. El próximo verano quizás __ a Perú.
   a) vayamos   b) hemos ido   c) iríamos   d) vamos

16. Le duele mucho la garganta. Tiene __.
   a) pulmonía   b) reuma   c) diarrea   d) anginas

17. Le dije al profesor que, antes, muchos días __ tarde, porque __ muy lejos.
   a) llego ... vivo   b) llegaré .. viviría   c) llegaba ... vivía   d) he llegado ... vivía

18. ¿Sabes __ ha llegado David? Tengo que ver __.
   a) que ... lo   b) si ... lo   c) no ... lo   d) no ... le

19. A. ¿Cómo voy a tu casa?   **B**. Ven __.
   a) con taxi   b) por metro   c) de pie   d) en autobús

20. A. ¿Sabes que me he comprado un coche deportivo?   **B**. Sí, __.
   a) ya la sabría   b) ya me enteraré   c) ya me había enterado   d) ya lo he sabido

UNIDAD 7

Junto al lago Titicaca (entre Perú y Bolivia).
Foto: E. LERKE (FOTOPANORAMA, Argentina)

Turistas en Perú

A.

Gabriel: Buenas tardes y bienvenidos a Cuzco en nombre de Inca Tours. Me llamo Gabriel y seré su guía en las visitas a las ruinas incas del Machu Pichu. Eeeh... ¿me oyen bien al fondo?

Turistas: ¡Síí!

Gabriel: Estupendo, muchas gracias. Bien, dentro de unos momentos llegaremos a Cuzco, capital del departamento del mismo nombre. Nos hospedaremos en el hotel Libertador, que está muy cerca de la Plaza de Armas, en el mismo centro de la ciudad. Espero que disfruten de su visita a la ciudad. Muchas gracias.

Turista 1: Oiga, Gabriel, ¿puede darnos un plano de la ciudad?

Gabriel: ¡Cómo no!, cuando lleguemos al hotel les daré a todos un plano y les diré dónde pueden ir a cenar o comprar artesanía y todo eso.

Turista 1: Ah, muy bien, gracias.

Gabriel: No hay de qué.

Turista 1: Espero que este hotel sea bueno de verdad, no como el de anoche. Cuando fui a ducharme me quedé con el grifo en la mano.

Turista 2: Uy, eso no es nada. Yo cuando fui a acostarme me di cuenta de que no había sábanas en la cama. Eso sí, cuando llamé a recepción y les dije lo que pasaba, subieron inmediatamente y me pusieron las sábanas.

Turista 3: Cuando volvamos a Barcelona tenemos que enseñar las diapositivas a nuestros amigos.

Turista 4: Pues yo, cuando invite a cenar a alguien la próxima vez, voy a preparar la "carapulcra limeña". Cuando cenamos en aquel restaurante tan bueno en Lima le pregunté al camarero cómo se hacía, y resulta que es muy fácil.

Espero que disfruten.
»   »   **este hotel sea bueno.**

Cuando lleguemos... les daré.
Cuando fui... me quedé.

practica

1. En parejas. Haced preguntas y respondedlas, como en el ejemplo:

A	B
IR DE COMPRAS	ACABAR DE COMER

¿Cuándo iremos de compras?   *(Iremos de compras)*   *cuando acabemos de comer*

1. ENSEÑAR LOS PASAPORTES   PASAR POR INMIGRACIÓN
2. VER EL MUSEO DE ANTROPOLOGÍA   VOLVER A LIMA
3. VISITAR TIKAL   IR A GUATEMALA
4. PODER DESCANSAR   LLEGAR AL HOTEL

2. Expresa tus deseos con ESPERO QUE... ante estas afirmaciones.

Si llueve no podremos hacer la excursión en canoa.
Espero que no llueva.

1. Si no encontramos un taxi tendremos que volver andando.

2. Si no llegamos antes de las seis no veremos la puesta de sol en las ruinas.

3. Si el guía no habla inglés no vamos a entender nada.

4. Si nos queda dinero podemos comprar algo en el mercado de artesanía esta tarde.

3. Completa con los verbos que están entre paréntesis en su forma adecuada.

1. A. ¿Qué te pareció la comida?

   B. Muy rica. Cuando (VER)_____ el restaurante me pareció horrible, pero la comida era buena.

2. Avísame cuando (LLEGAR)_____ los clientes.

3. "Cuando el río (SONAR)_____, agua lleva" es un refrán. Significa que cuando (HABER)_____ muchos rumores, éstos normalmente son ciertos, al menos en parte.

B.

Se suspende la excursión

Guía: Señores, escuchen un momento, por favor, el tren que debía llevarnos al Machu Pichu se ha averiado. Hoy pasaremos el día en Cuzco y mañana haremos
la excursión prevista para hoy...

(Voces de turistas)

Turista 1: ¡No hay derecho! No puede ser que pasemos tres días en Cuzco.

Turista 2: ¡Ya está bien! ¡Qué poca formalidad!

Turista 3: En el folleto dice que hoy es la visita al Machu Pichu, ¿por qué no hacemos el
viaje en autobús?

¡No hay derecho!
¡Ya está bien!
¡Qué poca formalidad!
No puede ser que....

*p*ractica

Día 1.º ESPAÑA/LIMA
Presentación en el aeropuerto de Madrid el martes por la noche. Salida en vuelo de línea regular, vía Bogotá, con destino a Lima. Noche a bordo. Llegada, asistencia en el aeropuerto y traslado al hotel. Tarde libre. Alojamiento.

Día 2.º LIMA/CUZCO
Desayuno y traslado al aeropuerto para tomar vuelo a Cuzco. Llegada y traslado al hotel. Resto de la mañana libre. Por la tarde, visita de la ciudad y de los restos arqueológicos de Puka-Pukara, Kenko, Tampu Machay y Sacsayhuamán; fieles testimonios de la grandeza del Imperio Inca. Alojamiento.

Día 3.º CUZCO/MACHU PICHU/CUZCO
Desayuno y traslado a la estación para atravesar en el tren el Valle de Urabamba y llegar hasta la célebre "Ciudad Perdida de los Incas": Machu Pichu. El tren va serpenteando a través de estrechas gargantas de riquísima vegetación tropical. Machu Pichu une al valor e interés arqueológico, la fascinación de su situación en un ambiente natural único en el mundo. Tras el almuerzo regreso a Cuzco. Alojamiento.

Día 4.º CUZCO
Desayuno. Día libre a su disposición para pasear por la ciudad, que alterna el estilo colonial con las construcciones modernas, pero en la que se adivina sin duda la presencia precolombina. Alojamiento.

Día 5.º CUZCO/PISAC/URABAMBA/OLLANTAYTAMBO/CUZCO
Desayuno y salida a Pisac, localidad situada a 32 kms. de Cuzco, para conocer su famoso mercado y donde se reúnen, ataviados de vistosos trajes, los alcaldes de las comunidades indias vecinas para asistir a la misa dominical. Continuación a Urabamba para el almuerzo. Por la tarde, visita de esta localidad y salida hacia Ollantaytambo para visitar el Templo del Sol. Al atardecer regreso a Cuzco. Alojamiento.

Día 6.º CUZCO/PUNO
Desayuno. De nuevo, traslado a la estación para tomar el tren hacia Puno. Almuerzo a bordo. Durante el recorrido disfrutará del fabuloso paisaje andino. Llegada y traslado al hotel. Alojamiento.

Día 7.º PUNO
Desayuno. Por la mañana visita de las islas "flotantes de totoras" donde habitan los indios Uros, antiguos pobladores del Lago Titicaca. Tarde libre. Alojamiento.

Día 8.º PUNO/JULIACA/LIMA
Desayuno. Salida al aeropuerto de Juliaca para tomar vuelo, vía Arequipa, de regreso a Lima. Llegada y traslado al hotel. Tarde libre. Alojamiento.

Día 9.º LIMA
Desayuno. Visita completa de la ciudad incluyendo, entre otros, la zona colonial: Catedral, Museo de la Inquisición, Plaza de las Armas, así como el Museo de Oro: recopilación de fantásticas piezas de oro de la época pre-incaica. También se recorrerá la parte moderna y residencial de Lima. Alojamiento.

Día 10.º LIMA/ESPAÑA
Desayuno y traslado al aeropuerto para tomar vuelo de regreso a España.

Día 11.º ESPAÑA
Llegada por la mañana.

1. Mira el folleto y di cuál era el plan de los turistas para ese día.
¿Se quedarán sin conocer el Machu Pichu?

2. Lee el folleto del viaje y responde a las preguntas:
1. ¿Dónde están los más fieles testimonios del imperio inca?
2. ¿Cuál es la "Ciudad perdida de los Incas"?
3. ¿Dónde está el Templo del Sol?
4. ¿Quién vive en las islas flotantes de totoras?
5. ¿Cuáles son los monumentos principales de Lima?

3. Formula protestas por los siguientes motivos:
1. Os han dado una habitación sin baño.
2. La mala calidad del hotel.
3. Quieren cobraros excursiones incluidas en el precio del viaje.
4. El hotel está muy lejos del centro de la ciudad y mal comunicado.

4. DEBATE: Los servicios públicos de tu ciudad (transportes, restaurantes, hoteles, etc.).
¿Funcionan bien?

C.

Carmen Martín Gaite: Entre visillos

Premio Nadal 1957

destinolibro
18

NO TODO ES TURISMO DE LUJO

—¿Quiere coche, señor? A domicilio.

Me hablaba un hombrecito muy feo con chaqueta de cuero. Me empujó a un pequeño autobús que tenía su entrada por la trasera y dos bancos a los lados de un pasillo muy estrecho. Estaban ocupados totalmente y mi llegada produjo miradas de protesta. Me quedé de pie un poco encorvado para no darme con la cabeza en el techo.

—¡Correrse para allá! —gritó el hombre, haciendo el ademán de empujar a la gente con las manos—. ¡Vamos completos!

—Aquí no hay sitio para mí —dije yo, tratando de bajarme.

—¿Cómo que no hay sitio? —se enfadó el hombre. Había subido al pasillo y estaba contando en voz alta los viajeros.

—Son trece, hay un sitio; tiene que caber este señor. Hágase para allá, señora quiten ese bolso. A ver si nos vamos.

Por fin me pude sentar de medio lado, sin hundirme mucho, teniendo en las rodillas mi pequeño maletín. El hombre se había bajado, pero antes de cerrar la portezuela, volvió a meter la cabeza. Yo ocupaba el último asiento, junto a la entrada.

C. Martín Gaite. (España).
Entre visillos - 1957

exto literario

t

A. **Preguntas de comprensión**

1. ¿Cómo es el autobús?
2. ¿Por qué protesta la gente que está ya en el autobús?
3. ¿Por qué intenta bajarse el nuevo pasajero?
4. ¿Lo deja bajar el hombrecito? ¿Qué hace?
5. ¿Va cómodo el pasajero?

B. **Expresión oral o escrita**

Cuenta un trayecto en tren, autobús, etc, en el que haya ocurrido algo curioso, interesante.

• **DESEOS**	Espero que vengas
• **PROTESTAS**	¡No hay derecho! No puede ser ¡Ya está bien!
• **LLAMAR LA ATENCIÓN DE ALGUIEN**	¡Oiga! ¡Oye, Gabriel!, …
• **DAR LAS GRACIAS Y RESPONDER**	— Muchas gracias — No hay de qué

CONTENIDOS GRAMATICALES

• **ESPERAR + QUE + SUBJUNTIVO** (Distinto sujeto)
Espero que disfruten del viaje.

• **ESPERAR + INFINITIVO** (Mismo sujeto)
Espero hacer bien el examen.

• **CUANDO**

— **Acciones futuras**

CUANDO + SUBJUNTIVO
Cuando tenga tiempo, iré a verte.

— **Acciones habituales**

CUANDO + INDICATIVO
Cuando llego a casa, pongo la radio.

— **Acciones pasadas**

CUANDO + INDICATIVO
Cuando fui a Barcelona, visité a mis amigos.

Tienes que saber...

PRONUNCIACIÓN Y ORTOGRAFÍA

¿Recuerdas?, en español la **b** y la **v** se pronuncian siempre igual. Además, hay dos reglas de ortografía que no se deben olvidar:

— Antes de b, siempre se escribe m, y antes de v, n:
   Ejemplos: *diciembre   envío.*

— Antes de r y l, siempre se escribe b:
   Ejemplos: *libro   pueblo.*

Escucha atentamente y repite:

en**v**idia, hom**b**re, sá**b**anas, **v**isitas, in**v**ito, diapositi**v**as, **b**ueno, tam**b**ién, **b**lanco, po**b**re.

Ahora intenta completar el texto con las b y v que faltan:

… Valencia es mucho más que una próspera e importante ciudad mediterránea. Su am_iente, su _i_rante carácter, su _ocación _arguardista la con_ierten en un punto de referencia o_ligado a la hora de ha_lar de creación, diseño e ideas. Valencia hier_e de acti_idad. Llena de energía _aila hasta el amanecer en las discotecas más osadas imponiendo un estilo mediterráneo de di_ersión, una moda específica. …

DUNIA 4/90

VOCABULARIO

el hotel	la estación de ferrocarril/tren	la aduana
❶ el hostal	la estación de autobuses	la sala de espera
la pensión	el puerto	la puerta de ❷ embarque
el camping	el aeropuerto	

❶ *En Arg. y Chile,* hostería
❷ *En Méx,* abordar

1. Lee las condiciones que figuran en este billete y contesta V o F.

1. No se pueden llevar más de 30 kgs. de equipaje sin pagar nada.
2. Si se pierde el equipaje, la compañía paga su valor.
3. Si el viajero anula el billete un día antes de salir, le descuentan el 20%.
4. Si una persona pierde el autobús le devuelven el dinero.
5. El viajero puede denunciar lo que ha ido mal en el viaje.
6. Si el autobús tiene alguna avería en el camino, la compañía no se hace responsable.

V	F

CONDICIONES GENERALES

EQUIPAJE: El viajero tiene derecho a transportar gratuitamente hasta un máximo de 30 kgs. de equipaje. El equipaje no va asegurado, su pérdida o deterioro, sin previa declaración de valor, determinará la obligación de abonar hasta un límite máximo de 1.500 ptas. por kg. de peso facturado.

ANULACIONES: La petición de anulación del billete lleva el descuento del 10% del importe del mismo cuando se solicite 48 horas antes de la salida. Si la anulación se pide entre las 48 y 2 horas anteriores a la salida, el descuento será del 20%. No se procederá a la anulación, ni por consiguiente a la devolución de su importe dentro de las 2 horas inmediatamente anteriores a la salida del autocar. La no presentación a la salida significará la pérdida total del importe.

RESPONSABILIDAD: Existen hojas de reclamaciones en nuestras administraciones. Por motivo de averías en ruta u otras eventualidades el viajero solamente tendrá derecho a la continuidad del viaje en otro vehículo.
El titular de este billete está amparado por el SEGURO OBLIGATORIO DE VIAJEROS.

2. En parejas. Después de leer la carta de protesta, imaginad la conversación entre el conductor y la pasajera.

> ***Abuso del pasajero***
>
> He tenido la desgracia de ser pasajera en un autobús de esos que, desde que una se sienta, tiene que aguantar la música que, generalmetne, *controla* en calidad y en volumen el conductor. Aun teniendo familiares músicos, estoy contra este sistema que, indiscriminadamente, tienen que soportar *todos* los viajeros. La cosa es peor cuando ponen una película de vídeo. Sugiero el sistema que usa la Renfe: sólo pueden oírlo los pasajeros que tienen un auricular. —**Inés Arias.** Madrid.

3. Contesta:

1. El número de vuelo es
   - **a)** el 929 con destino a Caracas.
   - **b)** el 939 con destino a Bogotá.
   - **c)** el 939 con destino a Caracas.
   - **d)** el 929 con destino a Bogotá.

2. La duración estimada del vuelo es de
   - **a)** diez horas y cuarto.
   - **b)** diez horas y media.
   - **c)** once horas y cuarto.
   - **d)** once horas y media.

ctividades.

a

3. ¿A qué se ha debido el retraso?

   a) No había viento.
   b) Fuertes vientos laterales.
   c) Poco viento.
   d) Fuertes vientos en contra.

4. La azafata dice que aterrizarán

   a) dentro de quince minutos.
   b) dentro de unos minutos.
   c) dentro de unos quince minutos.
   d) dentro de veinticinco minutos.

5. El tiempo en el lugar de destino es

   a) soleado y frío.
   b) nublado y frío.
   c) soleado y agradable.
   d) nublado y agradable.

4. Completa la conversación entre la señora y su agente de viajes con ayuda del folleto turístico.

Sra.: ¡Buenos días!

Agente: ¡Buenos días!, ¿en qué puedo servirle?

Sra.: Quería información sobre un viaje a Perú.

Agente: ....?

Sra.: En julio. ¿Qué días tiene las salidas?

Agente: ....?

Sra.: Muy bien, pues el día 5 me iría bien. ¿En qué hoteles nos hospedaríamos?

Agente: ....?

Sra.: ¿Tienen baño las habitaciones?, eso es muy importante.

Agente: ....?

Sra.: ¡Ah...! Y, ¿cuánto nos cuesta en total? Somos dos.

Agente: ....?

Sra.: ¡Qué barbaridad! Yo pensaba que era más barato. ¿Es que está incluida la comida?

Agente: ....?

Sra.: Bueno, me lo pensaré. Gracias por la información.

FECHAS DE SALIDA

Abril: 05, 19	Septiembre: 06, 13
Mayo: 03, 12, 17	Octubre: 04, 18
Junio: 14, 28	Noviembre: 01, 15
Julio: 05,19	Diciembre: 06, 27
Agosto: 09, 30	1990

Temporada Alta: Julio-Agosto- Septiembre.

INCLUYE

- Billete de avión, vuelo de línea regular, clase turista.
- Habitaciones dobles con baño.
- Régimen de alojamiento y desayuno. Media pensión durante los días 3.°, 5.° y 6.° del programa.
- Traslados y visitas incluidos en programa con guía local.

DOCUMENTACIÓN: Pasaporte en vigor.

HOTELES

Lima: Sheraton (Lujo)
Cuzco: Libertador (1.ª Cat. moderado)
Puno: Esteves (1.ª Categoría)
Descripción Hoteles: Pág. 22 y 23.

PRECIOS POR PERSONA

(Mínimo 4 personas)	
Desde Madrid	**235.000** Ptas.
Supl. desde otros puntos	6.000 Ptas.
Supl. Hab. Indiv.	25.000 Ptas.
Sup. Temp. Alta (01/7 al 30/9)	17.000 Ptas.
Supl. salidas individuales (menos de 4 pax)	10.000 Ptas.
Tasas de aeropuerto a pagar directamente por los Sres. pasajeros (aprox.)	22 $

5. Escribe una postal a un amigo español desde Lima.

actividades.

a

Misterios del pasado

Algunos países poseen grandes enigmas del pasado que a pesar de los años no se han podido resolver y son aún un misterio. Entre ellos están las *líneas de Nazca* y el *Machu Pichu*, en Perú.

Las famosas *líneas de Nazca* son figuras que tienen que ser vistas desde el aire debido a su gigantesco tamaño. Se extienden en un área de 525 kms. Estas figuras representan a un cóndor, a un colibrí, a una araña, a un árbol, a un astronauta, etc. Los científicos dicen que estas líneas pertenecen a la cultura pre-incaica Nazca, del 300 antes de Cristo al 700 después de Cristo.

Algunos piensan que estos dibujos enigmáticos están relacionados con las constelaciones. Otros, que son mapas del espacio y pistas de aterrizaje.

Machu Pichu

¿Qué sabemos de esta "Ciudad Perdida de los Incas" construida a 2.450 metros sobre el nivel del mar? ¿Por qué esta deslumbrante ciudadela no fue desenterrada de la selva peruana hasta 1911? ¿Cuál era la finalidad de este laberinto de plazas y terrazas? ¿Cómo pudieron subir hasta esos cerros rocas que pesaban hasta veinte toneladas? Hay incógnitas que siguen sin ser contestadas y desafían para siempre la imaginación del que visita esta ciudad.

escubriendo

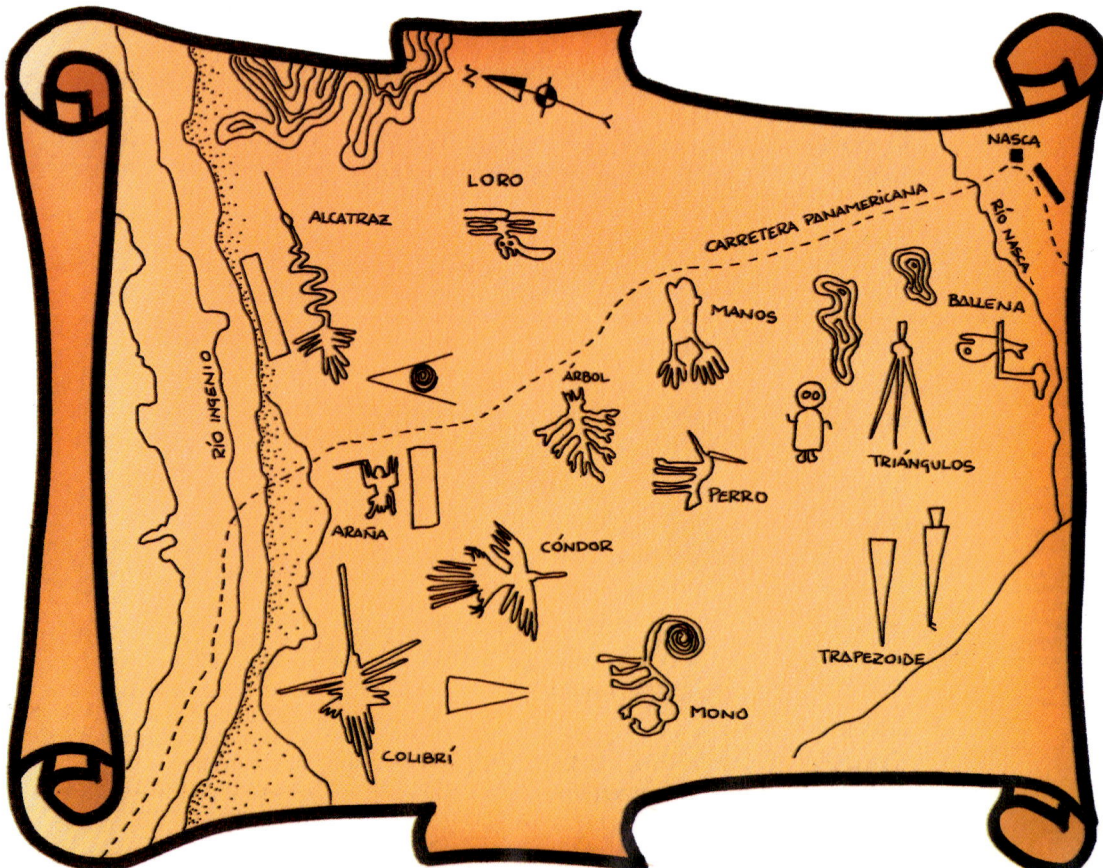

UNIDAD 8

Título

EL MUNDO LABORAL

contenidos Comunicativos

- Comparaciones
- Sentimientos (alegría)
- Pedir confirmación de una duda

contenidos Gramaticales

- Superlativos
- Comparativos (irregulares)
- Impersonalidad

ortografía y Pronunciación

- Acentuación

Léxico

- Ocupaciones; el periódico

Literatura

- M. Vargas Llosa
  "*La tía Julia y el escribidor*"

contenidos Culturales

- La Universidad y la mujer
  latinoamericanas

Montaje de Prensa (España y América Latina).
Foto: J. R. BROTONS.

A. *He cambiado de trabajo*

Consuelo: Hola, Beatriz, ¡Cuánto tiempo sin verte!

Beatriz: Bueno, mujer, tampoco ha sido tanto tiempo. Nos vimos hace dos meses.

Consuelo: Cuéntame, ¿has estado muy ocupada?

Beatriz: ¡Ya lo creo! He cambiado de trabajo, por fin. Estuve todo el mes pasado mandando cartas, asistiendo a entrevistas… en fin, ya sabes.

Consuelo: ¡Qué bien, chica! ¿Y estás contenta?

Beatriz: Claro, estoy contentísima. Es mejor trabajo y me pagan más.

Consuelo: Ah, pues fenomenal, ¿no?

Beatriz: Eso sí, tengo más responsabilidades, pero eso no me importa.

Consuelo: ¿Y a qué te dedicas ahora?

Beatriz: Soy jefa de la sección de documentación de un periódico.

Consuelo: Ah… oye, y ¿qué se hace exactamente en una sección de documentación?

Beatriz: Pues hay que recoger y clasificar información, datos, fotos, etc. Así, si un redactor del periódico necesita datos o documentos para preparar un artículo, se pueden encontrar fácilmente.

Consuelo: Ya. ¿Y los documentalistas tenéis que recoger toda la información que necesitan los redactores? Eso es dificilísimo, ¿no?

Beatriz: Los redactores no son todos iguales, la mayoría pide cosas razonables, pero algunos piden cosas rarísimas y no se puede encontrar nada. En fin, se hace lo que se puede.

Consuelo: Me parece un trabajo muy interesante, Beatriz, me alegro por ti.

muy difícil	=	**dificilísimo/a**
muy raros	=	**rarísimos**

Me pagan… (no importa quién).
Se hace lo que se puede.
Los documentos se pueden encontrar.

PARA COMPARAR

El trabajo de ahora es mejor +
El trabajo de antes era peor −
Juan y su hermano son iguales =

¡Qué bien!
¡Fenomenal!
¡Me alegro por ti (Vd., vosotros, etc.)

practica

1. Completa con adjetivos/adverbios en superlativo.

1. A Los Velarde son ricos, ¿no?
   B ¡Ya lo creo! Son dueños de fábricas, tierras…, son _____ .

2. A Oye, tú trabajas mucho, ¿no?
   B ¿Yo? Trabajo _____ . Más de 10 horas diarias.

3. A Esta sopa está un poco mala, ¿no?
   B ¿Un poco mala? Está horrible, _____ .

4. A Este ejercicio es fácil, ¿no?
   B _____ , lo he terminado en un minuto.

2. Completa con MÁS / MENOS / IGUAL / MEJOR / PEOR.

1. La temperatura ha bajado. Hace _____ calor que ayer.
2. La carretera está mucho _____ que antes. La han arreglado.
3. Sus últimos discos son _____ que los primeros. Ha perdido originalidad.
4. Se nota que son hermanos, son _____ .
5. ¿Por qué es más cara esta mesa si es exactamente _____ que la otra?
6. Ahora ya hablo español _____ . He aprendido mucho.
7. Antes no me gustaba nada la playa. Ahora me gusta _____ .

3. Relaciona.

¿Qué se hace en …

… un estadio?   Se arreglan coches.
… un cine?   Se corta el pelo.
… un taller?   Se envían paquetes y cartas.
… una carpintería?   Se ven películas.
… un quiosco?   Se hacen puertas.
… una peluquería?   Se venden periódicos.
… una oficina de correos?   Se juegan partidos de fútbol.

Ahora, en parejas, preparad preguntas parecidas y responded.

B. *Una entrevista de trabajo*

Jefe de Personal: Usted es Pedro Sarriá, ¿verdad?
P. Sarriá: Sí, señor.
J. P.: Muy bien, siéntese, por favor.
P. Sarriá: Gracias.
J. P.: ¿Dónde ha visto el anuncio?
P. Sarriá: En "El País" del domingo.
J. P.: ¿Y ha trabajado alguna vez en un puesto parecido?
P. Sarriá: Exactamente en este puesto no, pero he trabajado en el departamento de marketing de SATI.
J. P.: ¿Cuánto tiempo lleva trabajando?
P. Sarriá: Pues… casi un año. Terminé mis estudios en 1990 y el mismo año entré a trabajar en la empresa.
J. P.: Bien, ¿y está Vd. de acuerdo con las condiciones del anuncio?
P. Sarriá: Sí, aunque me gustaría saber si el horario es continuo o partido.
J. P.: Es partido, excepto los meses de junio a septiembre, que es intensivo. ¿Algo más?
P. Sarriá: Sí, en cuanto a la remuneración, me parece poco.
J. P.: Bueno, eso sería los seis primeros meses y entonces ya haríamos una revisión. ¿Está de acuerdo?
P. Sarriá: Sí, sí, claro.
J. P.: Entonces, hasta pronto, recibirá noticias nuestras.

practica

1. ¿Para cuál de los anuncios de la página siguiente crees que se presenta Pedro Sarriá?

2. Lee detenidamente todos los anuncios y contesta:

En qué anuncios se pide:

1. Experiencia de organización y mando
2. Tener coche
3. Conocimientos de francés
4. Estar dispuesto a viajar
5. Conocimientos de informática

GRUPO DE EMPRESAS

solicita para su oficina en Tres Cantos

RECEPCIONISTA-TELEFONISTA

Con las siguientes características:

– Edad 25-30 años.
– Experiencia como telefonista.
– Conveniente conocimiento francés.
– Mecanografía a nivel aceptable.
– Presencia adecuada.

Se ofrece:

– Retribución a convenir según aptitudes.
– Incorporación fija en plantilla. tras período de prueba.

Interesadas, llamar al teléfono 803 29 77. Señorita Raquel.

PROGRAMADOR LENGUAJE MÁQUINA
Perfil del Candidato

ES NECESARIO:

– Persona joven y de buen carácter.
– Con gran capacidad de concentración y de síntesis.
– Apasionada por todo lo relacionado con la informática y la electrónica.
– Marcada afición a "desguazar" los programas, modificarlos, adaptarlos y a averiguar su estructura.
– Que sin miedo alguno sea capaz de trabajar en Lenguaje Ensamblador con plena seguridad, aunque sea a nivel doméstico.

NO ES NECESARIO:

– Titulación académica alguna.
– Experiencia en otras empresas.

Escribir adjuntando curriculum vitae y pretensiones económicas a Publi Línea, S.A. Av. Diagonal, 339-08037 Barna-REF. 3317

EMPRESA DE INGENIERÍA Y MONTAJES DE ÁMBITO NACIONAL
PRECISA

ABOGADO
Para su Departamento de Relaciones Laborales

Se requiere:

– Licenciado en Derecho.
– Imprescindible experiencia de 2 a 5 años en temas jurídico-laborales dentro del ámbito empresarial.
– Residencia en Madrid y disponibilidad para realizar desplazamientos.
– Se valorarán conocimientos de informática a nivel de usuario.

Se ofrece:

– Incorporación inmediata.
– Remuneración en torno a 3.000.000 de ptas., en función de la experiencia y valía del candidato.
– Absoluta reserva durante el proceso de selección.

Las personas interesadas deberán enviar historial profesional detallado al apartado número 3.208 de Madrid.
Referencia: *Abogado.*

ECONOMISTA

Se requiere:

- Licenciados en Ciencias Económicas (especialidad empresa).
- Con un año o menos de experiencia máxima.
- Edad aproximada en torno a 25 años.
- Se valorarán conocimientos de informática.

Se ofrece:

- Proceso de formación por parte de la empresa.
- Posibilidad de promoción.
- Remuneración en torno a 2.000.000 ptas. en función de la experiencia del candidato.

Referencia: ECONOMISTA.

Los interesados deberán enviar historial profesional detallado al apartado 3285 de Madrid indicando en el sobre la referencia correspondiente.

LABORATORIOS CUSÍ
SOCIEDAD ANONIMA
División Demofarmacia

SOLICITA

VENDEDORES/AS Y ESTETICIENS

CONDICIONES DE SELECCIÓN:

– Experiencia probada en puestos similares con resultados satisfactorios.
– Personas dinámicas, luchadoras, organizadas y con deseos de alcanzar un alto nivel profesional.

SE OFRECE:

– Puesto de trabajo con amplias posibilidades de promoción y futuro.
– Remuneración excelente, sueldo, incentivos, gastos de viaje, etcétera, acorde con la experiencia y calificación de cada candidato/a.
– Alta en Seguridad Social.

Interesados/as, escribir a Laboratorios Cusí, S. A., apartado de Correos 2. 08320 el Masnou, Barcelona, adjuntando fotografía de carnet actual.

Empresa ubicada en los alrededores de Madrid (Ctra. Nacional III, km. 25)

NECESITA UN
INGENIERO INDUSTRIAL

Con experiencia de organización y mando para dirigir fábrica de moderna tecnología dentro del sector metalúrgico. Condiciones a convenir.

Interesados, enviar curriculum vitae a la atención del señor Cubero. Apartado de Correos número 7. Leganés (Madrid).

LAPEYRE
Lider en carpintería necesita para su centro en GRANOLLERS

CARPINTERO

- L.S.M.
- Dinámico y ordenado.
- Conocimientos de la madera y uso de máquinas del taller.
- Posibilidades de evolución en la sociedad.
- SALARIO A CONVENIR.

Interesados, envíen solicitud por escrito a la siguiente dirección: LAPEYRE, Ctra. N-152, km. 24,9, 08400-GRANOLLERS, Ref.ª LAP.1

---

3. En parejas. Escoged uno de los anuncios. Escribid una entrevista entre el Jefe de Personal y el aspirante al puesto del anuncio.

C.

UN LOCUTOR DE RADIO OBSESIONADO POR LOS DESASTRES

Acababa de tener un incidente con Genaro-papá, porque Pascual, con su irreprimible predilección por lo atroz, había dedicado todo el boletín de las once a un terremoto en Ispahán. Lo que irritaba a Genaro-papá no era tanto que Pascual hubiera desechado otras noticias para referir, con lujo de detalles, cómo los persas que sobrevivieron a los desmoronamientos eran atacados por serpientes que, al desplomarse sus refugios, afloraban a la superficie coléricas y sibilantes, sino que el terremoto había ocurrido hacía una semana. Debí convenir que a Genaro-papá no le faltaba razón y me desfogué llamando a Pascual irresponsable. ¿De dónde había sacado ese refrito? De una revista argentina. ¿Y por qué había hecho una cosa tan absurda? Porque no había ninguna noticia de actualidad importante y ésa, al menos, era entretenida. Cuando yo le explicaba que no nos pagaban para entretener a los oyentes, sino para resumirles las noticias del día, Pascual, moviendo una cabeza conciliatoria, me oponía su irrebatible argumento: "Lo que pasa es que tenemos concepciones diferentes del periodismo, don Mario".

M. Vargas Llosa, (Perú)
La tía Julia y el escribidor. 1972

MARIO VARGAS LLOSA
LA TIA JULIA Y EL ESCRIBIDOR
BIBLIOTECA DE BOLSILLO

A. Preguntas de comprensión

1. ¿Quién tiene un incidente con Genaro-papá? ¿Por culpa de quién?
2. ¿Qué había hecho Pascual?
3. ¿A quién le da el narrador (Mario) la razón?
4. ¿Por qué había dado Pascual aquella noticia?
5. ¿Qué ideas diferentes tienen Pascual y Mario sobre el periodismo?

B. Tema de debate

¿Cuál crees tú que debe ser la función principal del periodista: informar, entretener, educar, hacer propaganda? Argumenta tu opinión.

texto literario

lenes que saber...

• **COMPARACIONES**	No es tan bueno como el otro Es igual/peor que el otro
• **SENTIMIENTOS (alegría)**	¡Qué bien! ¡Me alegro por ti!
• **PEDIR CONFIRMACIÓN DE UNA DUDA**	Ganas más dinero, ¿verdad? Eso es dificilísimo, ¿no?

CONTENIDOS GRAMATICALES

• **SUPERLATIVOS**

MUY + Adjetivo = Adj. + -ÍSIMO/A/OS/AS

Se omite la vocal final:

    rar**o** - rarísimo

    car**as**- carísimas

Atención:

    amable - ama**b**ilísimo/a

    rico - ri**quí**simo

Algunos adverbios también admiten -ísimo/a. Ejemplo: *cerquísima.*

• **COMPARATIVOS IRREGULARES**

bueno - mejor
malo - peor
grande - mayor (más grande)
pequeño - menor (más pequeño)

El gasto en armas es mayor que el invertido en educación.

• **IMPERSONALIDAD**

1. Verbo en 3.ª persona del plural:
            Ahora me pagan más
            He llamado por teléfono y me han dicho que...

2. SE + Verbo en 3.ª persona del singular:
            Aquí se trabaja mucho

3. SE + verbo en 3.ª persona + sujeto pasivo. El sujeto y el verbo concuerdan en número.
            Se habla español.
            En España se hablan varios idiomas.

PRONUNCIACIÓN Y ORTOGRAFÍA

— Escucha atentamente y coloca cada palabra en la columna correspondiente:

ESDRÚJULAS	LLANAS	AGUDAS
*__ __ __	__ *__ __	__ __ *__

— Escucha también estas palabras y coloca el acento si hace falta:

informacion, preparar, documental, dificil, jefe, rarisima, redactor, peor, anuncio, datos, asi, teneis, periodico

VOCABULARIO

OCUPACIONES

❶ parado/a
trabajador/a, empleado/a
funcionario/a del Estado
directivo, ejecutivo/a
empresario/a
artista
profesional (profesión liberal)

Juan es poeta.
Charo es ❷ notaria.
Miguel es inspector de aduanas.
Ignacio es director del departamento comercial de una empresa.
Verónica tiene una peluquería.
José Luis no tiene trabajo aún.
Carmen trabaja como redactora de un periódico.
¿Cómo clasificarías a estas personas por su profesión?

EL ❸ PERIÓDICO

la primera ❹ página, la portada
los ❺ titulares
el pie de foto
el artículo
el editorial
la columna
humor y pasatiempos

la sección de…
información/actualidad internacional
información/actualidad nacional
deportes
cultura
❻ anuncios

* ¿Qué sección del periódico lees más a menudo?

❶ *En Méx., Arg. y Ven.,* desempleado
❷ *En Arg.,* escribano/a
❸ *En Arg.,* diario
❹ *En Arg.,* plana
❺ *En Méx.,* encabezados
❻ *En Arg.,* avisos, clasificados

ienes que saber...

1. En grupos. Escuchad las dos entrevistas de trabajo y completad las fichas.

Isabel de las Heras

Edad: _____

| Conocimientos de francés | altos ☐ | medios ☐ | elementales ☐ |
| Conocimientos de inglés | altos ☐ | medios ☐ | elementales ☐ |

Experiencia (años)

| Manejo de ordenador (PC) | sí ☐ | no ☐ |

José Luis Sainz

Edad: _____

| Conocimientos de francés | altos ☐ | medios ☐ | elementales ☐ |
| Conocimientos de inglés | altos ☐ | medios ☐ | elementales ☐ |

Experiencia (años)

| Manejo de ordenador (PC) | sí ☐ | no ☐ |

IMPORTANTE EMPRESA MULTINACIONAL
LÍDER EN EL SECTOR ALIMENTACIÓN
DESEA INCORPORAR EN SU PLANTILLA

SECRETARIO/A DE DIRECCIÓN

LOS REQUISITOS SON:
— Edad hasta 35 años.
— Francés hablado y escrito.
— Se valorarán conocimientos de inglés.
— También se valorará manejo de PC'S nivel usuario.
— Experiencia mínima de 2 años en puesto similar.

SE OFRECE:
— Integración inmediata en empresa joven en expansión.
— Contrato laboral y Seguridad Social.
— Lugar de trabajo céntrico, en Barcelona.
— Jornada laboral de lunes a viernes.
— Jornada intensiva en verano.
Se considerarán todas las pretensiones económicas que guarden adecuada relación con la valía y experiencia aportadas.

Las personas interesadas deberán remitir, a la mayor brevedad posible, historial profesional y fotografía reciente, indicando en el sobre la
REFERENCIA:
PERSONAL-SECRETARIA DE DIRECCIÓN
Apartado de Correos 23.406
08080 BARCELONA

Ahora leed el anuncio de oferta de trabajo y discutid cuál de los dos candidatos es más apropiado.

Escribid un informe en el que se comparen los dos candidatos.

actividades.

a

2. Escribe frases para describir lo que hacen estas personas en su trabajo.
Utiliza las palabras del cuadro:

La azafata	hacer	la comida
El cocinero	atender	los pasajeros
El representante	cuidar	libros
La traductora	llevar muestras	la dentadura
La dentista	ordenar	los clientes
La guardia municipal	traducir	el tráfico

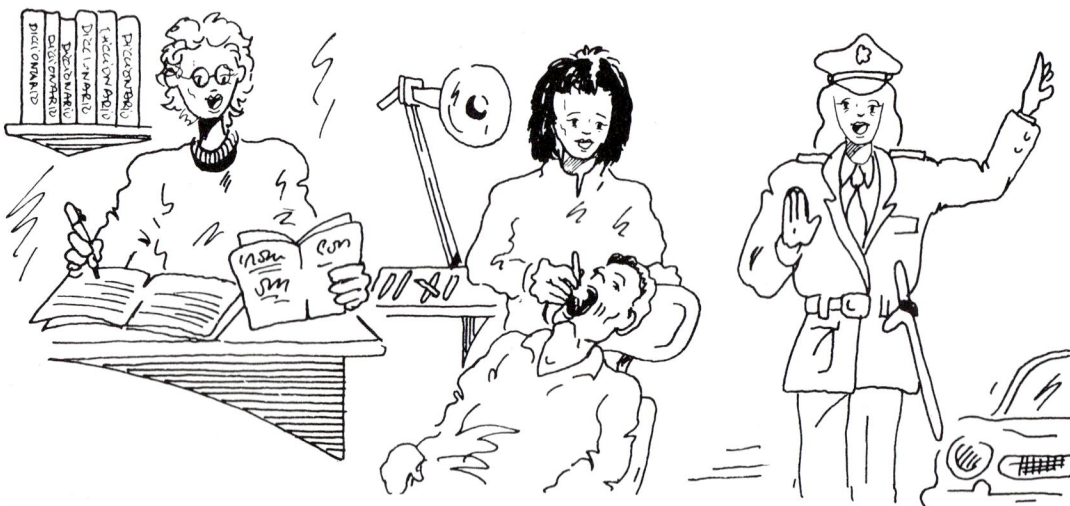

3. En grupos. Discutid: ¿Qué se puede/no se puede hacer si...

... hace mucho calor?
... cierran todos los restaurantes de la ciudad?
... no funciona el teléfono?
... no hay luz (energía eléctrica)?

ctividades.

a

La Universidad y la mujer latinoamericana

Por las cifras más recientes de Chile, Panamá y Paraguay, resulta evidente que más de la mitad de los graduados universitarios son mujeres. En el caso de Panamá, la diferencia porcentual a favor de la mujer es mayor. Las mujeres colombianas y argentinas constituyen cerca de un 45% del total de graduados. Así empieza una investigación realizada por Eulalia Conde para el boletín estadístico de la OEA:

"Era la mujer excepcional en Latinoamérica la que seguía una carrera universitaria en el pasado. En todos los países de la región las mujeres que asistían a las Universidades parecían estar concentradas en el campo de la educación. Las pocas mujeres que seguían carreras no tradicionales eran apenas reconocidas por sus compañeros hombres. Han ocurrido muchos cambios en las últimas décadas y esa vieja realidad puede no seguir teniendo validez…"

Las carreras que tradicionalmente han sido mayoritariamente femeninas son las relacionadas con la educación, la sanidad y las ciencias sociales. En general, estos estudios conducen a trabajos que se caracterizan por la ayuda y servicio a otros y no están bien pagados ni ofrecen la posibilidad de obtener poder o prestigio, como los de maestra, enfermera, asistente social, bibliotecaria, nutricionista.

Por otra parte, existe un bloque de carreras llamadas "masculinas", por la baja participación de las mujeres, pero, según las estadísticas aportadas por esta investigadora, ya las mujeres han hecho alguna incursión en ellas, aunque la magnitud es distinta en cada país y en cada carrera. Añade que está en condiciones de afirmar que en los países latinoamericanos estudiados existe una tendencia definida a que las mujeres elijan carreras tradicionalmente masculinas. Acaba diciendo que carece de fundamento afirmar que en la Universidad se gradúan pocas mujeres.

Basado en un artículo de Magali Vega (FEMPRES) Núm. 4 de la revista *BONNIE* de Bolivia.

• *¿Se puede hacer una distinción clara entre carreras masculinas y femeninas en tu país?*

UNIDAD 9

Fiestas de San Fermín (Pamplona).
Foto: E. DIAZ CAMPO.

A. *Famosos*

(1) Por favor, los periodistas que quieran entrevistar al señor Bonet hagan el favor de esperar a que termine el acto.

EL REGRESO

Mañana tendrá lugar la presentación de la última novela de Diego Bonet, «El regreso», en el hotel Colón.

(2) —¡Cuánta gente! No conozco a nadie.
—¿Quién es el que está sentado en el centro de la mesa, el del traje oscuro?
—Es un periodista conocido, pero ahora no me acuerdo del nombre. Creo que es el que va a presentar el libro.
—¿Y el que está a su lado, el de la barba?
—¿Ése? ¡Pero hombre!, si es el autor, Diego Bonet.
—¡Ah, claro! Es que no lo había reconocido.

(3) —Señor Bonet, ¿es verdad que ya no va a escribir más novelas?
—Pues no lo sé. Desde luego el próximo libro que escriba será una colección de cuentos infantiles. Los niños son mejores lectores que los adultos,…

(4) —¡Mira!, ahí está Luz Barral, la cantante.
—¿Dónde?
—Sí, mujer, la del vestido de lunares, la que está firmando autógrafos.
—Ah, ya la veo, ¡Qué alta es! No parece tan alta en la tele.
—¿Tú crees? Yo la veo igual.

PARA IDENTIFICAR

El que está sentado…
La que está firmando…
El de la barba
La del vestido de lunares

—Me he comprado un coche que habla.
—¿Ah sí? Pues yo prefiero un coche que funcione bien.

*p*ractica

1. En parejas. Mira el dibujo de tu compañero y pregúntale por alguien que no conoces.

NO VALE SEÑALAR, tienes que describir a la persona por la que preguntas.

Ejemplo: **A:** *¿Quién es la chica que está al lado de…?*
¿Quién es el chico de la chaqueta negra?

B: *¿Cuál? Hay dos chicos con chaqueta negra.*
A: *El que está bebiendo.*
B: *Ah, ése es…/No sé, no lo conozco.*

2. ¿Para qué lo decimos? Relaciona:

Llamar la atención de todos	¡Ya estamos con…!
Llamar la atención de una persona	Me da igual
Expresar impaciencia	¡A ver!
Expresar indiferencia	¡Oye!
Ceder, evitar una discusión	Bueno, vale

3. Relaciona:

—Quiero un periódico	que encuentre mi perro.
—No he conocido a nadie	que vaya bien con esta camisa.
—Estoy buscando un pantalón	que tenga guía de espectáculos.
—Ofrezco una recompensa de 50.000 Ptas. para la persona	que sea más amable que Laura.

B. *De verbena*

PLAZA MAYOR

Martes 15 **11.00 h.**
— Homenaje de las Casas Regionales a Madrid.
19.00 h.
Festival de Danzas Madrileñas
— Arrabel
— El Candil
— Francisco de Goya
— Villa de Madrid

LAS VISTILLAS

Martes 15 **12.00 h.**
— Molécula Díscola (Programa Infantil)
19.00 h.
— Taller de Zarzuela del Distrito Centro
21.30. h.
— Eva y su Madrid.
— Mari Pepa de Chamberí.
— Orquesta Yacarta.

PARQUE DE SAN ISIDRO

Martes 15 **13.00 h.**
— Teatro Mágico (Infantil).
19.00 h.
— Brass.
— Big Band Stars.
— Romeros de la Puebla.

Andrea:	¡Hola chicos!
...	¡Hola, …!
Andrea:	¿Estamos todos?
Alejandro:	No, falta Carlos. Dijo que vendría con nosotros.
Andrea:	¿Sí? ¡Qué raro que no haya venido todavía! Ya son las seis y cuarto y él es muy puntual.
Allison:	A lo mejor está aparcando el coche…
Alejandro:	¡Ahí viene!
Allison:	Bueno, ¿qué hacemos?
Andrea:	Podríamos ir a bailar.
Alejandro:	Sí, pero antes podemos pasarnos por la Feria y comer algo.
Pablo:	Sí, sí, a mí me apetecen muchísimo unos pinchitos morunos.
Andrea:	Entonces, primero vamos a la Feria y luego a bailar. ¿Adónde vamos?
Alejandro:	Aquí dice que en la Plaza Mayor hay un Festival de Danzas Madrileñas, en las Vistillas tenemos Zarzuela y en el Parque de San Isidro hay dos orquestas.
Andrea:	Vamos a un sitio que no esté muy lejos de la Feria.
Pablo:	Vale, después de comer lo pensaremos.

¡Qué raro!, Pepe no viene. ¡Qué raro que no venga!
¡Qué raro!, Pepe no ha venido. ¡Qué raro que no haya venido!

A lo mejor está aparcando el coche.

*p*ractica

1. Carlos dijo que vendría y no ha llegado aún:

> *Qué raro que no haya llegado aún.*
> *Me extraña que no haya llegado aún.*

2. Joaquín no tiene dinero y se ha comprado un coche nuevo.
3. Beatriz siempre va a trabajar y hoy no ha ido.
4. Antonio nunca estudia y ha aprobado el examen.
5. A María no le gusta nada la música y hoy ha ido a la ópera.

2. Ahora escucha a la chica venezolana que nos cuenta cómo es la fiesta de Navidad y contesta a las preguntas:

1. Las hayacas son…
    a) instrumentos musicales
    b) un plato típico navideño
    c) canciones navideñas

2. A los niños que van de casa en casa cantando villancicos les dan…
    a) ron
    b) refrescos
    c) chocolate caliente

3. ¿Los venezolanos ponen en casa un árbol de Navidad o un Nacimiento?
    a) un árbol de Navidad
    b) ninguna de las dos cosas
    c) la mayoría pone un Nacimiento

4. Los niños venezolanos reciben sus regalos…
    a) el día 24 de Diciembre a las 12 de la noche
    b) el día 25 de Diciembre por la mañana
    c) el 1 de Enero

5. Es costumbre que los jóvenes salgan a la calle por la noche…
    a) a patinar
    b) a pasear
    c) a bailar

6. Los días 24, 25 y 31 de Diciembre y el 1 de Enero se suele…
    a) estrenar ropa o zapatos
    b) hacer regalos a los amigos
    c) plantar árboles

C.

MANOLO SE "CUELA" EN UNA FIESTA DE JÓVENES DE LA ALTA SOCIEDAD BARCELONESA

Las manos en los bolsillos, aparentando una total indiferencia, se dirigió primero al "buffet" improvisado bajo un gran sauce y se sirvió un coñac con sifón forcejeando entre una masa compacta de espaldas. Nadie pareció hacerle el menor caso. El vaso en que bebía era fino y muy largo, color violeta. Al volverse hacia una chica que pasaba en dirección a la pista de baile, golpeó con el brazo la espalda de un muchacho y derramó un poco de coñac.

—Perdón —dijo.

—No es nada, hombre —respondió el otro sonriendo, y se alejó.

La seguridad que reflejaba el rostro del muchacho le devolvió la suya. Bajo la penumbra del sauce y con el vaso en la mano, se sintió momentáneamente a salvo, y moviéndose con sigilo, sin hacerse notar demasiado, buscó una muchacha que pudiera convenirle —ni muy llamativa ni muy modosita—. Descubrió que se trataba de una verbena de gente muy joven. Unas setenta personas. Muchas jovencitas llevaban pantalones y los chicos camisolas de colores. Por un momento llegó a sentirse algo ridículo y desconcertado al darse cuenta de que él era uno de los pocos que llevaban traje y corbata. "Son más ricos de lo que pensaba", se dijo. Y como les suele ocurrir en casos semejantes a los no iniciados, le entró de repente ese complejo de elegante a destiempo que caracteriza a los endomingados.

J. Marsé - (España).

Últimas tardes con Teresa, 1966

Juan Marsé
Últimas tardes con Teresa
Novela

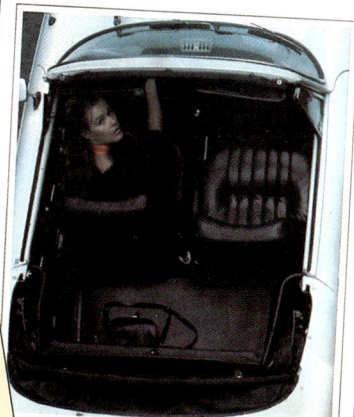

Seix Barral ✕ Biblioteca Breve

A. **Preguntas de comprensión**

1. ¿Qué hizo el protagonista en primer lugar? ¿Y luego?
2. ¿Hay mucha gente en la fiesta? ¿Cómo es esa gente?
3. ¿Por qué se da cuenta de que "son más ricos de lo que pensaba"?
4. ¿Qué hace que se sienta, de repente, acomplejado, diferente?
5. Hay algo extraño en la actitud del personaje. ¿Qué crees que puede ser?

B. **Expresión oral**

¿Qué opinas de este tipo de fiestas?

exto literario

t

• **IDENTIFICACIÓN**	El que está bailando es el dueño de la casa El de amarillo es Andrés
• **EXTRAÑEZA**	¡Qué raro que no haya venido! Me extraña que no haya venido
• **PENA**	¡Qué pena que no puedan venir! Es una pena que no puedan venir
• **PROBABILIDAD**	A lo mejor ya han llegado

CONTENIDOS GRAMATICALES

- **ORACIONES DE RELATIVO**

  — **Indicativo**
  Vivo en una casa que es muy pequeña. (Acción experimentada: ya vivo en ella)

  — **Subjuntivo**
  Necesito una casa que sea más grande. (Acción no experimentada: todavía no vivo en ella)

- **ARTÍCULO + (SUSTANTIVO) + QUE + VERBO + ...**

  La (chica) que lleva una camisa amarilla

- **ARTÍCULO + (SUSTANTIVO) + DE + (SUSTANTIVO) + ADJETIVO**

  La (chica) de la camisa amarilla
  La de amarillo

- **PRETÉRITO PERFECTO DEL SUBJUNTIVO**

haya hayas haya hayamos hayáis hayan	+ acabado, venido, vendido, etc.

• **QUÉ RARO** **ME EXTRAÑA** **QUÉ PENA** **ES UNA PENA**	**+ QUE + SUBJUNTIVO**

A LO MEJOR **+ INDICATIVO**

¡Tienes que saber...

PRONUNCIACIÓN Y ORTOGRAFÍA

¿Recuerdas?

/x/: ge gi   /g/: gue gui
    ja je ji jo ju   ga go gu

— Escucha atentamente y repite las frases siguientes:

En la fiesta bebimos güisqui y ginebra.

Me ha llamado el jefe y me ha dicho que le traiga una garrafa de vino de Rioja.

— Escucha y di cuál de las dos palabras has oído:

1. a) justo
   b) gusto

2. a) gota
   b) jota

3. a) garra
   b) jarra

4. a) paje
   b) pague

5. a) mago
   b) majo

— Escucha las frases siguientes y completa con j, g o gu:

1. Los _ _ ueves ven _ _o a clase por la tarde.

2. ¿Quieres _ _u_ _ar conmi_ _o al a_ _edrez?

3. ¿Te _ _usta tocar la _ _itarra?

4. _ _or_ _e, no co_ _as esa botella.

5. El _ _ía nos llevó a _ _adalupe en su coche.

VOCABULARIO

LA FIESTA

celebrar
dar | una ❶ fiesta
asistir a

los invitados
los regalos

comida | los sandwiches
             | ❷los canapés
             | los frutos secos

bebidas | los cócteles:
             | cubalibre (ron con cola)
             | la sangría
             |
             | sin alcohol:
             | naranjada
             | limonada
             | cola
             | ❸tónica
             | ❹zumo (natural)

LAS FIESTAS

la ❺ feria
los ❻ chiringuitos
las actuaciones (musicales)
el programa de festejos
la pista de baile

❶ *En Ven.,* bonche.
❷ *En Ven.,* pasapalos
❸ *En Méx.,,* aguaquina
❹ *En gran parte de hispanoamérica,* jugo
❺ *En Arg.,* kermesse
❻ *En Méx.,* palapas; *en Chile,* enramadas; *en Ven.,* taguaritas

Tienes que saber...

1. Mira estos dibujos y adivina lo que está pasando.

Ahora escucha y escoge la respuesta correcta.

1. ¿Quién llegó después de comenzar el acto?

    á) El hombre del traje oscuro.
    b) La mujer de las gafas.
    c) El hombre del traje a rayas y la mujer de las pulseras.

2. ¿Por qué estaba molesta la mujer que tomaba notas?

    a) Porque no la dejaban hablar.
    b) Porque el periodista hablaba muy bajo y no lo oía.
    c) Porque los de la fila de detrás estaban hablando.

3. ¿Qué quería decir la mujer con la frase: "Hagan el favor, no oigo nada"?

    a) "Hagan el favor de callarse, no me dejan oír".
    b) "Hablen ustedes más alto, no les oigo".
    c) "Por favor, ¿pueden repetir lo que ha dicho el periodista? No le oigo".

4. ¿Qué mujer dijo que estaba hablando de "cosas suyas"?

    a) La de la chaqueta de cuero.
    b) La del vestido largo y moderno.
    c) No fue una mujer; fue el hombre del traje a rayas.

5. Al protestar la mujer, los que estaban hablando...

    a) ... se callaron.
    b) ... se fueron.
    c) ... contestaron de malos modos y siguieron hablando.

ctividades.

a

2. Lee y completa las frases:

Fiestas Populares en España

Durante todo el año, el visitante que recorra España podrá escoger entre la gran riqueza y variedad de celebraciones que se le ofrecen, ya que no hay ciudad o pueblo, por pequeño que sea, que no tenga sus fiestas dedicadas al santo patrón.

Por todo esto, la lista de fiestas tradicionales españolas es interminable. Por mencionar sólo las más renombradas:

En Valencia, el 19 de marzo, día de San José, se celebran las **Fallas**: en ellas se queman "ninots", (muñecos) que representan personajes famosos. Es una fiesta llena de ruido y color.

A continuación viene la **Semana Santa**. En toda la geografía española hay numerosas procesiones que celebran la muerte y resurrección de Cristo. Las más sobresalientes son, quizás, las de Sevilla. En Sevilla también, pero un poco más tarde, tenemos la **Feria de Abril**, donde se rinde culto a lo popular y lo típico andaluz, el flamenco, en todas sus variedades.

Ya en el mes de julio, tienen merecida fama los **sanfermines**. Decir San Fermín es decir Pamplona, encierros, toros, vino, peñas... fiesta. Durante una semana, a cualquier hora del día o de la noche, la calle rebosa de gente y alegría.

Otra fiesta cumbre es la del **15 de agosto**, en la que la mayoría de los pueblos celebra de diversas maneras la Asunción de la Virgen en cuerpo y alma a los cielos.

Pasamos por alto el otoño y llegamos a la celebración del nacimiento de Cristo, la **Navidad**. En ella tenemos villancicos, Misa del Gallo, belenes vivientes (sobre todo en Cataluña). Y por fin, la **Nochevieja**, en la que el Año Nuevo es recibido con las doce uvas que nos darán buena suerte.

1. En España _____ tienen una fiesta dedicada al santo patrón.
2. Las Fallas se celebran en _____ el _____.
3. En Semana Santa hay _____ en todos sitios. _____ _____ son las de Sevilla.
4. En la _____ se baila _____.
5. El 7 de julio es S. _____.
6. En Nochebuena se cantan _____ y en Nochevieja se comen _____ que dan _____.

3. En grupos, cada uno cuenta la última fiesta a la que ha asistido. Los demás hacen preguntas.

Ejemplo: *¿Quién fue?*
¿Cómo iba vestido/a...?
¿Cómo lo pasásteis? etc.

Danzas nacionales

La danza está muy enraizada en las tradiciones populares y por tanto hay que tener en cuenta los condicionamientos culturales y geográficos de cada país. En el continente americano, por ejemplo, tuvo mucha importancia la penetración de la tradición musical neoafricana, que apreciamos en ritmos como el mambo, el merengue, etc.

En España, el ritmo y la sincronía son fundamentales en danzas como la jota, la muñeira, la sardana, etc. Destaca por su originalidad el baile flamenco, característico de Andalucía, con variedad de manifestaciones como el zapateado, la alegría, la seguidilla, etc.

PAÍSES	DANZAS NACIONALES MÁS REPRESENTATIVAS
Argentina	Tango (llegó a prohibirse por inmoral)
Colombia	Bambuco, Guabina
Cuba	Rumba, Conga, Mambo, Merengue
Chile	Cueca
Ecuador	Pasillo
España	Sardana, Muñeira, Jota, Bailes flamencos
México	Jarabe, Huapungo, Corrido
Perú	Marinera
Uruguay	Vidala
Venezuela	Joropo

- ¿Qué es lo que te parece más atractivo de las danzas nacionales?
- ¿Sabes bailar alguna danza típica de tu país?

TEST 3 (Unidades 7, 8 y 9)

Elige la respuesta correcta

1. En esta tienda __ de todo.
a) vende   b) venden   c) vendo   d) vendan

2. Este año el número de alumnos es __ que el año pasado.
a) mayor   b) más grande   c) más numeroso   d) mejor

3. Necesitamos una casa que __ en el centro.
a) está   b) sea   c) estará   d) esté

4. ¡Qué raro que no __ ya!. Es muy puntual.
a) llegue   b) haya llegado   c) llega   d) llegaba

5. Cuando __ comprarme ropa, __ a unos grandes almacenes.
a) necesitaré ... voy   b) necesitaré ... iré   c) necesité ... he ido   d) necesito ... voy

6. ¡Este hotel es malísimo! __
a) ¡No está bien!   b) ¡Ya está bien!   c) ¡Está demasiado caro!   d) ¡No puede ser que es tan malo!

7. ¿Qué tengo que hacer cuando __ a la estación el domingo?
a) llego   b) llegue   c) llegaré   d) he llegado

8. Este año a lo mejor __ en griego.
a) me matriculo   b) estudio   c) he matriculado   d) matricule

9. Me extraña que __ mucho. Es muy vago.
a) trabaja   b) trabajará   c) trabaje   d) se trabaje

10. Estas casas se __ a finales del año pasado.
a) construyó   b) construye   c) construyeron   d) han construido

11. A. ¿A que está malo este gazpacho?   **B**. Malo no, ¡está __¡
a) peor   b) muy mal   c) malísimo   d) regular

12. Miren, señores, desde aquí __ ve un hermoso paisaje.
a) se   b) él   c) Vd.   d) alguno

13. ¿Qué países visitaste cuando __ en Europa?
a) fuiste   b) estuviste   c) has estado   d) has ido

14. Espero que se __ en la excursión de mañana.
a) diviertan   b) divierten   c) divertirán   d) hayan divertido

15. «Mi hermano es menor que yo» es lo mismo que decir que:
a) Mi hermano es más bajo   b) Mi hermano es más joven   c) Mi hermano es menos alto
d) Mi hermano es menos inteligente.

16. Esta casa es __ la mía.
a) tan como   b) tan grande que   c) mejor que   d) más peor que

17. ¿Quién es el autor?
a) El de verdes   b) El que está hablando   c) El que pantalón negro   d) El que sombrero

18. A. ¿Le gusta este abrigo?   **B**. No, quiero uno que __ más moderno.
a) sea   b) esté   c) será   d) sería

19. ¡Qué paisaje tan bonito! ¡Qué pena que __ lloviendo!
a) es   b) sea   c) está   d) esté

20. ¿Está incluída la cena en el precio del viaje?
a) No, gracias   b) Sí, hay que pagarla aparte   c) No, hay que pagarla aparte   d) No, es libre

UNIDAD 10

Patio de la Casa de los Balcones
(La Orotava-Tenerife).
Foto: J. R. BROTONS.

A. *Estamos de obras*

Javier: El fontanero ya ha terminado de instalar los grifos y la ducha, y los albañiles también han terminado con las paredes. Sólo falta pintar.

Pintor 1: Si quieren ustedes, nosotros empezamos mañana mismo.

Beatriz: Sí, muy bien, vengan mañana. Cuanto antes empiecen antes acabarán.

Pintor 1: ¿De qué color quiere que pintemos?

Beatriz: Pues mire, pinten ustedes de blanco todos los techos y el pasillo, el salón de amarillo, y los dos dormitorios de rosa muy clarito.

***

Pintor 1: Ha dicho la señora que pintemos todo de blanco menos los dos dormitorios, que van en rosa claro.

Pintor 2: Vale, pues vamos allá. A ver si terminamos entre hoy y mañana.

***

Beatriz: ¡Javier!, mira lo que han hecho. Les dije que pintaran el salón de amarillo y lo han pintado de blanco.

Javier: Bueno, tampoco está tan feo de blanco. A mí me gusta así.

Beatriz: ¡Ay, Javier, está horrible! ¡Lo sabía! Te dije que llamáramos a unos pintores profesionales, pero no me hiciste caso.

Javier: Pero Beatriz, mujer, no te pongas así.

Pinta tú.	Pinte usted.
Le he dicho que pinte.	
Le dije que pintara.	

IMPERFECTO DE SUBJUNTIVO

ESPERAR	VENDER	PARTIR
esperara	vendiera	partiera
esperas	vendieras	partieras
esperara	vendiera	partiera

Le dije que siguiera, pero no siguió. (SEGUIR)
Le dije que me lo trajera, pero no me lo trajo. (TRAER)

practica

1. Forma frases como en el ejemplo, utilizando las palabras del cuadro.

Ejemplo: La pintura del salón está muy mal. Vamos a llamar al pintor.
Dile al pintor que venga

1. Hay que instalar más enchufes para los electrodomésticos.
2. Las puertas están muy viejas, hay que cambiarlas.
3. El fregadero está atascado.
4. Nos hemos quedado sin luz.
5. En el salón quedaría muy bien una estantería a medida.
6. Han salido unas grietas en la pared.

albañil	carpintero	fontanero	electricista

2. Responde como en los ejemplos:

—Manuel, he invitado a Elena a tu fiesta.
—*Yo no te dije que la invitaras.*

—Sra. Gómez, ya he venido.
—*Yo no le dije que viniera.*

1. Sra. Gómez, ya he comprado una escoba nueva.
2. Manuel, he vendido tu cámara de fotos.
3. Sra. Gómez, he llamado a los albañiles.
4. Manuel, he tirado a la basura todos tus libros viejos.
5. Sra. Gómez, he traído a mis ayudantes.

3. Completa el cuadro.

	Me ha dicho que…	Le dijo que…
1. ¡Cállate!	…	se callara
2. ¡Ven!	…	se fuera
3. ¡Váyase Vd. a casa!	me vaya	…
4. ¡Habla más despacio!	…	…
5. ¡Traiga el contrato!	…	…

4. En clase. Escribe a un compañero pidiéndole que haga algo. Se mezclan todas las notas, cada alumno escoge una y transmite el recado al destinatario.

> Para Luis:
> Llama urgentemente a
> Pepita.   Ana.

Ejemplo: *"Luis, Ana ha dicho que llames a Pepita".*
"Luis, Ana dijo que llamaras urgentemente a Pepita."

B. *Una casa mejor*

VILLA SUSANA

- Parcela 680 m.²
- Construidos 147 m.² aproximados.
- 3 Dormitorios.
- 2 Terrazas.
- 3 Armarios empotrados.
- Jardines
- Salón-Comedor con chimenea.
- 2 Baños.
- Cocina.

VILLA CARMEN

- Parcela 680 m.².
- Construidos 108 m.² aproximados
- 2 Dormitorios.
- 3 Terrazas.
- 2 Armarios empotrados.
- Jardines.
- Salón-Comedor con chimenea.
- 2 Baños.
- Cocina.
- Piscina particular.

Andrés: ¿A ti qué te parece, qué casa te gusta más?

Consuelo: Hombre, yo prefiero "Villa Carmen", la de la piscina, pero, claro, es mucho más cara.

Andrés: No creas, no tanto. Si pedimos un préstamo hipotecario, sólo supone unas 20.000 ptas. más al mes.

Consuelo: … Quizás sí. Por otro lado, no importa que "Villa Susana" no tenga piscina particular. Ten en cuenta que una piscina particular tiene también gastos de mantenimiento, hay que limpiarla a menudo… en fin, no sé, tú, ¿cuál prefieres?

Andrés: A ver… está claro que es mucho mejor "Villa Susana", es más grande, tiene un dormitorio más.

Consuelo: Sí, pero sólo tiene dos terrazas.

Andrés: Bueno, mujer, hay suficiente jardín para colocar la hamaca y tomar el sol cómodamente ¿no?

Consuelo: Sí, tienes razón.

Andrés: Entonces, ¿qué hacemos?

Consuelo: Creo que nos conviene más "Villa Susana".

> **¿Es caro este piso?**
> **No mucho.**

> **¿Qué casa te gusta más?**
> **¿Cuál te gusta más?**
> **¿Qué prefieres?**

> **No importa que sea caro.**
> **Ten en cuenta que es bastante caro.**

> **Este piso es carísimo**
> **No tanto.**

practica

1. Responde con: NO MUCHO/ NO TANTO.

1. Tu coche es viejísimo.
2. ¿Cuánto te han costado los muebles?
3. ¿Te gustan estos chalets?
4. ¡Qué grande es tu piscina!
5. Me han dicho que el húngaro es muy difícil.

2. Completa con QUÉ o CUÁL.

1. ¿... de los dos es Javier?
2. ¿... clase de películas te gustan?
3. ¿... es tu número de teléfono?
4. ¿... fue la primera isla americana que pisó Colón?
5. ¿... país americano fue el último en conseguir la independencia de España?

3. En parejas. Mirad los dibujos y representad vuestro papel.

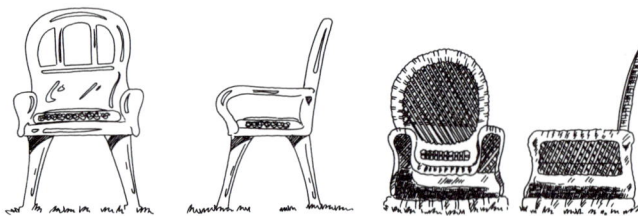

A pregunta a **B** sus preferencias:
¿Qué mesa te gusta más?

B Responde:
La de cristal.

A pone objeciones y propone una alternativa:
Es muy cara

B insiste y argumenta.
No importa que sea cara/No tanto.

A pide a **B** que se decida:
Entonces, ¿cuál compramos?

B toma una decisión:
Yo creo que ños conviene más la de cristal.

C.

UN PISO CON "GOTERAS"

Mi piso no es grande ni pequeño, ni antiguo ni moderno. Fue la primera casa que se construyó en el Ensanche allá por los 50 y, aunque entonces hablaron de una superficie habitable de ciento sesenta metros cuadrados, yo creo que en esas medidas incluyeron balcón, terraza y hasta el descansillo del montacargas. Aparte del despacho, y el living-comedor, cuenta con tres dormitorios, más que suficientes para mis necesidades actuales pero lo justo en vida de mis difuntas hermanas, puesto que ellas, dado su carácter y habituadas a la casona del pueblo, nunca quisieron compartir la habitación.

El edificio, por supuesto, no es tan sólido como los de principios de siglo, ni tan liviano como los actuales, pero con los años le ha salido un serio inconveniente, las goteras. En la época en que se construyó no existían los detergentes actuales que, a lo que se ve, corroen las viejas tuberías de plomo, con lo que, cada sábado y cada domingo, andamos a vueltas con los fontaneros. La deficiencia es de tal monta que pensé seriamente en la posibilidad de mudarme, ya que hoy me bastaría un apartamento con los servicios centralizados (en mi casa caliento el agua con termo y he electrificado la calefacción, con el precio que eso tiene). Con este fin miré algunos pisos por el Barrio Nuevo, pisitos coquetones de cincuenta a cien metros cuadrados, salón desahogado y un par de dormitorios, pero, ¿imagina usted los precios?

M. Delibes - (España).

Cartas de amor de un sexagenario voluptuoso (1983)

A. *Preguntas de comprensión*

1. *¿Cómo describe el narrador su casa?*
2. *¿Son las medidas reales del piso ciento sesenta y cinco metros?*
3. *¿El tamaño del piso era adecuado cuando sus hermanas vivían? ¿Y ahora para él?*
4. *¿Qué problema tiene la casa en el momento actual? ¿Qué lo provoca?*
5. *¿Por qué no se cambia de casa el personaje?*

B. *Expresión oral o escrita*

1. *¿Cuáles son los principales problemas de la vivienda en la ciudad donde vives: escasez, precios?*
2. *¿Dónde prefieres vivir, en un piso o en una vivienda unifamiliar? ¿Por qué?*

texto literario

CONTENIDOS COMUNICATIVOS

• **PREFERENCIA**	— ¿Cuál te gusta más? — El de la piscina
• **TRANSMITIR ÓRDENES**	Me dijo que pintara el salón

CONTENIDOS GRAMATICALES

• **¿QUÉ o CUÁL...?**

1 QUÉ + VERBO...
¿Qué prefieres, un cuadro o un espejo?

2 QUÉ + SUSTANTIVO...
¿Qué espejo prefieres, el grande o el pequeño?

3 CUÁL + VERBO
¿Cuál prefieres, el grande o el pequeño?

• **ESTILO INDIRECTO**

PRESENTE
Luis: *Mi madre me ha dicho que vuelva pronto*
            dice   PRES. SUBJ.
PASADO
Luis: *Mi madre me dijo que volviera pronto*
            ha dicho   IMP. SUBJ.

• **PRETÉRITO IMPERFECTO DE SUBJUNTIVO**

Regulares:

PINTAR		VENDER	
pintara	pintáramos	vendiera	vendiéramos
pintaras	pintárais	vendieras	vendiérais
pintara	pintaran	vendiera	vendieran

Irregulares:

La irregularidad del Pret. Imperfecto de Subjuntivo es la misma que la del Pretérito Indefinido:

VENIR	vinieron	viniera
IR / SER	fueron	fuera
TRAER	trajeron	trajera
DECIR	dijeron	dijera

PRONUNCIACIÓN Y ORTOGRAFÍA

Escucha atentamente y señala la frase correspondiente:

1. a) ¿No es suyo?
   b) No, es suyo
   c) No es suyo

2. a) No conoce a Pedro
   b) No, conoce a Pedro
   c) ¿No conoce a Pedro?

3. a) Ya la ha visto
   b) ¿Ya la ha visto?
   c) Ya. La ha visto

4. a) ¡Cómo te gusta la tortilla!
   b) ¿Cómo te gusta la tortilla?
   c) ¿Cómo? ¿Te gusta la tortilla?

5. a) ¿Cuántos niños hay?
   b) ¡Cuántos niños hay!

6. a) No, quiere bailar
   b) No quiere bailar
   c) ¿No quiere bailar?

VOCABULARIO

Relaciona estas dos listas:

suelo
paredes
techo

parquet
terrazo
❶ moqueta
pintura
papel pintado
baldosines / alicatado

❷ entrada / recibidor
pasillo
❸ salón
cocina
dormitorio / cuarto
aseo / (cuarto) de baño
terraza

balcón
portal
escalera
descansillo
❹ ascensor
montacargas
patio
tejado

❶ *En Méx.* y *Ven.,* alfombra; *en Arg.* moquette
❷ *En Méx., Arg.* y *Ven.,* "hall"
❸ *En Arg.,* "living"
❹ *En Hispanoamérica,* elevador

ienes que saber...

1. Juan ha recibido amigos en su casa, ahora le toca recogerlo todo y algunos se han ofrecido a ayudarlo.

Escucha las órdenes que da a sus amigos. Mirando el vocabulario del cuadro, di qué tarea le ha asignado a cada uno.

Juan le ha dicho a Pablo que *ordene los discos.*
Juan le ha dicho a Joaquín que _____.
Juan le ha dicho a Alfredo que _____.
Juan le ha dicho a Celia que _____.
Juan le ha dicho a Nacho que _____.
Juan le ha dicho a María que _____.

---

colocar las sillas en su sitio, fregar los vasos, ordenar los discos, vaciar los ceniceros, quitar el tocadiscos, barrer el suelo.

---

2. Inmobiliaria "La Constructora Ideal".

Muy Sres. míos:

El pasado lunes me entregaron Vds. la llave de la casa que acabo de comprar pero, antes de trasladarme, creo que será necesario hacer algunos arreglos.

Para empezar, en la pared de la habitación que está al lado del cuarto de baño hay una mancha de humedad, supongo que debe de haber alguna cañería rota o picada. Espero que envíen a un fontanero lo antes posible para arreglarla. Después, por supuesto, tendrá que venir un albañil para tapar el agujero y los pintores para pintar de nuevo.

Por otro lado, he visto que también hay un interruptor eléctrico que no va bien, a veces funciona y a veces no. Les ruego, por tanto, que envíen también un electricista.

Espero una respuesta rápida, de lo contrario tendré que tomar las medidas oportunas.

Les saluda atentamente

Di cuál de estas afirmaciones es la correcta:

1. a) Los Fernández se trasladan a su nueva casa el lunes próximo.
   b) Ya se han instalado.
   c) Antes del traslado hay que arreglarla.

2. a) La casa no tiene ningún desperfecto.
   b) La casa tiene algunos desperfectos.
   c) Está todo en muy mal estado.

3. a) Se ha caído una pared.
   b) Hay una mancha de humedad en el cuarto de baño.
   c) Hay una mancha de humedad en la habitación.

4. a) Tienen que ir un albañil, un fontanero, un pintor y un electricista.
   b) Tienen que ir un arquitecto, un contratista y un albañil.
   c) Tienen que ir un carpintero y un decorador.

5. a) No hay luz en toda la casa. (Las bombillas están fundidas)
   b) No funcionan los interruptores.
   c) Un interruptor no funciona bien.

3. Escucha la cinta y responde V o F:

	V	F
1		
2		
3		
4		
5		

1. Juan le dijo a Elena que había estado muy ocupado una temporada.
2. Elena lo invitó a cenar el fin de semana.
3. Elena le dijo que vendrían unos amigos colombianos.
4. Juan le dijo que no tenía que trabajar.
5. Elena le pidió que llevara una tarta de manzana.

4. Describe tu casa ideal:

A mí me gustaría vivir en una casa que
   tuviera…
   estuviera en…
   fuera…

ctividades.

a

Buenos Aires

La capital de Argentina es una de las más gigantescas ciudades hispanoamericanas. Tiene una superficie de doscientos kilómetros y unos diez millones de habitantes, lo que supone casi la tercera parte de la población del país.

Alguien dijo que "es preciso conocerla para empezar a amarla, aunque no es imprescindible haber nacido allí". Es una ciudad joven que ha crecido muy deprisa y que se extiende como una mancha de aceite hasta la Pampa. El puerto, que le ha dado a sus habitantes la denominación de porteños, y es orgullo del Cono Sur, dirige gran parte de las exportaciones argentinas a través del Río de la Plata.

La ciudad cuenta con una red de metro (El "Subte") que suma más de treinta kilómetros.

Los bonaerenses son una mezcla de franceses, italianos, españoles, alemanes y otras nacionalidades, lo que hace que esta ciudad no tenga una personalidad definida.

Del Buenos Aires colonial apenas queda nada. Esta ciudad, vital y acogedora, cuenta con grandes plazas y avenidas, como la Avenida Nueve de Julio, que tiene 144 metros de ancho. La Avenida Corrientes, "la calle que nunca duerme" según el tópico rioplatense, está llena de cabarets, discotecas, restaurantes tradicionales de carne a la brasa, etc. Esta avenida la hicieron famosa los cómicos, los intelectuales y después el tango.

Otro aspecto de la ciudad es su parque Tres de Febrero o "Palermo" que es el sitio ideal para practicar cualquier deporte y olvidarse del estrés los fines de semana.

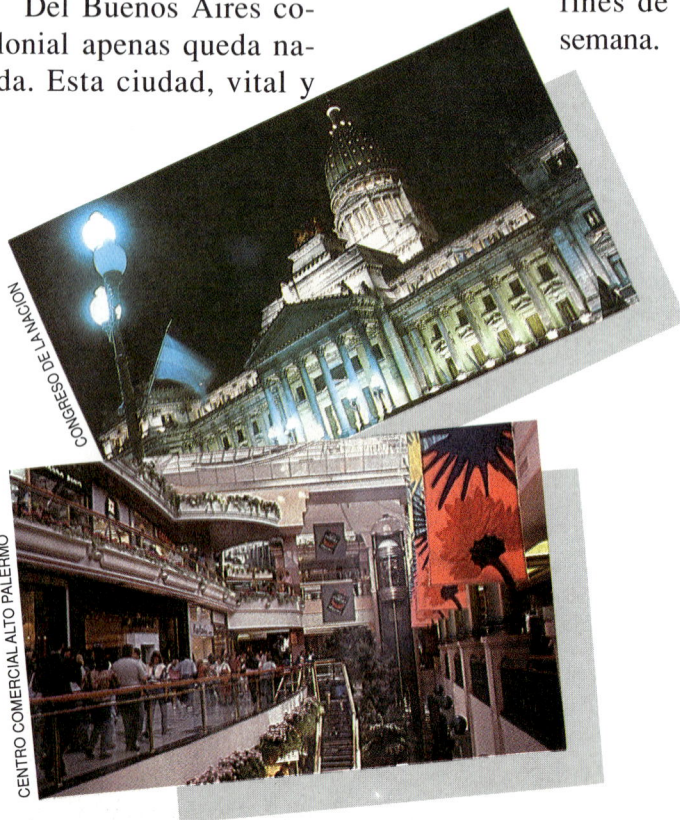

CONGRESO DE LA NACIÓN

CENTRO COMERCIAL ALTO PALERMO

UNIDAD 11

Avenida Corrientes (Buenos Aires).
Foto: F. LAGHI (FOTOPANORAMA. Argentina).

A. *En unos grandes almacenes*

—¿Te importa que fume?
—No, fuma, fuma.

—¿Te importa apagar el cigarrillo?
—No, ahora lo apago.

—¿Podría hacerme una factura?
—Sí, claro, ahora se la hago.

—Traigo este exprimidor para que me lo cambien: no funciona.

*p*ractica

1. Completa las frases siguientes con una palabra en cada espacio:

1. Juan ¿ ____ _____ meter el vino en la nevera?
2. Por favor, ¿ _____ decirme dónde están los probadores?
3. ¿_____ _____ que deje esta maleta aquí?
4. Chicos, ¿ _____ _____ bajar el tocadiscos? Está muy alto.
5. Sr. Domínguez, ¿_____ cambiarme 5.000 ptas.?
6. ¿____ _____ que apague la calefacción?
7. Por favor, ¿___ _____ subir la ventanilla? Es que tengo frío.

2. Di en cuáles de las frases anteriores se pide permiso y en cuáles un favor.

3. ¿Qué dirías en estas situaciones?

1. Vives con un/a compañero/a y la tele está muy alta.
2. Estás en casa de unos amigos y quieres fumar.
3. Estás en un restaurante y el aire acondicionado está muy fuerte.
4. Estás en una reunión formal y quieres abrir la ventana.
5. Estás en una reunión formal y tú quieres que los asistentes pasen a la sala de conferencias.

4. Completa con un pronombre en cada espacio:

1. A: ¿Hace mucho tiempo que no hablas con Alberto?
   B: No, ayer __ llamó para preguntar__ por mi trabajo.

2. A: Mañana es el cumpleaños de Julia, no sé si comprar__ una cafetera.
   B: Cómpra__ __, creo que la suya es muy vieja.

3. A: ¿Has puesto la lavadora?
   B: Sí, ya __ he puesto.
   A: ¿Y has hecho la comida?
   B: Sí, ya ___ he hecho.
   A: Y el alquiler, ¿__ has pagado?
   B: También __ he pagado, ¿algo más, cariño?
   A: No, nada, ya puedes irte a ver el partido.

4. A: ¿Sabes que Antonio se ha casado?
   B: ¡No __ digas!, no __ sabía.

5. A: ¿A tus hijos __ gusta leer?
   B: Sí, mucho, ¿por qué?
   A: ¡Qué suerte!, porque al mío no __ gusta nada.

6. A: ¿Qué tal las vacaciones con Juanjo?
   B: Maravillosas, __ __ hemos pasado estupendamente.

B. *Las rebajas*

Francisco: Oye, Marta, ayer empezaron las rebajas en la sección de electrodomésticos.¿Por qué no vamos a echar un vistazo?

Marta: Vale, a ver si encontramos alguna ganga.

***

Dependiente: Buenas tardes, señores, ¿qué desean?

Marta: Hola, buenas tardes. ¿Están rebajados estos lavavajillas?

Dependiente: Sí, están en oferta. Mire, éste es el mejor que tenemos, da un resultado estupendo y está muy bien de precio.

Francisco: ¿Cuánto cuesta?

Dependiente: 100.000 pesetas, pero pueden pagarlo a plazos si quieren.

Francisco: La verdad es que es un poco caro.

Dependiente: No crea, es el primer lavavajillas con tres bandejas. No hace casi ruido y además le llaman el "lavavajillas ecológico" por su ahorro de energía y agua.

Marta: Y este otro, ¿qué tal es?

Dependiente: Muy bueno. Es muy amplio, tiene una garantía de dos años y hasta ahora no ha habido reclamaciones.

Marta: ¿Podría enseñarnos cómo funciona?

Dependiente: Por supuesto, vengan por aquí,…

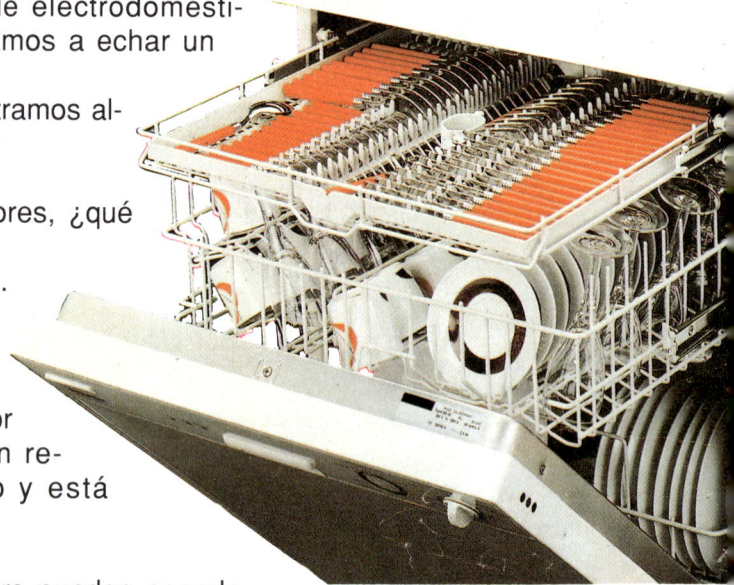

practica

1. Completa:

1. Cuando compras algo muy por debajo de su precio, lo que estás comprando es…
   a) una rebaja
   b) una ganga
   c) un descuento.
2. En las tiendas, en los meses de julio y enero suele haber…
   a) rebajas
   b) vacaciones
   c) reclamaciones
3. En la sección de … se pueden comprar lavavajillas, lavadoras, frigoríficos, etc.
   a) muebles
   b) electrónica
   c) electrodomésticos.

4. Si compras un artículo y lo pagas durante unos meses lo estás comprando:
   a) con tarjeta
   b) en efectivo
   c) a plazos
5. Si compras un artículo que tiene garantía, quiere decir que:
   a) tienes cierta seguridad de que no se te va estropear.
   b) si se estropea, te devuelven el dinero.
   c) si se estropea, la casa lo arregla o lo cambia por otro.

2. En parejas, A quiere comprarse un frigorífico. Está en unos grandes almacenes. B es el dependiente.

A   B

—Saluda y dice lo que quiere comprar   —Saluda y le muestra algunos modelos

—Pregunta precios, si tiene garantía
y las particularidades de cada uno.   —Responde

—Pregunta por formas de pago   —Responde

—No se decide por ninguno, da las
gracias y se despide.   —Se despide

Un motor
Capacidad 240 litros
Congelador **
Garantía: 1 año
Precio: Al contado, 75.000 ptas. con I.V.A.
A plazos: 6.000 ptas. mes,
sin entrada

Un motor
Capacidad 340 litros
Congelador **
Garantía: 1 año
Precio: Al contado, 120.000 ptas. con I.V.A.
A plazos: Entrada 10.000 ptas.
5.000 ptas. mes sin intereses

Dos motores
Capacidad 500 litros
Congelador ***
Garantía: 2 años
Precio: 154.000 ptas. con I.V.A.
A crédito: Entrada 24.000 ptas.
Plazos a convenir

▲**123**

C.

CONSEJOS A UNA "CABEZA LOCA"

Hay otro desorden, Isidorita, que te hace muy desgraciada, y que te llevará lejos, muy lejos. Me refiero a las irregularidades de tu peculio. Unas veces tienes mucho; otras, nada. Lo recibes sin saber de dónde viene; lo sueltas sin saber adónde va. Jamás se te ha ocurrido coger un lápiz (que cuesta dos cuartos) y apuntar en un pedacito de papel lo que posees, lo que gastas, lo que debes y lo que te deben. No haces cuentas más que con la cabeza, ¡y tu cabeza es tan inepta para esto!... La Aritmética, hija, no cabe dentro de la jurisdicción de la fantasía, y tú fantaseas con las cantidades; agrandas considerablemente el activo y empequeñeces el pasivo. De vez en vez parece que quieres ordenar tu peculio; pero tus apetitos de lujo toman la delantera a tus débiles cálculos, y empiezas a gastar en caprichos, dejando sin atender las deudas sagradas. Tu generosidad te honra porque indica tu buen corazón; pero te perturba lo indecible. Has sido estafada por algunos que, conociéndote el flaco y tu índole liberal, se han fingido menesterosos. Y dime ahora: ¿qué has hecho de los dos mil duros que a ti y a tu hermano os dejó Santiago Quijano? Ya lo has gastado en el pleito, en vestidos, en la educación de Mariano, y..., confiésalo, que si es un misterio para todo el mundo, no lo es para quien te habla en este momento... No lo ocultes, pues no hay para qué. Más de la mitad de aquel dinero te lo ha distraído Joaquín Pez.

B. Pérez Galdós (1843-1920, España)
La desheredada

A. Preguntas de comprensión

1. Hay numerosas palabras relacionadas con la economía, el dinero (ej. cálculo, gastar), haz una lista. Si conoces otras, añádelas.
2. ¿Qué problema tiene Isidora con el dinero? ¿En qué lo gasta?
3. ¿Qué le impide ser más ordenada en sus gastos?
4. En su caso, la generosidad es un defecto ¿Por qué?
5. ¿Quién crees tú que le está hablando a Isidora?
6. ¿Cómo te la imaginas?

B. Tema de debate

¿Merece la pena ahorrar?

texto literario

t**ienes que saber...**

• **PEDIR PERMISO**	¿Le importa que cierre la ventana?
• **ÓRDENES Y PETICIONES**	—¿Le importa bajar la música? —No, ahora la bajo —¿Podría enseñarme otro modelo? —Sí, claro, no faltaba más

CONTENIDOS GRAMATICALES

• **LE/TE/LES/OS IMPORTA + QUE + SUBJUNTIVO**

¿Te importa que haga una llamada?
    (a ti)   (yo)   ◄— distinto sujeto lógico

• **LE/TE/LES/OS IMPORTA + INFINITIVO**

¿Os importa esperar un momento?
  (a vosotros)   (vosotros)   ◄— mismo sujeto lógico

• **PRONOMBRES PERSONALES ÁTONOS**

O.D.: me	te	lo/le, la	nos	os	los/les, las
O.I.: me	te	le	nos	os	les

— Cuando /le,les/ van seguidos de /lo, la, los, las/ se sustituyen por /se/.

   O. I. + O.D.

      me
      te   —¿Le has devuelto el libro?
      se   —Sí, ya se lo he dado.
      nos   } + lo/la/los/las
      os
      se

— Colocación
   Verbo en forma personal
     Me dijo   Me lo dio
   Verbo en infinitivo, gerundio o imperativo
     darme diciéndomelo llámala

PRONUNCIACIÓN Y ORTOGRAFÍA

— Escucha atentamente y coloca cada palabra en la columna correspondiente:

ESDRÚJULAS	LLANAS	AGUDAS
*		
— — —	— — —	— — —
	*	*

— Escucha las frases y coloca los acentos donde corresponda:

1. Juan ira a Paris el año proximo.
2. El vendedor no nos atendio como debia.
3. Me he comprado una lavadora automatica, ecologica y ademas, muy economica.
4. Luis Garcia vivia en un chale que le habian regalado sus suegros cuando se caso con Asuncion.
5. A mi me dijeron que no tenian electrodomesticos en oferta.

VOCABULARIO

los grandes almacenes
la sección
la caja
los probadores

las ❶rebajas
las oportunidades
una liquidación
(de existencias)
un descuento
una oferta
una ❷reclamación
una ❸ganga

forma de pago:
aplazado/pago a ❹plazos
o al contado
en metálico/en efectivo
con tarjeta de crédito
con cheque/talón

la ❺talla
las instrucciones (de uso)
las características
la marca
la composición (ej. sesenta por ciento de lana
y cuarenta por ciento de poliester)
el servicio post venta
la garantía

* ¿Cuáles de estas palabras se usan al hablar de un electrodoméstico? ¿Y al hablar de una prenda de vestir?

❶*En Méx.*, baratas
❷*En Arg.*, reclamo
❸*En Arg.*, pichincha

❹*En Méx.*, abonos; *en Arg.*, cuotas; *en Ven.*, a crédito
❺*En Arg.*, el talle

¡tienes que saber...

1. En parejas. Leed las instrucciones para cada situación, A o B según os corresponda, e improvisad un diálogo.

EN EL CINE

A

Son las cuatro de la tarde.Te has quedado sin comer para venir al cine y tienes mucha hambre. Estás comiendo una bolsa de patatas fritas.

B

Has venido a la sesión de las cuatro porque hay menos gente. Te molestan mucho los ruidos en el cine. Cerca de ti hay alguien comiendo patatas fritas. El ruido es insoportable.

EN LA CAFETERÍA

A

Quieres ir al cine pero no tienes un periódico para ver la cartelera. En la mesa de al lado hay alguien leyendo el periódico.

B

Estás leyendo un artículo de periódico y tomando notas para un trabajo (eres estudiante de Periodismo). El periódico es de hace dos semanas. También tienes el periódico de hoy en tu cartera.

EN CASA
EL VIERNES POR LA TARDE

A

Vas a salir el fin de semana y no queda nadie en tu casa para dar de comer a tu gato. Tu vecino/a es muy amable. Te encuentras con él/ella al salir de casa.

B

Llegas a casa de la oficina. Estás agotado/a. Quieres dedicarte todo el fin de semana a leer y descansar, sin salir de casa.

a ctividades.

2. Escucha el anuncio de las rebajas y di si las afirmaciones siguientes son verdaderas (V) o falsas (F):

V	F

1. Todos los electrodomésticos tienen ofertas especiales.
2. Las toallas y las sábanas tienen descuento del 20%.
3. Los bañadores de caballero cuestan lo mismo que los de señoras.
4. Las camisas más baratas cuestan 1.900 Ptas., pero hay camisas más caras.
5. Las blusas y las faldas de la Boutique Joven cuestan todas 4.900 Ptas.
6. Todos los artículos de la Tienda Vaquera están rebajados.

3. Estos objetos aparecerán en un anuncio de televisión de las rebajas de unos grandes almacenes. Escribe tú el texto del anuncio.

ctividades.

a

Los personajes de Fernando Botero

"La sensación de pertenecer a una sociedad heredera de unas tradiciones que responden a un mundo diferente, demasiado alejada en el tiempo y en el espacio como para tener una identidad clara, es compartida por Botero y su compatriota García Márquez; y aparece, por ejemplo, en la novela de éste *"Cien años de soledad"*.

La obra de Botero revela una especial fascinación por los "tipos" que representan por una parte a la Iglesia, y por otra al ejército y a los gobiernos oficiales; estos dos últimos unidos en la figura del dictador, el único mito, según señaló García Márquez en una ocasión, que América Latina ha dado al mundo."

Dawn Ades, *"Arte en Iberoamérica"*

«La familia presidencial», 1967, Museo de Arte Moderno, Nueva York.

Fernando Botero (Medellín, Colombia, 1932). Comenzó como ilustrador para un periódico. Estudió a los clásicos en España (Real Academia de Bellas Artes de San Fernando) y en Italia (Academia San Marco). Regresó a Bogotá en 1955 y expuso en la Biblioteca Nacional, pero no tuvo éxito. Se trasladó a Ciudad de México y a Nueva York, donde empezó a recibir premios y a atraer la atención del mundo internacional del arte. Se dedicó a la escultura durante unos años, en París, pero desde 1978 volvió a centrarse en la pintura.

Sus obras se han expuesto en salas de arte y museos de toda Europa y América.

UNIDAD 12

Título

CONSEJOS

Contenidos Comunicativos

- Opinión
- Deseo
- Consejos
- Hipótesis poco probables

Contenidos Gramaticales

- Creo que/No creo que...
- Me gustaría
- Si + Imp. Subjuntivo + Condicional
- P. Imp. Subj. (irreg.)

Ortografía y Pronunciación

- Distinción de sonidos

Léxico

- Estudios

Literatura

- A. Machado
  "*Juan de Mairena*"

Contenidos Culturales

- La España musulmana

La Mezquita de Córdoba (Capilla de Villaviciosa).
Foto: J. R. BROTONS.

A. *¿Qué podemos hacer?*

Celia:	Bueno, ¿qué es eso tan importante que queríais decirnos?
Victoria:	Verás… no sé cómo empezar.
Fernando:	La verdad es que estamos muy preocupados y por eso os hemos llamado, para pediros consejo.
Victoria:	Como vosotros sois profesores y tratáis con muchos chicos, a lo mejor se os ocurre alguna solución. Resulta que Jaime no quiere seguir estudiando, dice que va a dejar el colegio.
Celia:	¿Sí? ¿Cuántos años tiene?
Victoria:	Ha cumplido 17 y ha terminado el Bachillerato. Cree que ya tiene edad para trabajar.
Alberto:	Yo no creo que sea un drama. Muchos chicos empiezan a trabajar con 17 años.
Fernando:	Sí, claro, pero a nosotros nos gustaría que estudiara en la Universidad. Si por lo menos terminara COU, tendría más posibilidades de entrar a trabajar en una empresa, pero así…
Celia:	Yo, en vuestro lugar, no me preocuparía. Conozco a Jaime desde hace mucho tiempo y estoy segura de que sabe lo que hace. Merece la pena tener confianza en él y esperar.

> **Cree que tiene edad suficiente para trabajar.**
> **No creo que sea un drama.**
> **(A nosotros) nos gustaría que estudiara en la Universidad.**
> **Yo, en tu lugar, no me preocuparía.**
> **Si estudiara más, aprobaría.**

*p*ractica

1. Expresa tres deseos con "Me gustaría que…".

Ej. Tu hijo estudia poco
Me gustaría que mi hijo estudiara más

1. Andrés no hace nunca la cena.
2. Hace mucho tiempo que no llueve.
3. Has leído un libro, te ha encantado y se lo recomiendas a tu compañero.

2. Completa las frases, según tus deseos:

1. Si encontrara un trabajo nuevo, _____.
2. Saldría más de noche si _____.
3. Me cambiaría de casa si _____.
4. Si fuera actriz, _____.
5. Si viviera en París, _____.

3. En parejas: A pregunta transformando la frase y B responde libremente.

Ej. TENER 10 MILLONES DE PESETAS

A. *¿Qué harías si tuvieras 10 millones de pesetas?*
B. *Si yo tuviera 10 millones de pesetas viajaría.*

1. SER PRESIDENTE DE TU PAíS
2. SER EL PROFESOR
3. TENER 3 MESES DE VACACIONES
4. VENIR UN EXTRATERRESTRE A CASA
5. REGALARTE UNA MOTO

4. Un amigo os consulta estos problemas, respondedle.

Ej.: A: No sé si estudiar Medicina o Biología.
B: *Yo, en tu lugar, estudiaría Medicina.*

1. Simpre llego tarde a todas partes.
2. No sé si Ana me quiere o no.
3. Estoy demasiado gordo.
4. No tengo dinero para las vacaciones.

B.

CONSULTORIO DE **PSICOLOGÍA**

Bernabé Tierno, asesor del consultorio de psicología de MÍA, está a vuestra disposición cada semana en esta página. Cualquier problema, por difícil que parezca, recibirá respuesta en esta sección o directamente por correo. En ningún caso MÍA revelará vuestra identidad.

1 *Cuando hay gente delante, él me ignora*

Tengo 33 años y me casé hace 12. La actitud de mi marido me confunde y desconcierta. En casa las cosas no van mal, pero cuando salimos con más gente, me ignora por completo y si se dirige a mí, es únicamente para tomarme el pelo y a veces para humillarme. En cambio, tontea descaradamente con cualquiera de nuestras amigas, y la mayoría de las veces en plan "verde". Cuando estamos solos me dice que sólo lo hace por diversión y que a la única que quiere es a mí, pero siempre vuelve a las andadas, aun sabiendo que me duele su comportamiento. Así no puedo seguir. Ayúdeme.

2 *Su ingratitud me duele*

Soy una joven de 20 años. En COU conocí a una compañera que no tenía amigas; se encontraba sola, hundida y fatal en todos los sentidos. Hacía dos años que había muerto su madre y vivía con su hermana y con su padre que apenas estaba en casa y salía con muchas mujeres. Me pasé todo el verano intentando levantarle el ánimo para que no se deprimiera, y en el curso siguiente iba todos los días a su casa para estudiar juntas y ayudarla. Poco a poco, las cosas le empezaron a ir mejor, hasta que se recuperó por completo. Hizo más amigos e incluso comenzó a salir con un chico. Desde hace unos meses, aunque yo la llamo, ella no contesta ni quiere saber nada de mí. Va de autosuficiente por la vida y su ingratitud me duele. A veces pienso que no merece la pena molestarse por los demás. Ahora, la deprimida soy yo y no tengo su consuelo y amistad.

RESPUESTA A

A veces, las personas que más atenciones, afecto y cuidados han recibido de nosotros, o nos atacan de forma directa o deciden ignorarnos para compensar esta sensación de endeudamiento.

Las personas que hacen el bien, y a cambio reciben desprecio e ingratitud, no deben sentirse abatidas ante aquellos que deberían responder con muestras de agradecimiento.

Hemos de acostumbrarnos a hacer el bien y ayudar a los demás sin esperar nada a cambio.

RESPUESTA B

Por desgracia, querida amiga, abunda demasiado este tipo de hombre que se cree el centro de las miradas femeninas y que ignora por completo a su mujer. Es un ejemplar muy frecuente en cualquier reunión. Sus gracias y bromas pesadas dan por sentado que es un macho infalible y que las señoras están deseosas y encantadas de escuchar sus payasadas.

Lo que debes hacer es hablar muy seriamente con tu marido y decirle que la próxima vez que te haga la menor muestra de desprecio o falta de afecto, te vas a ir.

¿Qué diría tu marido si tú le dieras de lado en las reuniones y te dedicaras a tontear con otros hombres?

Dile que sea consecuente y que se muestre respetuoso ya que con su actitud sólo consigue hacer el ridículo.

practica

1. Relaciona las cartas dirigidas a don Bernabé Tierno con las respuestas que él da.

2. Con tus propias palabras explica los consejos que da a las lectoras.

3. ¿Estás de acuerdo con las respuestas que da el profesor?

4. ¿Qué consejos darías tú a estas personas?

5. Relaciona

Tomar	de listo por la vida
Volver	el ánimo a alguien
Dar	saber nada de alguien
Levantar	el pelo a alguien
No querer	a las andadas
Hacer	de lado a alguien
Ir	el ridículo

¿Qué quieren decir estas expresiones?
Escribe frases con ellas

texto literario

UN MAESTRO A LA ANTIGUA

Mairena era, como examinador, extremadamente benévolo. Suspendía a muy pocos alumnos, y siempre tras exámenes brevísimos. Por ejemplo:

—¿Sabe usted algo de los griegos?

—Los griegos... los griegos eran unos bárbaros...

—Vaya Vd., bendito de Dios.

—¿...?

—Que puede usted retirarse.

Era Mairena, —no obstante su apariencia seráfica— hombre, en el fondo, de malísimas pulgas. A veces recibía la visita airada de algún padre de familia que se quejaba, no del suspenso adjudicado a su hijo, sino de la poca seriedad del examen. La escena violenta, aunque también rápida, era inevitable.

—¿Le basta a usted ver a un niño para suspenderlo? —decía el visitante, abriendo los brazos con ademán irónico de asombro admirativo.

Mairena contestaba, rojo de cólera y golpeando el suelo con el bastón:

—¡Me basta ver a su padre!

A. Machado. (1875-1936, España)
Juan de Mairena

Antonio Machado

Juan de Mairena
I

Edición de
Antonio Fernández Ferrer

CATEDRA
Letras Hispánicas

A. *Preguntas de comprensión*

1. Entresaca las palabras que se refieren al carácter de Mairena y al mundo escolar. Añade otras que recuerdes.
2. ¿Por qué Mairena manda retirarse a su alumno? ¿Está satisfecho con la respuesta de éste?
3. ¿Por qué va a protestar el padre del chico?
4. Comenta la última frase del texto: "Me basta ver a su padre". ¿Te parece adecuada? ¿Por qué?

B. *Tema de debate*

¿Qué opinas de los exámenes? ¿Sirven para algo?
¿Qué opinas de Mairena como profesor?

• **OPINIÓN**	Creo que es muy inteligente No creo que sea muy inteligente
• **DESEO**	Me gustaría dar la vuelta al mundo Me gustaría que pasaras con nosotros el verano
• **CONSEJOS**	Yo en tu lugar, alquilaría un coche
• **HIPÓTESIS POCO PROBABLE O IMPOSIBLE**	Si pudiera, cogería las vacaciones en agosto

CONTENIDOS GRAMATICALES

• **CREER + QUE + INDICATIVO**

Creo que están en casa.
no están en casa.

• **NO CREER + QUE + SUBJUNTIVO**

No creo que estén en casa.

• **ME GUSTARÍA + INFINITIVO**

Me gustaría estudiar Periodismo.   mismo sujeto lógico
(A mí)   (yo)

• **ME GUSTARÍA + QUE + IMPERFECTO DE SUBJUNTIVO**

Me gustaría que fueras más ordenada.   distinto sujeto lógico
(A mí)   (tú)

• **SI + IMPERFECTO DE SUBJUNTIVO + CONDICIONAL SIMPLE**

Si tuviera tiempo, estudiaría chino.

• **PRETÉRITO IMPERFECTO DE SUBJUNTIVO:** verbos irregulares

LLOVER	....	lloviera
HACER	....	hiciera
LEER	....	leyera
TENER	....	tuviera

PRONUNCIACIÓN Y ORTOGRAFÍA

— Escucha atentamente y señala la palabra correspondiente:

1. a) baño
   b) paño
   c) daño

2. a) pelo
   b) velo
   c) pero

3. a) boca
   b) boga
   c) boda

4. a) perra
   b) pera
   c) veda

5. a) dato
   b) dado

6. a) pino
   b) vino
   c) tino

7. a) poso
   b) pozo
   c) poto

8. a) caña
   b) cana
   c) gana

— Ahora escucha y escribe las palabras.

VOCABULARIO

LOS ESTUDIOS

enseñanza primaria — el colegio, la escuela
enseñanza secundaria — el colegio, el instituto
(bachillerato)

enseñanza superior — la Facultad de Medicina / Filología / Ciencias Económicas
(Universidad)

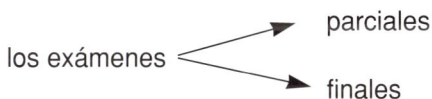

los exámenes ⟨ parciales
finales

las notas / calificaciones
los títulos: Graduado Escolar / Bachillerato / Licenciado / Doctor en...

❶ suspender
❷ aprobar
sacar buenas / malas notas

    ❶ *En Méx*, reprobar; en *Arg.*, ser aplazado
    ❷ *En Méx*, pasar

ienes que saber...

1. En parejas

- Inventad un personaje con problemas y escribid una carta a un consultorio psicológico, explicando esos problemas.
- Intercambiad vuestra carta con la de otra pareja, leed la suya, y preparad una contestación y soluciones para los problemas
- Juntaos con la otra pareja y discutid estas soluciones.

2. Escucha los diálogos y elige las respuestas correctas.

1. A Isabel le gustaría...
   a) terminar el bachillerato.
   b) dedicarse a los negocios.
   c) estudiar Económicas (Ciencias Económicas)

2. El hermano de Isabel...
   a) tiene una empresa pero no le interesa.
   b) dice que le gustaría dejar la empresa.
   c) toca en un grupo musical.

3. Eduardo está...
   a) estudiando Industriales.
   b) haciendo un Master en Estados Unidos.
   c) viajando para adquirir experiencia.

4. A Eduardo le gustaría empezar a trabajar...
   a) si tuviera experiencia.
   b) si encontrara un trabajo bueno.
   c) antes de terminar los estudios.

5. Juan Carlos ha terminado...
   a) sus estudios.
   b) primer curso de Informática.
   c) el servicio militar.

6. Si Juan Carlos tuviera mucho dinero...
   a) terminaría la carrera.
   b) se dedicaría a viajar.
   c) montaría una empresa de ordenadores.

ctividades.

a

3. Vas a una «echadora de cartas» (adivina que utiliza una baraja de cartas) para conocer tu futuro. Por desgracia, la adivina no está muy inspirada, y al hablar de tu presente comete varios fallos. Compara lo que te dicen «las cartas» (a la izquierda) con la realidad (a la derecha).

«*Eres afortunado/a en el amor.*
Tienes mucho dinero.
No te gusta la gente, las multitudes.
Tienes muchos amigos.
No quieres cambiar de vida.
Te gusta mucho trabajar»

Trabajas de cartero (repartiendo cartas) pero estás buscando otro trabajo porque estás aburrido/a de hacer siempre lo mismo y el sueldo es muy bajo.
Estás divorciado/a y no sales con nadie. Te sientes muy solo/a.
Te quedas en casa todas las vacaciones.
En casa es donde estás más a gusto.
Sin embargo, los domingos vas al fútbol/ a la discoteca para distraerte.

Escribe lo que le dirías a la adivina.
Por ejemplo:
«Si fuera (tan) afortunado/a en el amor, no estaría divorciado/a.»

actividades.

a

La España Musulmana

descubriendo

La presencia musulmana en la Península Ibérica duró más de siete siglos. En el 711 las fuerzas del emir de Africa derrotan a los gobernantes visigodos, débiles y divididos, y ocupan la Península en tan sólo cuatro años. Los habitantes, hispanorromanos, aceptaron el Islam o conservaron su fe (los «mozárabes»). Sin embargo, surgieron focos de resistencia en Asturias y en los Pirineos, que dieron lugar a los reinos cristianos de León, Aragón, Navarra y después Castilla y Portugal.

Aragón, Portugal y, sobre todo, Castilla, fueron reconquistando paulatinamente toda la Península, hasta que los Reyes Católicos (Isabel de Castilla y Fernando de Aragón) tomaron Granada, el último reducto musulmán en España, en 1492.

LA GIRALDA

LA CULTURA Y EL ARTE

Con un progreso económico notable, la España musulmana, en especial durante el siglo X, fue el gran foco cultural de Europa. Su cultura se manifestó de manera grandiosa en la arquitectura. La mezquita de Córdoba es una de las grandes obras del arte universal. Otros monumentos célebres son la Giralda de Sevilla, torre o «minarete» de una desaparecida mezquita. En Granada, los espléndidos palacios de la Alhambra y el Generalife.

También en la lengua han quedado importantes huellas de la presencia árabe. Después del latín, el árabe es la principal fuente de palabras del castellano. ej: *alcalde, alfombra, azúcar, jazmín, alcohol, álgebra, alquimia.*

TEST 4 (Unidades 10, 11 y 12)

Elige la respuesta correcta

1. ¿Le importa que me siente?, estoy muy cansada
   a) Sí, me importa   b) Sí, siéntese   c) No, siéntese   d) No, no se siente

2. ¿Podría __ el calefactor unos días a casa para __ cómo funciona?
   a) estar ... ver   b) llevar ... verlo   c) que me lleven ... ver   d) llevarme ... ver

3. Le dije a Enrique que me __ en la cafetería a las 12 h., que yo __ allí a esa hora.
   a) espere ... estaría   b) esperará ... estaré   c) esperara ... estaría   d) espere ... estaba

4. ¿Qué camisa te gusta más?
   a) No, no me gusta nada   b) Las azules   c) La azul   d) Las de azules

5. No me importa que la casa __ lejos del centro, el sitio me encanta.
   a) está   b) es   c) estará   d) esté

6. ¿Qué harías si __ jefe de una empresa?
   a) eras   b) serías   c) fueras   d) habrás sido

7. ¿Darías la vuelta al mundo?
   a) Sí, si pudiera   b) Sí, si tendría dinero   c) Sí, si podré   d) Sí, si había podido

8. ¿Que te gustaría hacer este año?
   a) Estudiaría chino   b) Estudiar chino   c) Que estudiase chino   d) Haber estudiado chino

9. A. ¿Qué te dijo mi cuñada? **B.** Que __ a ver a tu hermana urgentemente.
   a) irás   b) fueras   c) vayas   d) irías

10. ¿Has llamado al __? El grifo del lavabo está estropeado.
   a) pintor   b) electricista   c) fontanero   d) albañil

11. Te traigo este pastel para que __ __, lo he hecho yo.
   a) le pruebes   b) probarlo   c) lo pruebes   d) lo pruebas

12. He venido para __ con usted.
   a) que hablemos   b) que hables   c) hablando   d) hablar

13. ¿__ de estas cámaras prefieres?
   a) cuál   b) qué   c) cómo   d) cuántas

14. ¡Tu novia es guapísima!
   a) ¡Sí, es!   b) No tanto   c) No mucho   d) No es antipática

15. Creo que los González no __ ya en esta casa.
   a) vivan   b) viven   c) han vivido   d) habían vivido

16. No sé si ir a Italia o a Grecia.
   a) Yo que tú iría a Grecia   b) Yo por ti iré a Italia   c) Yo de tú iría a Grecia   d) Yo que tú iría en Italia

17. No creo que los periódicos __ toda la verdad.
   a) dicen   b) dirán   c) digan   d) han dicho

18. ¿Te importa esperar una media hora?
   a) No, no tengo prisa   b) Sí, no tengo prisa   c) Sí, tengo mucha prisa   d) No, tengo bastante prisa

19. ¿Te gustaría que __ unos días juntos en agosto?
   a) pasaremos   b) pasáramos   c) pasemos   d) pasamos

20. ¿__ día tienes libre?
   a) qué   b) cuál   c) cuánto   d) que

UNIDAD 13

Casa de bailar tangos (Buenos Aires).
Foto: F. LAGHI (FOTOPANORAMA. Argentina).

A. *Temporada de ópera*

Pablo:	¿Está Andrea?
....	Sí, ¿de parte de quién?
Pablo:	De Pablo.
....	Ahora se pone.
Andrea:	¿Sí?
Pablo:	Andrea, soy Pablo. ¿Qué piensas hacer este sábado?
Andrea:	En principio no tengo ningún plan. ¿Por qué lo preguntas?
Pablo:	Es que acabo de enterarme de que en el Liceo ponen "Norma".
Andrea:	¿Sí? ¡No me digas!
Pablo:	Sí, y he pensado que podemos ir con Allison y Carlos si no tienen otra cosa que hacer.
Andrea:	Me parece estupendo, pero ¿crees que encontraremos entradas? Habrá una cola larguísima.
Pablo:	No importa; aunque haya cola, yo pienso ir. Es una gran oportunidad de oír en directo a Montserrat Caballé.
Andrea:	Sí, es verdad. ¿Quieres que vaya contigo para que no te aburras en la cola?
Pablo:	No, no hace falta. Voy a llamar a Allison y Carlos, a ver si quieren ir y en cuanto tenga las entradas, te llamaré otra vez.

— **¿Qué piensas hacer el próximo año?**
— **Pienso trabajar en España.**

Aunque haya cola, iré.
Esta casa, aunque es/sea antigua, se conserva muy bien.

¿Quieres que vaya contigo?

En cuanto tenga las entradas, te llamaré.

practica

1. En parejas: pregunta a tu compañero los planes que tiene para el próximo fin de semana, las próximas vacaciones, el próximo año.

2. Relaciona

Aunque no tenga mucho dinero	a mí me ha gustado
Aunque la película sea mala	no pienso trabajar en esa empresa
Aunque no la conozco	le haré un regalo
Aunque me paguen bien	iré andando
Aunque llueva el domingo	trabajaré esta tarde
Aunque esté lejos	la voy a invitar a mi fiesta
Aunque estoy muy cansada	iremos al campo

3. Ofrece ayuda en estas situaciones:

Ejemplo: Un amigo tiene problemas económicos
¿Quieres que te preste dinero?

1. Unos amigos tienen un niño pequeño y quieren salir esta noche.
2. Tu compañero no sabe utilizar un verbo en español y tú sí.
3. Una amiga tiene que hacer la compra y no puede.
4. Una compañera tiene que ir a una exposición de arte y no sabe dónde está exactamente.

B.

Sabor a él

Lucho Gatica, uno de los máximos exponentes del bolero, reaparece en Madrid

Maruja Torres. **Madrid**

Treinta años después de su primera actuación en Madrid, el cantante chileno Lucho Gatica vuelve a actuar en el mismo escenario de su debú: la sala de fiestas Florida Park. A 7.000 pesetas la entrada y durante tres días —hoy se despide—, el rey del bolero interpreta canciones que se han convertido en la memoria de una época. *Bésame mucho, Solamente una vez, Sabor a mí, Contigo en la distancia* y *El reloj* han vuelto a sonar en su voz original. Además de reencontrarse con su público, Gatica aprovecha su estancia en Madrid para trabajar en su próximo disco.

LA GUIA DE "EL MUNDO"

A G E N D A

▶ **VIERNES 16**
- **Recital poético**. «Homenaje a Federico García Lorca», a cargo de Enrique Paredes en el Centro Cultural de la Villa a las 22,30 h. Este mismo recital se repetirá el sábado 18, a las 19,30 y 22,30 h., y el domingo 19, a las 19,30 h.
- **Conferencias**. «Bilingüismo y diglosia en América y Filipinas», por Manuel Alvar, director de la Real Academia Española. Fundación Juan March a las 19,30 h. Entrada libre.
- **Música**. *Los elegantes*, a las 21,30 h., en Jácara; D.N.I., a las 22,30 h., en Silikona.
- **Cine**. ¡Átame! Un filme de Almodóvar. Cine Fuencarral. 10,15 h. Metro Quevedo y Bilbao.

▶ **SÁBADO 17**
- **Música**. «*Peleas y Melisanda*». Cantata escénica de María Luisa Ozaita, con textos de Pablo Neruda, a las 19,30 h., en el Círculo de Bellas Artes.
- **Deportes**. Baloncesto: *Estudiantes-CAI Zaragoza*, a las 19,30 h., en el Palacio de Deportes.
- **Cine**. Ciclo Miguel Mihura: «Sólo para hombres», de Fernando Fernán-Gómez. C. C. de la Villa a las 22,30 h. Entrada libre; «Ojos negros», de Nikita Mihalkov. Filmoteca Nacional a las 22,30 h.
- **Ópera**. *Gala de la Ópera*, con Teresa Berganza, en el Teatro Lírico Nacional de la Zarzuela.

▶ **DOMINGO 18**
- **Música**. *Wet, Wet, Wet*, a las 22,00 h., en la sala Jácara; Concierto de piano a cargo de Mari Cruz Galatas, a las 12,00 h., en el Círculo de Bellas Artes.
- **Teatro** (estreno). «Cargamento de sueños», de Alfonso Sastre. Sala Triángulo.
- **Fútbol**. Atlético de Madrid - F. C. Barcelona, en el Estadio Vicente Calderón a las 20,30 h. (televisado).
- **Música**. Boleros con Lucho Gatica en la Sala de Fiestas Florida Park, a las 22,00 h. (televisado).

▲ **145**

practica

1. Completa:

1. Después de varios años alejados de los escenarios, Los Panchos _____ en España.

   a) aparecen   b) se aparecen   c) reaparecen

2. Las entradas para los toros nos han costado muy baratas porque son _____

   a) gradas de sombra   b) gradas oscuras   c) gradas de sol

3. Aunque no tengas invitación puedes ir a la conferencia porque es de _____

   a) entrada libre   b) entrada pagada   c) entrada pública

4. Hoy hay un concierto de piano _____ Mari Cruz Galatas.

   a) con cargo a   b) a cargo de   c) encargado por

5. Vamos al teatro el miércoles, _____ cuesta sólo 400 pesetas.

   a) la silla   b) el sillón   c) la butaca

2. Representa tu papel

A	B
① A ti te gusta Lucho Gatica. Llama a B y pregúntale qué planes tiene.	Te llama A para salir esta noche. Tú no estás ocupado.
Le propones ir a ver a Lucho.	Acepta y queda con A
Despídete	

B	A
② Te encanta la poesía, especialmente Lorca. Lee el anuncio de la guía, llama a A y proponle ir al recital.	B te propone ir a un recital. Pídele detalles.
Contesta y anima a A.	Acepta y despídete.

3. En grupos. Mirad la guía de espectáculos. Poneos de acuerdo para hacer algo este fin de semana.

C.

LA BAILARINA

Dejando dormido a Enrique, voy al estudio. Sentándome a su lado sin hablar, contemplo a Mirta que yace en el diván con los ojos abiertos en la semipenumbra. Su silencio, la intensidad de su mirada fija en las vigas del techo, me revelan que sufre inmensamente... Y de repente, me deslumbra una evidencia. La veo como jamás la vi. Ella es la muchacha que yo misma fui: delgada y, sin embargo, con largos y acerados músculos forjados por el ejercicio, habitada por el demonio de la danza, con vocación, instinto y voluntad de ser la gran estrella que quise ser y no fui. En ella me reencarno, en ella me encuentro y en ella vuelvo a hallar mi propia adolescencia ambiciosa y sufrida. Virgen Electa primero, será después —y tal vez muy pronto— la princesa liberada del Pájaro de fuego, la bailarina de Petrouchka, cisne blanco, cisne negro, y acaso, un día próximo, cisne comparable al de Pávlova. La contemplo y veo que tiene la mirada que tuve; la contemplo y pienso que, tan lejos de donde cobré conciencia de existir, ella, en el umbral de la vida, conociendo los mismos anhelos, las esperanzas que, durante tantos años, me ayudaron a vivir, se topa ya, dolorida y sangrante, con fuerzas contrariantes y adversas.

A. Carpentier. (Cuba)
«La consagración de la primavera». 1978

A. **Preguntas de comprensión**

1. ¿Qué le sucede a Mirta en ese momento? ¿Cómo lo sabes?
2. ¿Con quién identifica la narradora a Mirta? ¿Por qué?
3. ¿Podría triunfar Mirta como bailarina?
4. ¿Cuáles crees que pueden ser esas «fuerzas contrariantes y adversas» con las que se ha encontrado Mirta?

B. **Expresión oral o escrita**

¿Qué tipo de espectáculos te gustan más?
¿Has pensado alguna vez dedicarte al mundo del arte? ¿Qué opinión tienes de los artistas?

CONTENIDOS COMUNICATIVOS

• **OFRECIMIENTOS**	— ¿Quieres que te ayude? — No hace falta, gracias / Sí, gracias
• **PLANES**	— ¿Qué piensas hacer? — No sé, no tengo ningún plan. / Voy a ...
• **DUDA**	A ver si quieren ir No sé si querrán ir

CONTENIDOS GRAMATICALES

• **QUERER + INFINITIVO**

¿Quieres ir (tú)? ◄——————— mismo sujeto

• **QUERER + QUE + SUBJUNTIVO**

¿Quieres que (él, ella) vaya? ◄——————— sujeto distinto

• **AUNQUE**

— **Acciones presentes**
AUNQUE + INDICATIVO / SUBJUNTIVO
Aunque es mi amigo, no lo defiendo.
sea

— **Acciones pasadas**
AUNQUE + INDICATIVO (Generalmente)
Ayer me fui al cine, aunque tenía mucho trabajo.

— **Acciones futuras**
AUNQUE + SUBJUNTIVO (Generalmente)
No lo haré, aunque me lo pida de rodillas.

• **EN CUANTO + SUBJUNTIVO**
Tiene el mismo uso que CUANDO. Significa "en el mismo momento en que" o "inmediatamente después de que".
En cuanto vengas tú, me voy yo.

PRONUNCIACIÓN Y ORTOGRAFÍA

— Escucha a estas personas hispanoamericanas hablando.
Observa diferencias entre el español de España y el de Latino-América:

— En el español de Latinoamérica, la /θ/ no se pronuncia nunca, siempre es /s/.

— La ll se pronuncia como y.

— La s final de sílaba (o palabra) se pierde.

— La /x/ es más suave.

Pero, sobre todo, lo que cambia es la entonación, tan distinta de la española.

VOCABULARIO

* ¿Cuántas combinaciones puedes hacer con estas dos columnas?

una obra
una representación
un concierto
una actuación
un recital

cine
teatro
ópera
poemas

* ¿Cuáles de estas cosas te puedes encontrar si vas al cine, al teatro o a la ópera?

el estreno
la ❶ cola
la ❷ taquilla
el/la acomodador(a)
la entrada

el palco
el telón
el escenario
la orquesta

❶ *En Ven.,* fila
❷ *En Arg.,* ventanilla

¡Tienes que saber...

1. Lola e Irene quedan para salir esta noche. Escucha la conversación. ¿A quién corresponde cada frase? Marca con una cruz la casilla correspondiente.

Lola Irene

1. ☐ ☐ propone que vayan al recital poético.
2. ☐ ☐ quiere ir a ver a los "Toreros Muertos".
3. ☐ ☐ está cansada.
4. ☐ ☐ no quiere volver a casa tarde.
5. ☐ ☐ propone quedar a las ocho en su casa.
6. ☐ ☐ hace mucho que no sale.
7. ☐ ☐ sale del trabajo a las siete y media.

Contesta a las preguntas.
8. ¿Quiénes son los "Toreros Muertos"?
9. ¿Por qué no pueden quedar a las ocho?
10. ¿Cómo quedan por fin?

2. En parejas, leed las instrucciones para cada situación, A o B según os corresponda, e improvisad un diálogo.

A
Vas a pasar las Navidades a los Pirineos con una amiga. Es de noche, vas conduciendo pero te está entrando sueño. Anoche fuiste a una fiesta y te acostaste muy tarde.

B
Como hoy te esperaba un viaje muy largo anoche no saliste. Te quedaste en casa preparando el equipaje. Tienes el carnet de conducir desde hace poco. Notas que tu amiga se está durmiendo.

A
Te acabas de comprar un vídeo. Te gustaría grabar una película, pero las instrucciones están en inglés y no las entiendes muy bien. Llaman a la puerta y es un amigo que hacía tiempo que no veías.

B
Has estado estudiando un año en EE.UU. Has ido a ver a un amigo que hacía mucho tiempo que no veías. Tienes muchas cosas que contarle.

A
Has ido a una boda y has comido demasiado. Por la tarde te encuentras fatal. Te duele mucho el estómago y no tienes ningún medicamento en casa.

B
Has estado corriendo por el parque. Un amigo tuyo vive cerca y te acuerdas de que le debes 5.000 Ptas.

a ctividades.

3. Completa y escucha.

UN ESPECTÁCULO IRREPETIBLE

800 millones de personas vieron a Pavarotti, Carreras y Domingo cantar juntos en Roma.

Juan Arias. Roma.

Los tres _____ tenores de la lírica mundial, el _____ Luciano Pavarotti, y los _____ Plácido Domingo y José Carreras, que han actuado _____ por primera _____ en su vida, con motivo del Mundial de Fútbol jugado en este _____ , no defraudaron a los 6.000 afortunados _____ que abarrotaron las imponentes ruinas de las Termas de la Roma imperial, escuchándoles en un _____ casi sagrado. Los tres geniales tenores de nuestro _____ ofrecieron un espectáculo que difícilmente se podrá _____ , y que fue transmitido en directo por _____ a 54 países.

El País, domingo 8 de julio de 1990.

ctividades.

a

Dos formas de hacer "collage"

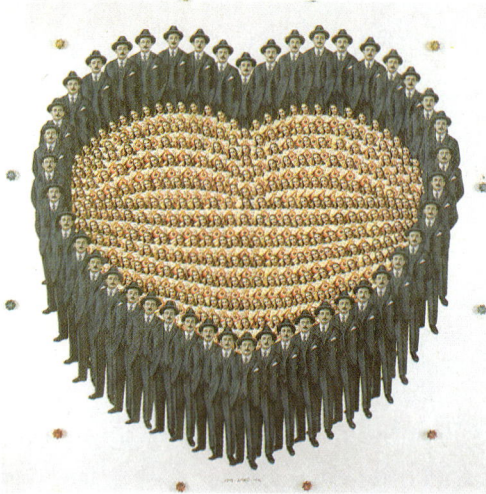

Declaración de amor en Venezuela, 1976,
Museo de Arte Moderno de Bogotá.

«Los artistas han incorporado a su obra materiales y objetos simplemente encontrados o expresamente hechos por comunidades locales, en un intento de acercarse a estas culturas que no son las suyas. Oswaldo Viteri (Ambato, Ecuador, 1931), que había estudiado Antropología, reúne las pequeñas muñecas de trapo de brillantes colores fabricadas por los campesinos del Ecuador, y realiza con ellas composiciones metafóricas, como ocurre en "Ojo de luz". En sus "collages" puede aludir también, por medio del color y de los materiales, al pasado precolombino y a la indumentaria colonial».

Dawn Ades,
"Arte en Iberoamérica".

«Utilizando el "collage", el colombiano J. C. Uribe (Medellín, 1945) alude en su "Declaración de amor a Venezuela" a dos cultos populares que han dado lugar a una mitología contemporánea en algunos puntos de Sudamérica: el **Sagrado Corazón** y **José Gregorio Hernández**, un médico venezolano que vivió a principios de siglo y es ahora objeto de una intensa devoción popular y en cuyo nombre se siguen produciendo curaciones milagrosas. Las litografías baratas coloreadas del Cristo se disponen de manera que adoptan la forma no sólo de un corazón, sino también de unos labios. La ironía obvia que supone la utilización del "pop" por parte de Uribe se remonta a Dadá, se cultiva en gran parte de América Latina y puede resultar muy provocativa en los países más devotos».

Dawn Ades,
"Arte en Iberoamérica".

Ojo de luz, 1987, collage sobre madera.
Colección del artista, Quito.

d escubriendo

No limites su educación;
es una mujer del siglo XXI

MINISTERIO DE
ASUNTOS SOCIALES

Instituto de la Mujer

Campaña igualdad de derechos de niñas y
niños.
Foto: Instituto de la Mujer (España).

UNIDAD 14

Título

A. ¿*Derecho a la vida privada?*

Presentador:	¡Buenas noches, señoras y señores! Estamos una vez más con Vds. para ofrecerles un nuevo programa de "Su opinión". Están con nosotros, por una parte, don José Luis García, periodista de una prestigiosa revista del "corazón" y, por otra, doña Soledad Flores, conocida artista del mundo del espectáculo, y el tema que vamos a debatir es: "¿Los famosos tienen vida privada o no?"

En primer lugar, los famosos opinan que tienen derecho a la vida privada, ya que una cosa son las actuaciones, el trabajo, y otra cosa es la familia, la intimidad. Sin embargo, como todo el mundo sabe, cuando necesitan promocionar un disco o una película, acuden a las revistas en busca de publicidad. Por su parte, los periodistas dicen que tienen la obligación de informar a sus lectores, pero ¿qué pasa con el derecho a la intimidad? Y ahora, oigamos a nuestros invitados. Sra. Flores, ¿qué opina Vd.? |
| **Soledad Flores:** | Por supuesto, los periodistas tienen el deber de informar, pero los famosos tienen el derecho a ser respetados en su vida privada. Por ejemplo, si una señorita famosa no quiere salir en traje de baño en las revistas, los periodistas tienen que respetar su deseo. Además, las revistas, a veces, se inventan las noticias. |
| **José Luis García:** | Estoy de acuerdo, lo que pasa es que ¿dónde está el límite? Si una persona es famosa, lo es en todas las circunstancias, incluso cuando está en la playa, de vacaciones. |

> **Por una parte… por otra (parte)…**
> **En primer lugar…, en segundo lugar…**
> **ya que…**
> **sin embargo…**
> **incluso…**
> **por supuesto, pero…**

> **(el) señor…, (la) señora… (la) señorita…**
> **don… doña…**
> **Aquí está la señora Flores.**
> **Aquí está doña Soledad Flores.**
> **Buenas noches, señora Flores.**

practica

1. Forma frases tomando un elemento de cada columna.

| José Mª trabaja de pintor |
| Las tiendas estaban abiertas |
| Los periodistas nos informan |
| Los políticos tienen derecho a la intimidad |
| En ese almacén venden de todo |

AUNQUE
INCLUSO
YA QUE

| jaulas para pájaros |
| es biólogo |
| era domingo |
| es su obligación |
| sean famosos |

2. Pon objeciones a estas afirmaciones:

1. Los famosos tienen derecho a la intimidad.
2. Los periodistas tienen que informar a los lectores.
3. Todos los artistas buscan la publicidad.
4. Si un artista se divorcia, los periodistas tienen que publicar la noticia.

En grupos de 4, comparad las objeciones y discutid sobre ellas.

3. Completa las frases con (el) señor, (la) señora, don y doña.

1. Buenas tardes, _____ Martínez, ¿cómo está Vd.? ¿Y su mujer?
2. _____ Ruiz, le presento a _____ Ana Bautista, van a ser Vds. compañeros de trabajo.
3. ¡_____ Isabel Hervás! ¡Al teléfono!
4. _____ Antonio Jiménez es el director de esta empresa.
5. ¡_____ Rodríguez!, diga a _____ Morales que venga, por favor, la llama su marido.
6. De esto se encarga _____ Fernández, directora de ventas.

B. *Razones de una decisión libre: Hijos, sí. Hijos, no*

Tener hijos o no: ésta es la cuestión.

La mujer ha conquistado el derecho a la libre maternidad, pero ejercitarlo, para el sí o para el no, supone una decisión difícil. Aquí están las más íntimas razones.

RAZONES PARA EL SÍ

- **Plenitud.** La maternidad es esencial para la formación de un hogar.

- **Unión.** Un hijo completa la relación entre una pareja. No es, por supuesto, la solución cuando existen problemas graves, como la falta de amor o de comunicación.

- **Madurez.** Procrear puede ser un signo de madurez. ¡Es la experiencia más enriquecedora que se puede vivir!

- **Participación.** Tener hijos es maravilloso cuando ambos miembros de la pareja participan en su educación y desarrollo de forma semejante y comparten, a partes iguales, satisfacciones y sacrificios.

- **Afirmación.** Ser el centro del mundo para un bebé, permanentemente necesitado e indefenso, motiva a muchas madres inseguras.

RAZONES PARA EL NO

- **Inseguridad,** miedo a no saber hacer frente a la nueva responsabilidad de educar a un ser complejo y exigente, miedo a repetir los errores que cometieron los propios padres.

  (Instituto de la Mujer: los españoles desean tener más hijos de los que tienen, pero no se atreven.)

- **Falta de medios.** Las razones económicas han reducido la natalidad en muchos matrimonios.

- **Pérdida de libertad** para vivir la propia vida: salir, trabajar, comunicarse con la pareja o con los amigos.

- **Falta de ayuda.** Muchas mujeres tendrían hijos si las tareas que entraña la maternidad fueran compartidas por los hombres.

- **La angustia de permanecer en casa por obligación.** La monotonía o el estrés del trabajo fuera del hogar aparecen ante la mujer como tareas menos fastidiosas que el trabajo doméstico.

Elle, Sept. 1988

practica

1. Con tus propias palabras, escribe algunas de las razones señaladas en el artículo a favor y en contra de tener hijos.

Di con cuáles estás de acuerdo y con cuáles no.
Une las frases con :   Por una parte, por otra (parte)…
En primer lugar, etc.

2.

En el texto aparecen numerosas palabras derivadas:

-ción/ión.............................. satisfacer........................ satisfacción
-ez .... maduro........................... madurez
-idad .... natal .... natalidad

Estos sufijos sirven para formar SUSTANTIVOS procedentes de ADJETIVOS o VERBOS.

Los prefijos in/i- y des- sirven para formar contrarios:

seguro .... inseguro
atender .... desatender

Haz una lista de 12 de estas palabras y clasifícalas según el sufijo o el prefijo.

3. Completa el cuadro:

SUSTANTIVO	ADJETIVO	VERBO
utilidad	útil	utilizar
satisfacción		
_____	enriquecedora	_____
libertad	_____	_____
_____	_____	comprender
_____	maravilloso	_____
_____	_____	educar
_____	pleno/lleno	_____

4. Elegid un tema . En grupos, unos preparáis argumentos a favor y otros en contra y después los discutís entre vosotros.

Sugerencias: ¿Un sueldo para las amas de casa?
¿Ecología o progreso?
¿Deberían prohibirse los deportes peligrosos, como el alpinismo, las carreras de coches, el boxeo, etc?
La corrupción en la política.

C.

exto literario

EL QUIJOTE Y LA NOVELA POLICÍACA

—Claro —prosiguió Mimí, sin esperar mi respuesta y volviendo la vista nuevamente hacia Hunter— que si todo el mundo fuera tan savant como tú no se podría ni vivir. Estoy segura que ya debes tener toda una teoría sobre la novela policial.

—Así es —aceptó Hunter, sonriendo.

—¿No le decía? —comentó Mimí con severidad, dirigiéndose de nuevo a mí y como poniéndome de testigo—. No, si yo a éste lo conozco bien. A ver, no tengas ningún escrúpulo en lucirte. Te debes estar muriendo de las ganas de explicarla.

Hunter, en efecto, no se hizo rogar mucho.

—Mi teoría —explicó— es la siguiente: la novela policial representa en el siglo veinte lo que la novela de caballería en la época de Cervantes. Más todavía: creo que podría hacerse algo equivalente a Don Quijote: una sátira de la novela policial. Imaginen ustedes un individuo que se ha pasado la vida leyendo novelas policiales y que ha llegado a la locura de creer que el mundo funciona como una novela de Nicholas Blake o de Ellery Queen. Imaginen que ese pobre tipo se larga finalmente a descubrir crímenes y a proceder en la vida real como procede un detective en una de esas novelas. Creo que se podría hacer algo divertido, trágico, simbólico, satírico y hermoso.

—¿Y por qué no lo haces? —preguntó burlonamente Mimí.

—Por dos razones: no soy Cervantes y tengo mucha pereza.

—Me parece que basta con la primera razón —opinó Mimí.

Después se dirigió desgraciadamente a mí:

—Este hombre —dijo señalando de costado a Hunter con su larga boquilla— habla contra las novelas policiales porque es incapaz de escribir una sola, aunque sea la novela más aburrida del mundo.

E. Sábato. (Argentina)
El túnel. 1948

Ernesto Sábato

El túnel

Edición de
Angel Leiva

CATEDRA
Letras Hispánicas

A. **Preguntas de comprensión**

1. *¿Sabes qué le pasó a Don Quijote?*
2. *¿Cómo sería, según Hunter, una novela policíaca escrita hoy a semejanza del Quijote? ¿Cuál sería el resultado?*
3. *"Me parece que basta con la primera razón —opinó Mimí"*
   Trata de explicar esta respuesta.

B. **Expresión oral o escrita**

¿Qué opinas sobre las películas/novelas policíacas? ¿Te interesan?
¿Crees que son sólo obras de evasión, para pasar el rato?

• ELEMENTOS PARA LA ARGUMENTACIÓN

Enumeración, clasificación	Por una parte, ... (y) por otra, ... Por un lado, ... (y) por otro, ... En primer / segundo / etc. lugar, ...
Ampliación	No puedo ir, estoy ocupado. *Además*, no me siento bien. Me gustan todas las películas, *incluso* las malas.
Contraste	Nos gustaría quedarnos. *No obstante/sin embargo*, el deber nos llama.
Causa	*Ya que* insistes, acepto la invitación.
Ejemplo	Hay frutas de invierno, *como* la naranja, *por ejemplo*.

• TRATAMIENTOS DE CORTESÍA

Para dirigirse a alguien	Buenas noches, *señoras y señores*. *Señor(a) Muñoz*, ¿qué opina usted? ¡Oiga, *don Fernando* / *doña Aurora*, hay un recado para usted!
Para referirse a alguien	*El señor / La señora Muñoz* está esperando fuera. *Don Fernando / Doña Aurora* es economista.

— Escucha a estas personas latinoamericanas:
  Identificarse
  Saludar
  Felicitar
  Invitar, sugerir

— Ahora escucha este fragmento de un poema de Pablo Neruda (Chile)

▲**159**

* **ORACIONES COMPUESTAS** (Revisión)

• **COORDINADAS**

Copulativas	Ayer vi a Juan **y** quedé con él para cenar.
Disyuntivas	Cenaremos en casa **o** iremos a un restaurante.
Adversativas	Preferiríamos ir a un restaurante, **pero** tenemos poco dinero.

• **SUBORDINADAS**

Sustantivas	Le dije **que íbamos a casarnos.**
Relativas	La reacción **que tuvo** fue espectacular.

Circunstanciales:

de lugar	Se tiró al suelo ahí mismo, en el bar **donde estábamos.**
de tiempo	**En cuanto se lo dije.**
de modo	Se tiró **como lo hacen en el teatro,** exagerando.
comparativas	Me reí más **que en toda mi vida.**
finales	**Para que se levantara** tuve que prometerle que sería testigo, **porque ya nos miraba la gente.**
causales	
consecutivas	Nos reíamos tanto **que nos tomaban por borrachos.**
condicionales	**Si hiciera lo mismo en la boda,** el cura lo echaría.
concesivas	La verdad es que está un poco loco, **aunque sea muy simpático.**

Speech bubbles: "SI HICIERA LO MISMO...." / "LE DIJE QUE ÍBAMOS A CASARNOS...."

PERDONA... ¡PERO AGUANTA!

Perdona (que te interrumpa), pero...
Perdona, pero no me creo lo de...
Perdona, pero no estoy (en absoluto) de acuerdo.
❶ Perdona, ¿cómo has dicho?
Perdona si te he ofendido, no era mi intención.

1. o sea, ... / es decir, (que)...
2. de acuerdo con... / según...
3. entonces... / por lo tanto, ... / esto quiere decir que...
4. Bueno, vamos a ver, ... / Para empezar, ... / De entrada, ...
5. Cambiando de tema, ... / Por cierto, ... / Hablando de...
6. En definitiva, ... / En conclusión, ... / Total, que...

* ¿Cuándo utilizas estas expresiones?

¿*SÍ* "CON LA BOCA PEQUEÑA" O *SÍ* DE VERDAD?

¡Por supuesto que sí!

(Pues) sí.
Creo que sí / Probablemente (sí).

Puede que sí / Es posible que sí.
❷ (Hombre,...) cabe la posibilidad, pero...

❶ En *Méx.,* ¿mande?
❷ En *Ven.,* chico

1. Los fragmentos siguientes son argumentos a favor o en contra del servicio militar obligatorio (la "mili"). Decide cuáles son a favor y cuáles en contra. Ejemplos:

A FAVOR

Un ejército formado sólo por soldados profesionales sería muy caro.

EN CONTRA

El servicio militar es inútil, porque en unos meses no se puede formar a un soldado.

A
La defensa del país es responsabilidad de todos. Por lo tanto, los ciudadanos deben prepararse y recibir instrucción militar de forma obligatoria.

B
Hay muchos ciudadanos que no están de acuerdo con el uso de la violencia, ni siquiera para la defensa. No hay que obligar a nadie a formar parte de un ejército.

C
Los reclutas pierden mucho tiempo y mucho dinero mientras están en el servicio militar porque no pueden trabajar ni estudiar.

D
El servicio militar sirve para que los jóvenes adquieran nuevas experiencias y madurez.

E
En el servicio militar muchos jóvenes aprenden oficios que luego les serán útiles en la vida civil.

F
Un soldado que no es voluntario nunca tendrá la motivación y el interés necesarios.

G
La disciplina militar puede causar trastornos físicos o mentales a los reclutas.

H
Un ejército de "profesionales" no está tan unido al pueblo como uno formado por reclutas, que son jóvenes de todas las clases sociales y todas las profesiones.

2. En parejas. A defiende el servicio militar y B lo critica. Utilizad los argumentos de la actividad anterior y otros que se os ocurran. Intentad responder utilizando elementos de unión.
Por ej: *"Sí, pero... / No estoy de acuerdo porque... / Sin embargo, ...*
Por otra parte, ... / Tienes razón, aunque..."

actividades.

3. CARTAS AL EDITOR

Has leído estas cartas publicadas en una revista. Escoge la que **menos** te guste (por su contenido) y escribe una carta de réplica, exponiendo tus críticas y tus argumentos.

"Nos gastamos demasiado dinero en viajar y en pasar las vacaciones en otros países. Cuando compramos un artículo de lujo importado pagamos impuestos especiales. Se debería establecer también un impuesto a los turistas que se van a gastar el dinero en el extranjero. Así, la gente se lo pensaría dos veces antes de…".

"¿Por qué debe votar todo el mundo en unas elecciones? Hay un sector de la población que no está interesado en la política, no lee periódicos y no se informa. Estas personas votan sin tener los conocimientos suficientes. El derecho de voto debe estar limitado a los ciudadanos que, por sus estudios o profesión, demuestren estar preparados para participar en la política de un modo responsable, ya que…"

"Muchos dicen que la desaparición de algunas especies animales, como la ballena azul o la foca, sería un desastre ecológico. Y digo yo: ¿no desaparecieron todos los dinosaurios?, ¿no han desaparecido miles y miles de especies? Se trata de un proceso natural: las especies mal adaptadas o sin defensas siempre acaban por desaparecer. Si las ballenas azules o las focas están destinadas a desaparecer, no se puede, ni se debe, hacer nada para evitarlo. Hay que dejar que la naturaleza siga su curso."

4. Escucha lo que dice el actor Antonio Resines y luego completa las frases:

1. Antonio Resines dice que casarse _____ muy bien porque le ha estabilizado _____.

2. Además, siempre _____ ___ tener un hijo.

3. Él y su hijo se llevan ___ _____, se _____ juntos y su _____ no le afecta.

4. Su profesión le ha restado _____.

5. Para él, lo más importante en la _____ no es ser _____.

Javier Mariscal: Un diseñador de moda

Javier Mariscal es un diseñador valenciano que alcanzó la fama cuando una creación suya, el perro CO-BI, fue elegida mascota oficial de los Juegos Olímpicos de Barcelona 1992. Polifacético y de gran imaginación, Mariscal se dedica tanto al dibujo y la pintura como a la escultura, pero sus obras se orientan más al gran público que a las élites de las galerías de arte. Mariscal parece haber captado la atención de los fabricantes y el gusto de los clientes. Se pueden encontrar sus diseños en alfombras, muebles, sábanas, juegos de café y un largo etcétera de objetos de uso cotidiano.

Pregunta: ¿Qué sensación pretendes comunicar con tus objetos?

Respuesta: Es posible que trate de ofrecer un espejo a la sociedad. Haces una interpretación de lo que estás viviendo y, lo que comunicas, lo plasmas en imágenes buscando una respuesta, porque la necesitas, de la misma forma que buscas que otros te den diferentes imágenes.

P: En cierto modo, ¿es el diseño un juego para ti?

R: Creo que estamos aquí para pasarlo bien. El motivo de vivir es disfrutar (no entra dentro de mis planes pasarlo mal), y disfrutar es tratar de conocer al máximo la vida que te ha tocado vivir y las cosas que están a tu alcance. (…) Mi trabajo es eso: jugar y pasarlo bien. Me divierto mucho trabajando; al mismo tiempo aprendo, y al mismo tiempo como, y al mismo tiempo respiro. Me es difícil discernir qué es trabajo y qué es vida. Intento que cada nuevo proyecto sea un reto.

P: Rehuyes realmente la imagen de genio.

R: La gente que utiliza esa palabra, son, normalmente, unos frustrados. Me da mucha pena cuando alguien te trata de genio, porque no existe nadie superdotado. El tío que te llama genio te está diciendo: yo soy un pobre desgraciado. Sin embargo, yo no pienso que sea mejor que él.

P: ¿Te molestó la polémica que despertó "Cobi"?

R: Es de lo mejor que pudo haber pasado. Me parece muy bien que hubiera gente que protestara. Eso me demuestra que estamos vivos, que pertenecemos a una sociedad donde todo no está tan claro. En España estamos viviendo un momento fantástico. Existe una efervescencia, a muy distintos niveles. La gente se mueve, están pasando cosas. Se están definiendo nuevos conceptos, nuevas relaciones políticas, empresariales, visuales. Todo eso lo estamos viviendo aquí y ahora.

Elle, Sept. 1988

- *Elige las tres frases que mejor caracterizan, en tu opinión, a Javier Mariscal.*
- *Compáralas con las que ha elegido tu compañero y coméntalas.*
- *¿Estás de acuerdo con las ideas de Javier Mariscal?*

UNIDAD 15

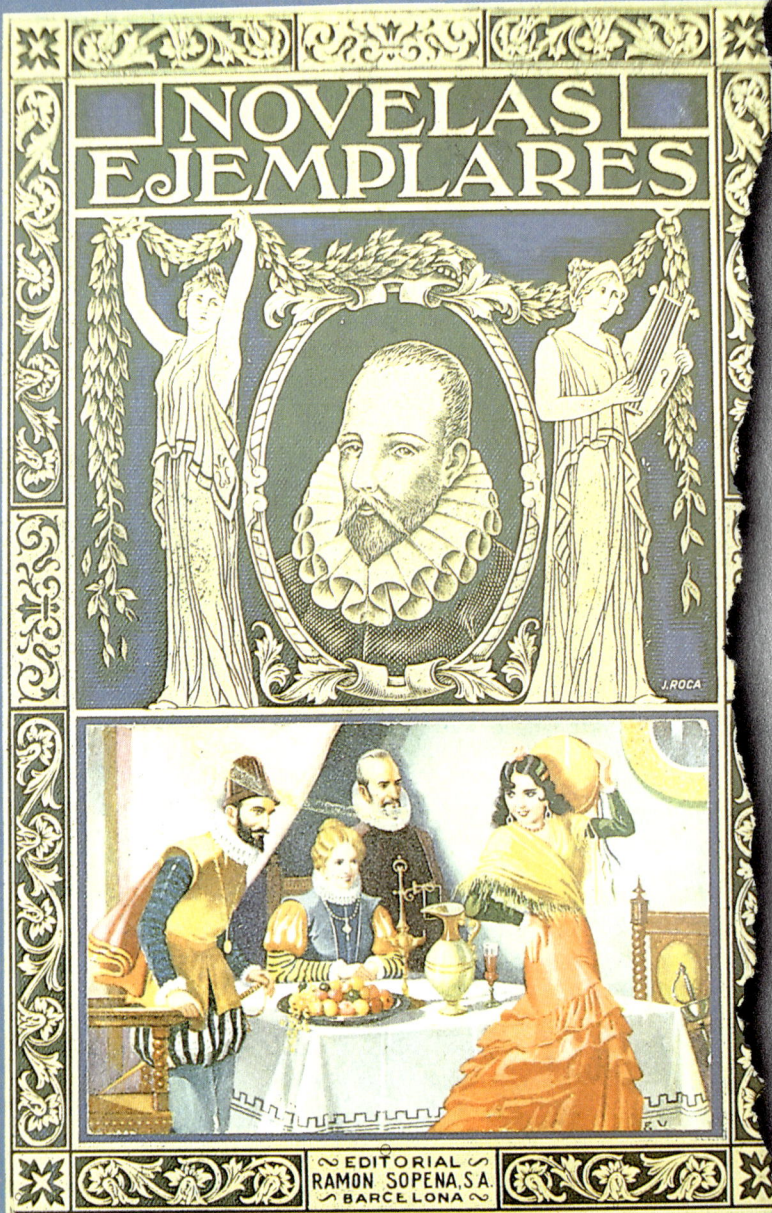

Cuando Preciosa el panderete toca
y hiere el dulce son los aires vanos,
perlas son que derrama con las manos;
flores son que despide de la boca.

De *La Gitanilla*
M. de CERVANTES

Portada de las «Novelas ejemplares»
de Cervantes
Foto: J. R. BROTONS.

A. *El argumento de una novela*

Lee el argumento de la novela "Crónica de una muerte anunciada" de García Márquez.

A principios del siglo XX, un pueblo de Colombia, apartado y olvidado, a orillas de un río navegable, amanecía con ambiente de fiesta. Todos esperaban la visita del obispo, que venía en el barco de vapor. El día anterior se había celebrado la boda más fastuosa que se recordaba. El rico forastero Bayardo San Román se había casado con Ángela Vicario, y todo el pueblo lo había festejado. Pero durante la noche Bayardo había llevado a la novia a casa de sus padres y la había devuelto a su madre: Ángela Vicario no era virgen. Para la familia Vicario eso suponía un golpe mortal para su honra. Los hermanos de Ángela, dos gemelos, le preguntaron quién era el responsable de la deshonra, y ella, nadie sabe por qué, pues era falso e increíble, respondió que era Santiago Nasar. Desde ese momento, Santiago estaba destinado a morir. Los gemelos no lo odiaban, pero estaban obligados a vengar la ofensa, y salieron a buscarlo armados con cuchillos.

Santiago Nasar, que se había retirado a descansar después de pasar la noche festejando la boda con sus amigos, se levantó y se preparó para salir a recibir al obispo. Nadie le dijo lo que ocurría, aunque muchos lo sabían: los hermanos Vicario llevaban horas recorriendo el pueblo y diciendo a todo el que encontraban que buscaban a Santiago Nasar para matarlo. Era como si quisieran que alguien hiciera algo para impedirles que cometieran ese asesinato. Sin embargo, nadie lo avisó. Unos creían que los gemelos estaban borrachos y que cuando volvieran a casa se olvidarían de todo. Otros suponían que Santiago ya lo sabía todo y tomaría precauciones. Sólo dos o tres amigos buscaron a Santiago para avisarle, pero llegaron tarde. Cuando se enteró de las intenciones de los hermanos Vicario, éstos ya lo estaban esperando. Intentó entrar en su casa, pero la puerta estaba cerrada. Su propia madre la había cerrado, creyendo que su hijo ya estaba dentro. Así que Santiago Nasar, por un cúmulo de circunstancias increíbles, fue asesinado a la puerta de su casa, en la plaza principal del pueblo, a la vista de todos.

practica

1. Escribe un final para este argumento:. ¿Qué pasó con los hermanos Vicario? ¿Y con Bayardo San Román y Ángela Vicario?

2. En parejas, escribid un diálogo: por ejemplo, la declaración ante el juez de uno de los hermanos Vicario.

Representad el diálogo delante de la clase.

B. *La película*

Mira estas escenas de la película basada en la novela "Crónica de una muerte anunciada". Describe qué estaba pasando en cada momento, las circunstancias, etc.

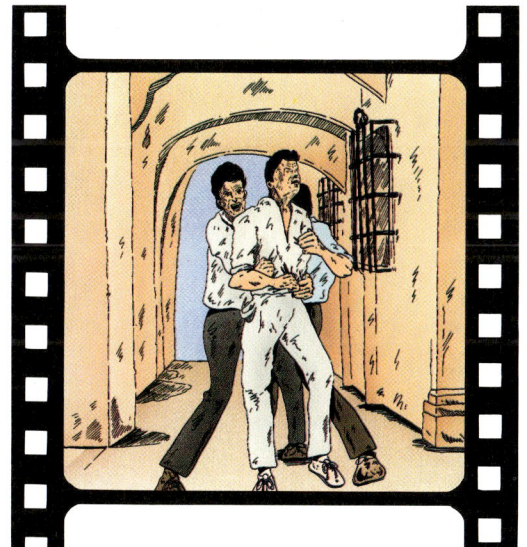

practica

1. En grupos, escribid el argumento de una película muy conocida.

2. Sin decir el título de la película, cada grupo cuenta el argumento.

3. El resto de la clase hace preguntas e intenta adivinar de qué película se trata.

C.

LOS SUEÑOS

El día en que lo iban a matar, Santiago Nasar se levantó a las 5.30 de la mañana para esperar el buque en que llegaba el obispo. Había soñado que atravesaba un bosque de higuerones donde caía una llovizna tierna, y por un instante fue feliz en el sueño, pero al despertar se sintió por completo salpicado de cagada de pájaros. "Siempre soñaba con árboles", me dijo Plácida Linero, su madre, evocando 27 años después los pormenores de aquel lunes ingrato. "La semana anterior había soñado que iba solo en un avión de papel de estaño que volaba sin tropezar por entre los almendros", me dijo. Tenía una reputación muy bien ganada de intérprete certera de los sueños ajenos, siempre que se los contaran en ayunas, pero no había advertido ningún augurio aciago en esos dos sueños de su hijo, ni en los otros sueños con árboles que él le había contado en las mañanas que precedieron a su muerte.

G. García Márquez. (Colombia)
Crónica de una muerte anunciada - 1981

LA MUERTE

Pero Argénida Lanao, la hija mayor, contó que Santiago Nasar caminaba con la prestancia de siempre, midiendo bien los pasos, y que su rostro de sarraceno con los rizos alborotados estaba más bello que nunca. Al pasar frente a la mesa les sonrió, y siguió a través de los dormitorios hasta la salida posterior de la casa. "Nos quedamos paralizados de susto", me dijo Argénida Lanao. Mi tía Wenefrida Márquez estaba desescamando un sábalo en el patio de su casa, al otro lado del río, y lo vio descender las escalinatas del muelle antiguo buscando con paso firme el rumbo de su casa.

—¡Santiago, hijo —le gritó—, qué te pasa!

Santiago Nasar la reconoció.

—Que me mataron, niña Wene— dijo.

Tropezó en el último escalón, pero se incorporó de inmediato. "Hasta tuvo el cuidado de sacudir con la mano la tierra que le quedó en las tripas", me dijo mi tía Wene. Después entró en su casa por la puerta trasera, que estaba abierta desde las seis, y se derrumbó de bruces en la cocina.

A. **Preguntas de comprensión**

1. *¿Cómo eran habitualmente los sueños de Santiago? ¿Su madre había visto algún anuncio de desgracia en ellos últimamente?*
2. *Ya conoces el argumento, ¿crees que la muerte de Santiago estaba justificada?*

B. **Expresión oral o escrita**

El mundo de los sueños (relación con la realidad, posibilidades de interpretación, etc.)

texto literario

CONTENIDOS COMUNICATIVOS

• **RELATAR HECHOS PASADOS:** una historia, la vida de uno mismo, etc.	— Nací en… — Mis padres eran… — Cuando tenía 15 años,… — Conocí a…

CONTENIDOS GRAMATICALES

• **PRETÉRITO PERFECTO**

— **Acción puntual y acabada en una unidad de tiempo que no ha terminado.**

Hoy me he levantado muy temprano.

• **PRETÉRITO INDEFINIDO**

— **Acción puntual y acabada en una unidad de tiempo que ha terminado.**

La semana pasada fui tres veces al cine.
Estudió varios años en La Sorbona.

• **PRETÉRITO IMPERFECTO**

— **Acción habitual y durativa no acabada en el pasado.**

Mientras estudiaba en La Sorbona, daba clases
de español tres veces por semana.

— **Descripción.**

Mi abuela era una mujer encantadora. Tenía muy buen
carácter y le gustaba contarnos cuentos antes de acostarnos.

• **PRETÉRITO IMPERFECTO + PRETÉRITO INDEFINIDO**

— **Acción durativa interrumpida por otra.**

Cuando estudiaba en París, conoció a su marido.
Cuando estábamos merendando, oímos la noticia.

— **Narración-descripción.**

Nació y vivió mucho tiempo en una casa que estaba en las afueras…

• **PRETÉRITO PLUSCUAMPERFECTO**

— **Acción terminada en el pasado, anterior a otra también.**

Cuando llegué a casa, ya habían comido.

PRONUNCIACIÓN Y ORTOGRAFÍA

¿Recuerdas?

Yo llego tarde a clase todos los días.
Ayer Juan llegó tarde a clase.

Atención:

Me gustaría que Jesús y Lola llamaran más a menudo.
Jesús y Lola llamarán esta tarde.

— Escucha atentamente y señala el verbo leído:

1. a) cantó
   b) canto

2. a) médico
   b) medico
   c) medicó

3. a) llegaran
   b) llegarán

4. a) pintarán
   b) pintaran

5. a) hablo
   b) habló

6. a) práctico
   b) practico
   c) practicó

7. a) equívoco
   b) equivoco

8. a) entraran
   b) entrarán

VOCABULARIO

las circunstancias
el destino
la fatalidad
un augurio
❶ una premonición

LAS ETAPAS DE LA VIDA

la infancia
la adolescencia
la juventud
la madurez
la vejez
un señor / una señora ❹ mayor

advertir
sospechar

¿CUÁNDO OCURRIÓ?

Al poco tiempo / a los pocos días…
Mientras tanto,…
Muchos años / dos meses, etc. después…
Para cuando…, ya había…
❷ Nada más…, (ya)…

❸ un niño, una niña
un /a adolescente
un chico / una chica joven
un hombre / una mujer
un anciano / una anciana

avisar
suponer

amenazar

* ¿Qué personajes de la novela "Crónica de una muerte anunciada" hicieron / no hicieron alguna de estas cosas?

❶ *En Méx.., tener una premonición, se dice*, me late que…
❷ *En Méx.,* nomás
❸ *En Arg.,* pibela; *en Méx.,* chavola, chamacola
❹ *En Méx.,* grande o viejito/a

1. ÉSTA ES TU VIDA

Elige un número del 1 al 5   A ☐
Elige tres números del 1 al 7   B ☐   C ☐   D ☐

Vas a escribir la historia de tu vida. Los números que has elegido te indicarán quién eres y qué te sucedió en varios momentos importantes de tu vida.

A. Tu nacimiento:

1. Te llamas Elena Sandoval. Naciste en una finca/rancho en el interior de Colombia. Tus padres eran propietarios de una plantación de café.

2. Te llamas Lucio Bellini. Naciste en Córdoba (Argentina). Tu padre era un inmigrante italiano y tenía un taller de reparación de automóviles. Tu madre era maestra.

3. Te llamas Raquel Zamora. Naciste en México D.F. Tu padre era novelista y tu madre psicóloga.

4. Te llamas Gabriel Molina. Naciste en Las Palmas de Gran Canaria (España). Tu padre era profesor de Educación Física y entrenador de balonmano, y tu madre era profesora de francés.

5. Te llamas Virginia Ortiz. Naciste en Nueva York, de padres portorriqueños. Tu padre era electricista y tu madre trabajaba de dependienta en una tienda.

ctividades.

a

Escribe un párrafo sobre tu infancia, incluyendo los datos que aparecen en tu ficha e inventando el resto. Por ejemplo:

"Nací en… Mis padres eran…
Fui a un colegio muy caro / a la escuela del pueblo…
Tenía tres hermanos, uno de ellos…"

B. En el colegio.

Busca el número elegido por ti para B.

Cuando tenías quince años…

1. Suspendiste los exámenes y tuviste que repetir un curso.
2. Te expulsaron del colegio por insultar a un profesor.
3. Eras el/la mejor jugador/a de baloncesto del colegio.
4. Conociste a un/a chico/a que te gustó mucho.
5. Tuviste un accidente y te rompiste una muñeca, que nunca se ha recuperado totalmente.
6. Conociste en el colegio al/a la que sería Presidente/a de tu país, y te hiciste muy amigo/a de él/ella.
7. Dejaste los estudios porque querías empezar a trabajar y ganar dinero.

Escribe un párrafo sobre tu adolescencia, hasta terminar tus estudios. habla también de los proyectos que tenías para tu futuro profesional o laboral.

C. Tu primer trabajo:

Busca el número elegido por ti para C.

Cuando buscabas tu primer trabajo…

1. Un director de cine te propuso hacer una película.
2. Conseguiste un trabajo en un banco.
3. Recibiste como herencia un pequeño taller de reparación de coches.
4. Te ofrecieron un trabajo en el extranjero y lo aceptaste. El sueldo era bueno, pero el trabajo era duro y un poco arriesgado.
5. Tu novio/a te propuso formar una cooperativa agrícola con unos amigos en su granja. A ti te pareció buena idea.
7. No encontraste ningún trabajo. Te deprimiste, te quedabas en casa sin hacer nada, hasta que un día…

Escribe otro párrafo sobre tus primeras experiencias profesionales. Habla también de todo lo que te ha pasado hasta este año.

ctividades.

a

D. Este año y tu futuro:

Busca el número elegido por ti para D.

Este año…

1. Tu empresa/ la empresa donde trabajas ha quebrado por la crisis económica. Has tenido que aceptar un trabajo peor (explica cuál) para pagar tus deudas
2. Te ha tocado una gran cantidad de dinero en la lotería (explica cuánto).
3. Te han dado un cargo más importante en tu trabajo y te han subido el sueldo un 25%.
4. Has encontrado el amor de tu vida.
5. Te has hecho militante de un partido político.
6. Te han condenado a dos años de prisión porque la policía encontró un cuadro robado en tu casa.
7. Has tenido un hijo y eres muy feliz, pero tienes problemas económicos.

Escribe un párrafo sobre lo que te ha pasado este año. Habla también de tus proyectos para el futuro.

En grupos. Cada uno cuenta la historia de su vida y los demás hacen preguntas o comentarios.

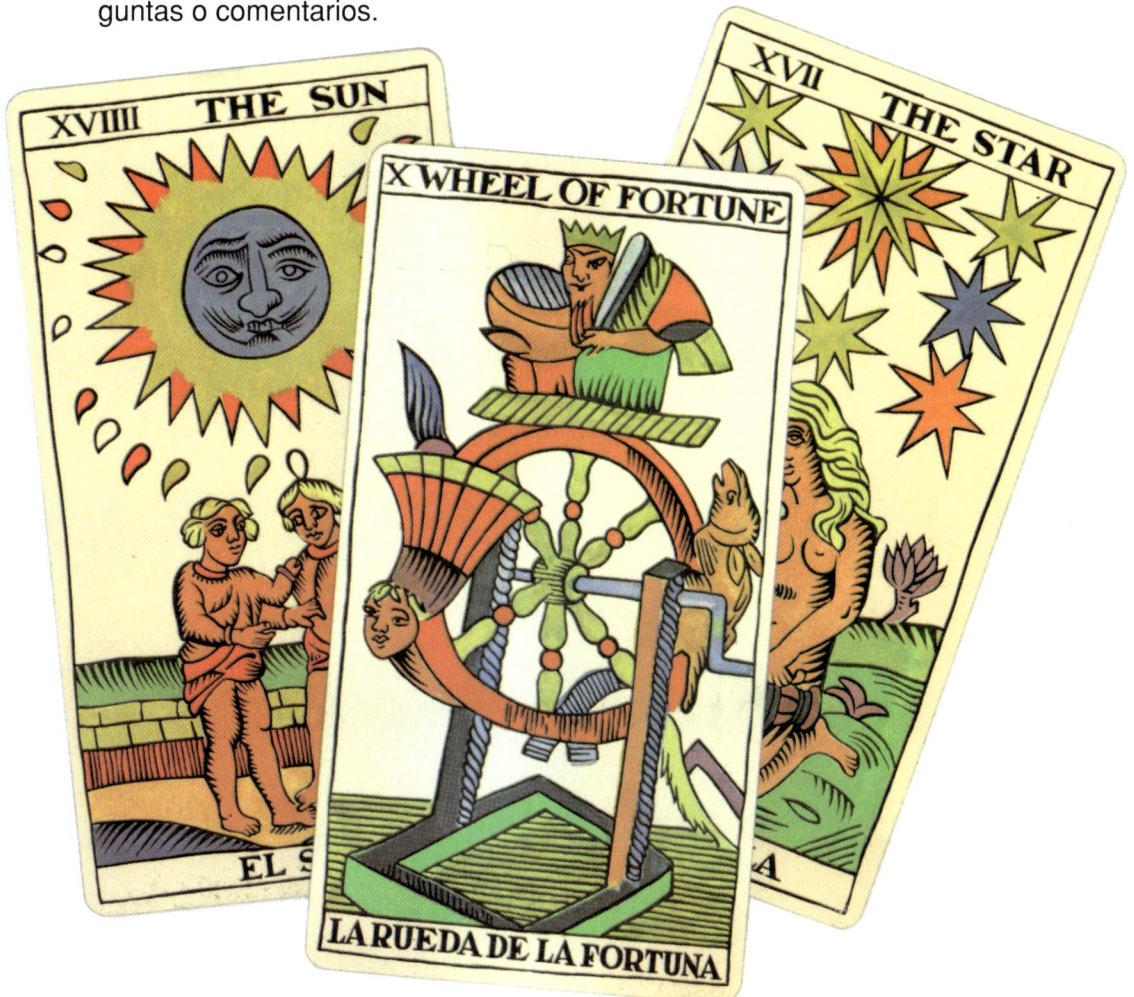

Breve guía de Colombia, república de contrastes

Colombia es la única república americana con vistas al océano Pacífico y al mar Caribe. Llamada por algunos "la esmeralda del continente", maravillan sus verdes montañas, sus intricadas junglas, sus aldeas indígenas o sus modernas ciudades.

Su situación geográfica la convierte en puerta de entrada al continente y punto privilegiado de comunicación con el resto de los países de Centroamérica.

Clima: Colombia carece de un cambio real de estaciones. Las temperaturas oscilan entre los 14° de media en Bogotá, a 2.600 metros de altura, hasta los 28 grados centígrados de Barranquilla, a nivel del mar.

Población: La población aproximada del país es de 27 millones y medio de habitantes. Más de la mitad de la población es mestiza.

Economía: La economía colombiana se basa principalmente en su excelente café, del cual es el segundo país productor del mundo. Otras riquezas son el banano, las flores y el azúcar. Colombia también posee las más grandes reservas de carbón en América Latina; y el país es internacionalmente conocido por el "corazón verde" de sus esmeraldas.

Cultura: La orfebrería precolombina dejó en este país verdaderas obras maestras que pueden ser admiradas en el Museo del Oro de Bogotá. Del periodo colonial quedan notables ejemplos arquitectónicos y escultóricos, principalmente en Bogotá, Cartagena, Popayán y Tunja. La pintura contemporánea ha logrado notoriedad en el mundo sobre todo por la obra de Fernando Botero.

Moneda: La moneda nacional es el peso.

Artesanía: Son tradicionales las mantas guajiras, tejidos elaborados por los indígenas y campesinos, así como los sacones y ruanas de lana cruda y las figurillas de Ráquira y Chinquiquirá.

Extracto de *Tiempo de Viajar*, núm. 31, febrero, 1988

TEST 5 (Unidades 13, 14 y 15)

Elige la respuesta correcta

1. Me marcharé de esta ciudad en cuanto __ vacaciones.
   a) tengo   b) tendré   c) tenga   d) haya tenido

2. ¿Qué piensas hacer en Semana Santa?
   a) Un viaje del sur de Portugal   b) Que vengas a verme   c) Un viaje por el norte de España
   d) Ir en París unos días

3. Es necesario que __ hoy este trabajo y espero que lo __.
   a) terminas ... haces   b) terminar ... hacer   c) terminarás ... hagas   d) termines ... hagas

4. ¿Qué te preguntó tu mujer cuando llegaste?
   a) Que qué he hecho   b) Dónde estaba   c) Que dónde había estado   d) Cúando he estado

5. Es muy inteligente, es verdad, __ bastante vago.
   a) incluso   b) sin embargo   c) pero   d) ya que

6. El próximo fin de semana saldré al campo, aunque __
   a) lloverá   b) llueva   c) lloviera   d) llueve

7. ¿Crees que estará en casa?
   a) Sí, creo que no esté   b) No, no creo que esté   c) No, creo que está   d) Sí, creo que no está

8. ¿Quieres que te acompañe al médico?
   a) No, prefiero ir con alguien   b) No, no es mi amigo   c) No, prefiero ir solo   d) Sí, prefiero ir solo

9. No sé __ habrá pasado. Me dijo que __ y no ha venido.
   a) qué ... vendrá   b) qué ... vendría   c) cómo ... venía   d) si ... vendría

10. ¿Cuándo quedamos?
   a) En la puerta del cine   b) Para hablar con Alejandro   d) Nos vemos a la salida
   d) El sábado a las siete

11. A. ¿Lo has invitado a la fiesta?   **B**. Sí, pero no creo que __ venir.
   a) quiere   b) querrá   c) quiera   d) podrá

12. Escribe el verbo que va entre paréntesis en la forma correcta:

   A. ¿Dónde vivías cuando estudiabas en Salamanca?

   B. (VIVIR, yo) __ en muchos sitios. Primero, (VIVIR) __ en un colegio Mayor durante dos años, luego (CANSAR-SE, yo) __ porque (HABER) __ demasiada disciplina, y (IRSE, yo) __ a una pensión con unos compañeros. La dueña de la pensión (SER) __ muy simpática, pero bastante tacaña y nos (DAR) __ de comer muy mal. Allí (PASAR, yo) __ unos seis meses, entonces un compañero de la Facultad me (PREGUNTAR, él) __ si (QUE-RER, yo) __ trabajar en una librería. (ESTAR, él) __ trabajando unos meses, pero lo (DEJAR) __ porque (EN-CONTRAR) __ un empleo mejor. Así, (EMPEZAR, yo) __ a trabajar y una nueva vida. Aunque no me (PA-GAR, ellos) __ mucho, con lo que (GANAR, yo) __ y el dinero que me (MANDAR) __ mi padre, (PODER, yo) __ alquilar un piso y vivir solo, que (SER) __ lo que yo siempre (QUERER, yo) __.

Contenidos gramaticales

COMPARATIVOS

1. Con adjetivos

    MÁS........QUE
    MENOS........QUE   *Es TAN alto COMO su padre.*
    TAN...........COMO

    Irregulares:

    Más grande = MAYOR
    Más pequeño = MENOR
    Más bueno = MEJOR
    Más malo = PEOR

2. Con verbos

    MÁS........QUE
    MENOS........QUE   *Mi hija estudia TANTO COMO la tuya.*
    TANTO...........COMO

3. Con sustantivos

    MÁS........QUE
    MENOS........QUE   *Tengo TANTOS libros COMO tú.*
    TANTO/A/OS/AS........COMO

SUPERLATIVOS

1. MUY + adjetivo
    Esta chica es MUY alta.

2. Adjetivo + ísimo/a/os/as/
    Esta chica es altísima.

    fácil-------facilísimo
    rico-------riquísimo
    amable-------amabilísimo

VALORES DE SE

1. Complemento Indirecto
    Ya SE lo he dado a María.

2. Impersonal
    SE dice que pronto habrá elecciones.

3. Pasiva Refleja
    SE compran libros antiguos.

4. Reflexivo
    Todos los días SE levanta a las tantas.

VERBOS REGULARES

COMER

INDICATIVO					SUBJUNTIVO		IMPERATIVO
Presente	**Imperfecto**	**Indefinido**	**Futuro Imperf.**	**Condicional**	**Presente**	**Imperfecto**	
como	comía	comí	comeré	comería	coma	comiera	
comes	comías	comiste	comerás	comerías	comas	comieras	come — no comas
come	comía	comió	comerá	comería	coma	comiera	coma — no coma
comemos	comíamos	comimos	comeremos	comeríamos	comamos	comiéramos	
coméis	comíais	comisteis	comeréis	comeríais	comáis	comierais	comed — no comáis
comen	comían	comieron	comerán	comerían	coman	comieran	coman — no coman
Perfecto	**Pluscuamperfecto**		**Fut. Perfecto**		**Perfecto**		
he comido	había comido		habré comido		haya comido		INFINITIVO
has comido	habías comido		habrás comido		hayas comido		comer
ha comido	había comido		habrá comido		haya comido		PARTICIPIO
hemos comido	habíamos comido		habremos comido		hayamos comido		comido
habéis comido	habíais comido		habréis comido		hayáis comido		GERUNDIO
han comido	habían comido		habrán comido		hayan comido		comiendo

HABLAR

INDICATIVO					SUBJUNTIVO		IMPERATIVO
Presente	**Imperfecto**	**Indefinido**	**Futuro Imperf.**	**Condicional**	**Presente**	**Imperfecto**	
hablo	hablaba	hablé	hablaré	hablaría	hable	hablara	
hablas	hablabas	hablaste	hablarás	hablarías	hables	hablaras	habla — no hables
habla	hablaba	habló	hablará	hablaría	hable	hablara	hable — no hable
hablamos	hablábamos	hablamos	hablaremos	hablaríamos	hablemos	habláramos	
habláis	hablabais	hablasteis	hablaréis	hablaríais	habléis	hablarais	hablad — no habléis
hablan	hablaban	hablaron	hablarán	hablarían	hablen	hablaran	hablen — no hablen
Perfecto	**Pluscuamperfecto**		**Fut. Perfecto**		**Perfecto**		
he hablado	había hablado		habré hablado		haya hablado		INFINITIVO
has hablado	habías hablado		habrás hablado		hayas hablado		hablar
ha hablado	había hablado		habrá hablado		haya hablado		PARTICIPIO
hemos hablado	hemos hablado		habremos hablado		hayamos hablado		hablado
habéis hablado	habéis hablado		habréis hablado		hayáis hablado		GERUNDIO
han hablado	habían hablado		habrán hablado		hayan hablado		hablando

VIVIR

INDICATIVO					SUBJUNTIVO		IMPERATIVO
Presente	**Imperfecto**	**Indefinido**	**Futuro Imperf.**	**Condicional**	**Presente**	**Imperfecto**	
vivo	vivía	viví	viviré	viviría	viva	viviera	
vives	vivías	viviste	vivirás	vivirías	vivas	vivieras	vive — no vivas
vive	vivía	vivió	vivirá	viviría	viva	viviera	viva — no viva
vivimos	vivíamos	vivimos	viviremos	viviríamos	vivamos	viviéramos	
vivís	vivíais	vivisteis	viviréis	viviríais	viváis	vivierais	vivid — no viváis
viven	vivían	vivieron	vivirán	vivirían	vivan	vivieran	vivan — no vivan
Perfecto	**Pluscuamperfecto**		**Fut. Perfecto**		**Perfecto**		
he vivido	había vivido		habré vivido		haya vivido		INFINITIVO
has vivido	habías vivido		habrás vivido		hayas vivido		vivir
ha vivido	había vivido		habrá vivido		haya vivido		PARTICIPIO
hemos vivido	habíamos vivido		habremos vivido		hayamos vivido		vivido
habéis vivido	habíais vivido		habréis vivido		hayáis vivido		GERUNDIO
han vivido	habían vivido		habrán vivido		hayan vivido		viviendo

IRREGULARIDADES DE LOS TIEMPOS APRENDIDOS EN ESTE CURSO:

CONDICIONAL

Si el Futuro Imperfecto es irregular, el Condicional tiene la misma irregularidad.

	Furturo Imperfecto	Condicional
PONER	pondré	pondría
SALIR	saldré	saldría
TENER	tendré	tendría
HACER	haré	haría
DECIR	diré	diría
PODER	podré	podría
VENIR	vendré	vendría

PRESENTE DE SUBJUNTIVO

Si el Presente de Indicativo es irregular, el Presente de Subjuntivo tiene la misma irregularidad:

	Pres. Indicativo	Pres. de Subj.
QUERER	quiero	quiera
PEDIR	pido	pida
PODER	puedo	pueda
TENER	tengo	tenga
DORMIR	duermo	duerma
VENIR	vengo	venga
DECIR	digo	diga
HACER	hago	haga
CONOCER	conozco	conozca

El verbo Ser es una excepción:

SER	soy	sea

IMPERATIVO NEGATIVO

Tienen la misma forma del Pres. de Subjuntivo. El pronombre va delante del verbo:

	DORMIR
(Tú)	no te duermas
(Vd.)	no se duerma
(Vosotros)	no os durmáis
(Vdes.)	no se duerman

PRETÉRITO IMPERFECTO DE SUBJUNTIVO

Los irregulares tienen la misma irregularidad del Pret. Indefinido. Como regla para formarlos, se puede tomar la 3ª persona del plural del Pret. Indefinido:

	Pret. Indefinido (ellos)	Pret. Imperfecto Subj. (yo)
SER	fueron	fuera
ESTAR	estuvieron	estuviera
PONER	pusieron	pusiera
PODER	pudieron	pudiera
DECIR	dijeron	dijera
HACER	hicieron	hiciera
TENER	tuvieron	tuviera
QUERER	quisieron	quisiera
TRAER	trajeron	trajera
VENIR	vinieron	viniera

PERÍFRASIS VERBALES

1. LLEVAR + Gerundio. Expresa la continuidad o duración de la acción.

   Llevo tres meses (trabajando) en esta empresa.

2. TENER + Infinitivo, HAY + QUE + Infinitivo. Expresan obligación.
   — Personal

      Tienes que comprar el periódico.
   — Impersonal

      Hay que ahorrar para la vejez.

3. ACABAR + DE + Infinitivo. Expresa una acción que termina en este momento:

   Acabo de enterarme de que ponen "Norma".

4. PENSAR + DE + Infinitivo. Sirve para expresar proyectos.

   ¿Qué piensas hacer esta tarde?

USO DE LOS MODOS INDICATIVO Y SUBJUNTIVO EN LAS ORACIONES SUBORDINADAS

1. SUSTANTIVAS

— Estilo indirecto

Hay que distinguir claramente cuando el verbo DECIR significa "transmitir una noticia" y cuando significa "mandar, ordenar".

a) DECIR = transmitir una noticia.

Cuando el verbo DECIR va en Presente o Pret. Perfecto, el tiempo del verbo de la subordinada no cambia:

Estilo Directo	Estilo Indirecto
"Me he casado"	*Ana me ha dicho que se ha casado.*

Cuando el verbo DECIR va en Pret. Perfecto, Pret. Indefinido, Pret. Imperfecto o Pluscuamperfecto:

Estilo Directo	Estilo Indirecto
	dijo/ha dicho/decía...
PRESENTE	PRET. IMPERFECTO
"El tren sale a las 3"	*que el tren salía a las 3.*
PRET. IMPERFECTO	PRET. IMPERFECTO
"Estaba muy cansada"	*que estaba muy cansada.*
PRET. PERFECTO	PRET. PLUSCUAMPERFECTO
"Hoy no he ido a clase"	*que no había ido a clase.*
PRET. INDEFINIDO	PRET. PLUSCUAMPERFECTO
"Ayer vi a Juan"	*que había visto a Juan.*
VOY + A + INFINITIVO	IBA + A + INFINITIVO
"Me voy a comprar un coche"	*que se iba a comprar un coche.*
FUTURO IMPERFECTO	CONDICIONAL
"Llegaré más tarde"	*que llegaría más tarde.*

b) DECIR = ordenar

• Cuando el verbo DECIR va en Presente o Pret. Perfecto:

Estilo Directo	Estilo Indirecto
IMPERATIVO	PRESENTE DE SUBJUNTIVO
¡Cállate!	*Ha dicho que te calles.*

• Cuando el verbo DECIR va en Pret. Perfecto, Pret. Indefinido, Pret. Imperfecto o Pret. Pluscuamperfecto:

IMPERATIVO	PRET. IMPERFECTO DE SUBJUNTIVO
¡No coma grasas!	*Dijo que no comieras grasas.*

c) DECIR = preguntar

Estilo Directo	Estilo Indirecto
	Me dijo
¿Estarás en casa a las ocho?	*que si estaría en casa...*
¿Dónde vives?	*que dónde vivía*

— **Verbos para expresar opinión, obligación, para reaccionar, recomendar.**

• INDICATIVO

Creo que   *Creo que vendrá pronto.*
Me parece que
Estoy segura de que

• SUBJUNTIVO

No creo que   *No creo que venga todavía.*
No importa que
No puede ser que
(No) es necesario que
(No) es conveniente que
(No) hace falta que
Qué raro que
Me extraña que

— **Verbos para expresar deseo:**

• SUBJUNTIVO

Me gustaría que (+ Pret. Imperf. de Subjuntivo)   *Espero que llegue pronto.*
Quiero que
Espero que

• INFINITIVO

Algunos de estos verbos rigen Infinitivo si se trata de instrucciones de carácter general, impersonales:

Hace falta abrigarse en invierno.

o si el sujeto de la oración principal y la subordinada es el mismo:

Me gustaría dar la vuelta al mundo.

2. ADJETIVAS O DE RELATIVO

— **Con antecedente expreso**

- INDICATIVO

  Tengo un coche que no funciona bien.

- SUBJUNTIVO

  Quiero comprarme un coche que funcione mejor.

— **Sin antecedente expreso**

Se suprime el antecedente cuando, por el contexto, se sabe de quién se está hablando.

- INDICATIVO

  El que lleva la camisa amarilla es mi hermano.

- SUBJUNTIVO

  Los que quieran hacer fotos, que esperen.

3. ADVERBIALES

a) **temporales** | cuando, en cuanto |

- INDICATIVO

  Pasado: *Cuando vino a verme, me trajo flores.*
  Cuando venía a verme, me traía flores.

  Presente: *Cuando viene a verme, me trae flores.*

- SUBJUNTIVO

  Futuro: *Cuando venga a verme, me traerá flores.*

b) **finales** | para que |

- INFINITIVO

  Me gusta leer para enterarme de las noticias.
  (a mí)   (yo)

- SUBJUNTIVO

  Mi marido me ha comprado un reloj para que sea puntual.
  (él)   (yo)

c) concesivas

| aunque |

- INDICATIVO

   Generalmente, si las acciones son pasadas, la oración subordinada lleva el verbo en Indicativo.
   El fin de semana pasado aunque llovía mucho, fui a la sierra.

   Si la acción es presente, el verbo puede ir en ambos modos:
   A. *Está lloviendo, no salgas.*
   B. *Aunque llueve, voy salir.*
      Aunque llueva, voy a salir.

- SUBJUNTIVO

   Si las acciones son futuras, se prefiere el uso del Subjuntivo:
   El fin de semana próximo pienso ir a la sierra, aunque llueva.

d) condicionales

| si |

- INDICATIVO

   Es bastante probable que la condición expresada en Indicativo se cumpla.
   Si quieres, esta tarde vamos (o iremos) al cine.

- SUBJUNTIVO

   En cambio, la condición expresada en Subjuntivo es poco probable, o imposible que se cumpla:
   Si quisieras, esta tarde iríamos al cine.

Contenidos comunicativos

RECOPILACIÓN DE LAS PRINCIPALES FUNCIONES APRENDIDAS EN ESTE CURSO

EXPRESAR DESEO

Ojalá... (U. 6).
Me gustaría (que)... (U. 12).
Espero (que)... (U. 7).

» **OPINIÓN**

Creo que... (U. 12).
Me parece que... (U. 2).
Tener razón. (U. 2).
Estar de acuerdo. (U. 2).

» **PROBABILIDAD / HIPÓTESIS**

Habrá llegado... (U. 6).
Estará aparcando... (U. 4).
A lo mejor (está aparcando) (U. 9).
Quizás... (U. 6).

» **OBLIGACIÓN/AUSENCIA DE OBLIGACIÓN**

(No) hace falta que... (U. 3).
(No) hay que... (U. 3).
(No) tienes que... (U. 3).

PEDIR PERMISO

¿Te importa que...? (U. 11).

DAR INSTRUCCIONES, RECOMENDACIONES

No vengas (U. 3).
(No) es necesario (que)... (U. 3).
(No) es conveniente (que)... (U. 6).
¿Te importa...? U. 11).

FORMULAR SUGERENCIAS / INVITACIONES

¿Por qué no...? (U. 4).
Podríamos... (U. 4).

Glosario

El alumno traducirá a su idioma los términos referentes a los apartados A y B.
Del apartado C se dan equivalencias o se añaden explicaciones culturales.

Unidad 1

A, B)
1 acerca de ....
2 apartamento (el) ....
3 artículo (el) ....
4 beca (la) ....
5 completar ....
6 cocinar ....
7 ¿cuánto tiempo? ....
8 cursillo (el) ....

9 encontrar ....
10 entrevista (la) ....
11 esquiar ....
12 finanzas (las) ....
13 hace tiempo que............
14 obtener.........................
15 perfil (el) ....
16 personaje (el) ....

17 polémico/a ....
18 por cierto ....
19 premio (el) ....
20 preocuparse ....
21 quedar (tiempo) ....
22 quedar (con alguien) ....
23 realizar.............................
24 sobrino/a..........................

C)
- ciudadano de los EEUU: *tiene la nacionalidad norteamericana.*
- ejerció sus actividades: *realizó su trabajo.*
- debo entender que...: *lo que usted quiere decir es que...*
- oportunidades: *posibilidades de estudios, trabajo, etc.*
- promoción: *ascenso en la categoría o en el puesto de trabajo.*
- escasez de demanda: *pocas ofertas de empleo para el número de aspirantes.*

Unidad 2

A, B)
1 aguantar ....
2 aunque ....
3 caer bien ....
4 caer mal ....
5 crueldad (la) ....
6 débil................................
7 derecho (el) ....
8 discriminación (la) ....
9 encuesta (la) ....
10 enfadarse ....

11 estar de acuerdo...........
12 estar de buen humor ....
13 estar de mal humor.......
14 estar harto/a ....
15 gitano/a.........................
16 grosero/a ....
17 incidente (el) ....
18 idiosincrasia (la)...........
19 indefenso/a ....
20 influenciar ....

21 jubilado/a ....
22 prevalecer................................
23 prometer..................................
24 raza (la) ....
25 sensual ....
26 ser aburrido/a ....
27 ser divertido/a ....
28 sincero/a ....
29 tener la culpa ....
30 tener razón ....

C)
- Mariscal Sucre: *Antonio José de Sucre (Venezuela 1795-Colombia 1830).*
- Pichincha, Tumusla y Tarqui: *poblaciones de Ecuador, Bolivia y Colombia respectivamente.*
- Ayacucho: *esta batalla tuvo lugar en Ayacucho -Perú- el 9 de diciembre de 1824.*
- ínfulas: *insignias de un cargo que dan prestigio.*
- sobretodo: *en España, abrigo.*
- cuchillas de viento: *corriente de aire.*
- salud de piedra: *fuerte, buena salud.*
- quiteña: *de Quito, capital de Ecuador.*
- casado por poder: *en España, por poderes. Se dice de una boda en la que no está presente uno de los contrayentes,y alguien lo sustituye a efectos legales.*

Unidad 3

A, B)
1	aguacate (el)	14	hacer un favor..............
2	aguantar	15	horno (el) ....
3	añadir	16	informe (el) ....
4	aplastar	17	ingrediente (el).............
5	asar	18	marcar ....
6	cebolla (la).....................	19	pelar.............................
7	conectar	20	picar.............................
8	cubrir	21	pollo (el)........................
9	detergente (el)................	22	recado (el) ....
10	factura (la)	23	rellenar.........................
11	freír..............................	24	selección (la) ....
12	guía (de teléfonos) la	25	servir............................
13	(no) hacer falta	26	tono (de línea) (el) ....

C)
- salvó: *recorrió, anduvo.*
- butifarra: *embutido típico de Cataluña, se toma fresco (reciente) y lleva bastante tocino.*
- ya no es lo que era: *expresión que indica que una situación es peor que antes.*
- Jabugo, Trévelez: *pueblos andaluces de Huelva y Granada respectivamente, famosos por sus jamones. En muchísimos lugares de España se curan jamones; Granollers (Barcelona) y Totana (Murcia) no son especialmente conocidos por ello.*
- Casar (Cáceres), Cabrales (Asturias), Idiazábal (País Vasco): *lugares famosos por sus quesos.*

Unidad 4

A, B)
1	a lo mejor	12	desviarse	23	municipal...................
2	animarse	13	distancia (la)	24	ocurrir........................
3	apetecer	14	enfrente (de)	25	plan (el) ....
4	arrancar (un coche)........	15	evitar...........................	26	protagonizar ....
5	asistir............................	16	festival (el)	27	resultado (el) ....
6	catedral (la)	17	frenar	28	representación (la)
7	circular..........................	18	grave...........................	29	semáforo (el)............
8	cómodo/a	19	herido/a.......................	30	sugerencia (la) ....
9	cruce (el)	20	interés (el)....................	31	testigo (el/la).............
10	chocar	21	intentar........................	32	torcer........................
11	declarar	22	mapa (el)		

C)
- llevar la cuenta del tiempo: *saber en todo momento qué hora es.*
- al paso: *se dice de la marcha lenta de los caballos.*
- seis filas a cada lado: *la autopista está compuesta de doce carriles, seis en cada dirección.*
- avícola: *aquí, propia de las aves.*
- de a ratos: *americanismo, forma coloquial, a ratos, de vez en cuando.*
- desbordes exasperados: *muestras exageradas de enfado, irritación.*

Unidad 5

A, B)
1	adaptarse	12	enterarse ....
2	ahorro (el)......................	13	huelga (la)...................
3	aprovechar	14	impreso (el)..................
4	atrasar...........................	15	joya (la).......................
5	broma (la).......................	16	lujo (el)........................
6	cabecera (de Prensa) (la)	17	madrugada (la) ....
7	controlador aéreo (el)......	18	mentira (la) ....
8	detenerse	19	recomendar ....
9	diario (el)	20	sueldo (el)....................
10	energético/a	21	vehículo (el) ....
11	enhorabuena (la)............		

C)
- un entero: *los diez números (décimos) que forman un billete. En España, billete.*
- tener la corazonada: *tener una creencia vaga de que va a ocurrir algo.*
- la grande: *en España el «gordo», primer premio.*
- repartido verbal: *se lo contó a todos los compañeros de la oficina. Expresión propia de América Latina.*
- se combinaron: *se pusieron de acuerdo.*
- pizarrón: *tablero pintado de negro, para escribir o dibujar. En España, pizarra.*
- entrar sin golpear: *en España, entrar sin llamar.*
- la pelada: *en España, la calva.*

Unidad 6

A, B)
1	aumentar.......................	13	echar la siesta	25	necesario/a ....
2	bronquitis (la)	14	enfriarse......................	26	¡ojalá! ....
3	cereales integrales (los) ..	15	estar preocupado/a.......	27	postura (la) ....
4	conjetura (la)	16	fiebre (la)	28	prolongar..................
5	consejo (el).....................	17	fórmula (la)	29	prueba (la)................
6	consulta (la).....................	18	indispensable...............	30	pulmonía (la) ....
7	conveniente....................	19	ingresar........................	31	sesión (la).................
8	curarse	20	legumbre (la)	32	síntoma (el) ....
9	defensa (la)	21	mantenerse...................	33	sobre todo ....
10	deseo (el)	22	mareo (el)	34	suspender (un acto) ..
11	diagnóstico (el)...............	23	milagro (el)	35	tratamiento (el) ....
12	duda (la)........................	24	norma (la)	36	varicela (la)..............

C)
- la circunstancia que me lleva a escribirle: *la causa de que le escribiera.*
- me cuesta (trabajo): *me resulta difícil y penoso.*
- para nada: *en absoluto, nada; forma coloquial.*
- conversando: *charlando; uso más frecuente en América que en España.*
- calma: *tranquila, en reposo, poco usado en España como adjetivo.*
- se había desayunado: *uno reflexivo en América Latina. En España, había desayunado.*
- entibiado: *enfriado un poco, templado.*
- se me había ido: *había muerto.*

Unidad 7

A, B)

1	a bordo	13	diapositiva (la)	25	previsto/a ....
2	alcalde/alcaldesa............	14	en nombre de	26	protesta (la) ....
3	alojamiento (el).............	15	excursión (la)	27	puesta de sol (la) ......
4	anoche	16	folleto (el)	28	¡qué poca formalidad!.
5	artesanía (la)	17	garganta (la) (geogr.)	29	recepción (la) ....
6	ataviado/a.....................	18	grifo (el)......................	30	recorrido (el) ....
7	averiarse	19	hospedaje (el)	31	regreso (el) ....
8	calidad (la).....................	20	línea regular (la)............	32	resulta que... ....
9	cobrar...........................	21	localidad (la)..................	33	ruina (la)....................
10	de nuevo	22	¡no hay derecho!...........	34	sábana (la) ....
11	departamento (el) (geogr.)	23	¡no puede ser que..!......	35	traslado (el) ....
12	descansar.....................	24	paisaje (el)	36	¡ya está bien! ....

C)
- a domicilio: *llevar a una persona o cosa a su casa.*
- correrse: *apartarse un poco para dejar sitio a otra persona. Aquí, con valor imperativo, uso considerado vulgar y no recomendable.*
- vamos completos: *(el autobús) está lleno, ocupado.*
- hágase para allá: *igual significado que «correrse».*
- de medio lado: *inclinado, torcido.*
- a ver si nos vamos: *indica deseos de salir, marchar. Prisa.*

Unidad 8

A, B)

1	anuncio (el)	13	exactamente	25	razonable...................
2	aspirante (el/la)	14	experiencia (la)	26	redactor/a ....
3	candidato/a.....................	15	fenomenal....................	27	remuneración (la) ....
4	clasificar	16	formación (la)................	28	residencia (la)............
5	¡cuánto tiempo!	17	horario continuo............	29	responsabilidad (la) ....
6	¿de acuerdo?	18	horario partido	30	retribución (la) ....
7	departamento (el)...........	19	jornada intensiva	31	revisión (la)................
8	documentación (la).........	20	mayoría (la)	32	salario (el)..................
9	documentalista (el).........	21	organización (la)	33	sección (la) ....
10	documento (el)	22	parecido/a...................	34	selección (la) ....
11	empresa (la)	23	promoción (la)..............	35	tampoco.....................
12	estar ocupado/a	24	puesto (el)...................	36	titulación (la) ....

C)
- Genaro-papá o Genaro-padre: *se usa esta expresión cuando el padre y el hijo tienen el mismo nombre. Por lo mismo, se dice Genaro-hijo.*
- el boletín de las 11: *las noticias de las 11h. de la mañana.*
- no le faltaba razón: *tenía razón.*
- refrito: *mezcla de noticias diversas.*
- concepciones: *ideas, formas de pensar.*

Unidad 9

A, B)
1 al lado de ....
2 autógrafo (el) ....
3 barba (la)........................
4 colarse ....
5 costumbre (la) ....
6 ¡cuánta gente! ....
7 danza (la) ....
8 de lunares (tela) ....
9 describir ....
10 discusión (la) ....

11 estrenar ....
12 feria (la) ....
13 funcionar ....
14 homenaje (el) ....
15 identificar ....
16 impaciencia (la) ....
17 indiferencia (la) ....
18 me extraña que ....
19 orquesta (la) ....
20 patinar ....

21 pincho/pinchito (el) ...
22 plantar ....
23 puntual ....
24 ¡qué raro que...! ....
25 recompensa (la) ....
26 refresco (el) ....
27 sitio (el) ....
28 verbena (la) ....
29 villancico (el) ....
30 ¡ya estamos con...! ..

C)
- forcejeando: *haciendo esfuerzos para poder pasar.*
- masa compacta: *conjunto de personas muy juntas.*
- sin hacerse notar demasiado: *intentar pasar desapercibido.*
- llamativa (mujer): *que llama la atención por su belleza, forma de vestir, etc.*
- modosita: *diminutivo de modosa, lo contrario de llamativa; valor ligeramente despectivo.*
- no iniciado: *que no forma parte de ese ambiente y no se comporta como ellos.*
- endomingados: *vestidos con ropa de fiesta.*

Unidad 10

A, B)
1 albañil (el) ....
2 alternativa (la) ....
3 argumentar......................
4 armario empotrado (el)....
5 atascado/a......................
6 basura (la) ....
7 contrato (el) ....
8 convenir..........................
9 chimenea (la) ....
10 decidirse.........................
11 destinatario/a ....

12 enchufe (el) ....
13 estar de obras ....
14 fontanero (el) ....
15 gasto (el) ....
16 grieta (la) ....
17 hacer caso ....
18 hamaca (la)..................
19 hipotecario/a ....
20 horrible ....
21 instalar ....
22 mantenimiento ....

23 no mucho ....
24 no tanto ....
25 no te pongas así ....
26 objeción (la)..............
27 parcela (la) ....
28 pintor (el) ....
29 préstamo (el) ....
30 profesional ....
31 suponer ....
32 techo (el) ....
33 terraza (la) ....

C)
- ensanche: *nombre dado a finales del s. XIX y principios del XX a las ampliaciones del casco urbano de las ciudades. Con el posterior crecimiento de éstas, el ensanche se convierte en barrio céntrico.*
- superficie habitable: *el espacio de la casa destinado a vivir.*
- cuenta con: *tiene, dispone de.*
- lo justo: *el tamaño adecuado, que no le sobraba ni faltaba espacio.*
- cada sábado y cada domingo: *con mucha frecuencia; son expresiones semejantes "cada jueves y cada viernes", "cada lunes y cada martes".*
- salón desahogado: *salón amplio.*
- coquetones: *bonitos, con detalles.*

Unidad 11

A, B)
1	a plazos	12	ganga (la) ....
2	almacén (el)	13	garantía (la) ....
3	apartarse	14	horno microondas (el)...
4	arreglar............................	15	lavavajillas (el) ....
5	bandeja (la)	16	modelo (el) ....
6	cambiar	17	¡no faltaba más!............
7	echar un vistazo	18	pagar en efectivo ....
8	estar en oferta.................	19	por supuesto.................
9	estropearse	20	¿te importa? ....
10	exprimidor (el)	21	rebajas (las) ....
11	frigorífico (el)	22	reclamación (la) ....

C)
- te llevará lejos: *tendrá malas consecuencias para ti.*
- peculio: *dinero, bienes de una persona.*
- cuarto: *moneda de cobre española antigua, equivalente a unos tres céntimos de peseta. Actualmente se usa en plural como sinónimo de dinero: "Esa familia tiene muchos cuartos".*
- activo: *el dinero que se tiene.*
- pasivo: *el dinero que se gasta o se debe.*
- el flaco: *la expresión completa es "el punto flaco", aspecto del carácter de una persona en el que falla, debilidad.*
- duro: *moneda de cinco pesetas.*
- no hay para qué: *no hay motivo, no hay razón; actualmente, no hay por qué.*
- te lo ha distraído: *te lo ha robado con astucia, sin violencia.*

Unidad 12

A, B)
1	abatido/a	12	consultorio (el)	23	macho (el) ....
2	abundar	13	deprimir	24	merece la pena ....
3	actitud (la)	14	desconcertar.................	25	payasada (la) ....
4	afecto (el)	15	desprecio (el)	26	respetuoso/a ....
5	asesor/a	16	drama (el)	27	revelar ....
6	atacar	17	encontrarse fatal..........	28	ridículo (el) ....
7	Bachillerato (el)	18	humillar.........................	29	solución (la) ....
8	compensar	19	identidad (la)	30	tomar el pelo ....
9	comportamiento (el)	20	ignorar	31	tontear ....
10	confundir	21	infalible	32	tratar (con alguien) ....
11	consuelo (el)	22	ingratitud (la)................	33	volver a las andadas .

C)
- bendito de dios: *expresión que equivale a ingenuo, infeliz, que no tiene picardía.*
- retirarse: *en este texto, irse, marcharse. En el lenguaje escolar "retirarse de un examen" significa marcharse sin hacerlo porque es muy difícil o por no estar bien preparado.*
- seráfica: *angelical, propia de los ángeles (serafines).*
- malísimas pulgas: *tener mal genio, carácter violento. Uso coloquial.*
- airada: *llena de ira.*
- padre de familia: *el padre como jefe de la familia.*

Unidad 13

A, B)

1	bolero (el)	10	grada (la) ....
2	haber cola	11	interpretar ....
3	concierto (el)	12	ponerse (al teléfono).....
4	conferencia (la)	13	proponer ....
5	conservar	14	público (el) ....
6	en principio..................	15	¿qué piensas hacer? ....
7	entrada (la).................	16	recital (el).................
8	entrada libre	17	sabor (el) ....
9	escenario (el)	18	temporada (la) ....

C)

- me deslumbra una evidencia: *veo con gran claridad.*
- habitada por el demonio de la danza: *con una gran vocación por la danza.*
- cobré conciencia de existir: *me di cuenta de que estaba viva.*
- umbral de la vida: *comienzo de su vida, en su juventud.*

Unidad 14

A, B)

1	a favor	14	error (el)	27	natalidad (la) ....
2	actuación (la)	15	esencial	28	obligación (la) ....
3	acudir	16	exigente	29	ofrecer......................
4	angustia (la)	17	hogar (el)	30	plenitud (la) ....
5	atreverse	18	incluso	31	prestigioso/a.............
6	circunstancia (la)	19	intimidad (la)	32	procrear....................
7	compartir	20	inventar.......................	33	¿qué pasa con...? ....
8	complejo/a.....................	21	invitar	34	revista (la) ....
9	conquistar......................	22	límite (el)	35	tarea (la) ....
10	debatir	23	madurez (la)	36	tema (el)....................
11	derecho (el)	24	maternidad (la)	37	vida privada (la)........
12	en contra	25	matrimonio (el).............	38	sacrificio (el) ....
13	ejercitar	26	motivar........................	39	satisfacción (la) ....

C)

- savant: *en francés en el texto, "sabio", pero con matiz peyorativo.*
- toda una teoría: *"toda una" tiene valor enfático. significa una teoría completa, elaborada.*
- policial: *En España, policíaco, policíaca.*
- no tengas ningún escrúpulo: *no tengas miedo de que no sea lícito, moral.*
- lucirte: *presumir, impresionar.*
- estar muriéndose de las ganas: *tener grandes deseos.*
- no se hizo rogar: *los otros no tuvieron que insistir para que explicara su teoría.*
- Nicholas Blake, Ellery Queen: *Seudónimos de autores de novelas policíacas.*

Unidad 15

A, B)

1	a orillas............................	14	forastero/a ....
2	ambiente (el)	15	gemelos/as ....
3	argumento (el)	16	golpe mortal (el)...........
4	asesinato (el)..................	17	honra (la) ....
5	avisar	18	impedir ....
6	barco de vapor (el)	19	navegable ....
7	borracho/a	20	obispo (el) ....
8	crónica (la)	21	ofensa (la)...................
9	cúmulo (el)	22	precaución (la) ....
10	destinado/a	23	retirarse ....
11	devolver	24	responsable (el/la) ....
12	fastuoso/a	25	vengar..........................
13	festejar	26	virgen............................

C)

- higuerones: *árbol de tronco corpulento y madera fuerte. Crece en América.*
- ingrato: *aplicado a cosas, desagradable. En el texto, desgraciado.*
- reputación bien ganada: *fama merecida.*
- en ayunas: *sin haber comido nada desde que empezó el día.*
- midiendo bien los pasos: *en sentido figurado, andar con cuidado.*
- de bruces: *boca abajo.*

Amplía tus conocimientos leyendo en español

COLECCIÓN:
"PARA QUE LEAS"

- Lecturas policíacas especialmente elaboradas para estudiantes de español lengua extranjera.
- 5 niveles de dificultad.
- Notas en español, alemán, francés, inglés.

Ya publicados	Nivel
• El hombre que veía demasiado • Muerte en Valencia	1
• Doce a las doce • ¿Dónde está la Marquesa?	2
• Lola • Una morena y una rubia	3
• Distinguidos señores • 96 horas y media en ninguna parte	4
• Do de pecho • Congreso en Granada	5

COLECCIÓN:
"LEER ES FIESTA"

- Iniciación a la literatura de España y de América Latina.
- Textos auténticos, cortos e íntegros.
- Glosario español, alemán, francés e inglés.

Ya publicados

- Cosas que pasan
- España cuenta
- América Latina cuenta
- Ventana abierta sobre América Latina
- ¡A escena!

Libro del profesor

Llega la chica "au pair"

En esta unidad se repasan contenidos comunicativos y gramaticales de primer curso.

— Se dedica este apartado a la información personal: nombre, edad, gustos, etc.

— Se repasa también el uso del Pretérito Perfecto. Haga notar al alumno que se emplea este tiempo y no el Pretérito Indefinido cuando no aparece ningún marcador temporal.

— Aparece una nueva estructura, la Perífrasis LLEVAR + GERUNDIO. Hay que tener en cuenta que en algunas ocasiones se puede suprimir el verbo en Gerundio si el contexto permite sobreentenderlo. Un caso muy frecuente es el de Gerundio seguido de EN + sustantivo:

> *Llevo una semana en Valencia.*

En otros casos no es posible suprimir el Gerundio:

> *El niño lleva durmiendo dos horas.*

— "Au pair". Es una expresión francesa que se utiliza para designar a personas generalmente jóvenes que van a otro país para aprender el idioma y que viven con una familia. Se ocupan de los niños, fundamentalmente. Se pronuncia "opér".

— "A ver...". Se emplea al empezar a hablar, para iniciar una conversación. En otros contextos sirve para animar a hacer algo. La expresión completa es "vamos a ver".

— "Por cierto". Se emplea cuando, en medio de una conversación, el hablante quiere introducir un tema nuevo pero relacionado de alguna manera con el anterior. En este caso, están hablando de los niños y la señora Soler se acuerda de otra de las tareas de la casa.

— "Bueno". En este contexto es un nexo que introduce una rectificación a lo anterior.

SUGERENCIAS

Siendo el primer día de clase (como es de suponer) los ejercicios 1 y 2 vienen bien para que los alumnos se conozcan y entren en contacto. Ambos ejercicios pueden ampliarse libremente, añadiendo preguntas que interesen a los alumnos.

Por ejemplo: *¿Vives cerca de aquí?,   ¿Qué haces los fines de semana?,   ¿Qué música te gusta?,* etc.

Al final del segundo ejercicio, puede decir a los alumnos que se presenten *unos a otros* (es más fácil para los tímidos y la información es la misma; el objetivo es que los alumnos empiecen a conocerse).

En el ejercicio 3 se practica la única estructura nueva respecto a VEN 1. Conviene hacer este ejercicio con más detenimiento.

3. *Clave:*

1. Llevo trabajando cinco horas (... cinco horas trabajando).
2. Llevo esperando (a Irene) media hora (... media hora esperándola).
3. Lleva durmiendo once horas (... once horas durmiendo).
4. Lleva estudiando dos horas (... dos horas estudiando).

B.

Perfil de un personaje

— La biografía del personaje Eva Gallardo nos sirve para repasar el uso de los tiempos fundamentales del Pasado. Predomina el Pretérito Indefinido porque se está contando la vida de una persona. Aquí conviene que el profesor repase con sus alumnos las formas irregulares de este tiempo que aparecieron en primer curso.

SUGERENCIAS

En el ejercicio 1 se practican las preguntas y respuestas sobre información personal referidas al texto de lectura. Tendrán que utilizar preguntas parecidas para el ejercicio 2. Para este ejercicio pida a los alumnos que elijan personajes no demasiado conocidos, de modo que se pregunten cosas que realmente no se saben.

En el ejercicio 3 se pide a los alumnos que aporten datos sobre cinco personajes muy conocidos en el mundo hispanohablante. Si los alumnos no tienen suficiente información sobre ellos añada otros personajes que conozcan mejor y, de todas maneras, anímelos a que escriban algo, aunque no estén muy seguros. Siempre se pueden corregir los errores al final.

1. *Clave:*

1. (Vive) en Madrid, (trabaja) en un periódico.

2. Es periodista.

3. Tiene 38 años.

4. (Le gusta) leer, viajar, cocinar para sus amigos, la comida vegetariana y los zumos naturales.

5. (Nació) en Murcia.

6. Lo ganó en 1982.

3. García Lorca: Poeta y dramaturgo / español (de Granada) / murió asesinado al principio de la guerra civil española (1936). Autor de "El Romancero Gitano", "La Casa de Bernarda Alba".

S. Ballesteros: Jugador de golf / español / ha ganado muchos torneos / conocido por "Seve".

Maradona: Jugador de fútbol (delantero) / argentino / ha jugado en España e Italia (Barcelona C.F. y Milán).

Isabel Allende: Escritora (novelista). Chilena. Sobrina de Salvador Allende, ex presidente de Chile. Autora de "La casa de los espíritus".

Carmen Maura: Actriz de cine, teatro. Española. Muy conocida por sus papeles en películas de Pedro Almodóvar. Premio a la mejor actriz europea 1990, por la película "Ay Carmela" de Carlos Saura.

texto literario

Un juez toma declaración a un sospechoso

EDUARDO MENDOZA. —Nació en Barcelona en 1943 y residió en Nueva York de 1973 a 1982. Su primera novela, "La verdad sobre el caso Savolta" (1975), obtuvo el Premio de la Crítica y le situó entre los escritores españoles más destacados de la actualidad. La novela nos sitúa en Barcelona durante el período revolucionario de 1917 a 1919, cuando la ciudad fue escenario de violentos enfrentamientos entre patronos y obreros, con motivo de la primera Guerra Mundial y sus consecuencias.

Clave:

1. Datos personales: Nombre: Javier Miranda. Norteamericano (desde 1922), de origen español, nacido en Valladolid, España, el 9 de mayo de 1891.

   — Profesionales: Agente comercial. Trabajó en Barcelona de 1917 a 1919.

2. El juez no es español y no sabe, por ejemplo, que de Barcelona a Valladolid hay más de 700 Km. y que el Sr. Miranda no podía hacer todos los días ese viaje para trabajar.

3. En la última parte, a partir de "no encontraba trabajo en Valladolid", el juez intenta confundir a Miranda para saber realmente qué razones le llevaron a Barcelona.

4. Que había puestos de trabajo, los sueldos eran más altos y, además, podía mejorar en su propio trabajo.

5. La forma de preguntar. Ejemplo: "Dígame su nombre y profesión", en lugar de "¿Cómo se llama?". "¿En qué trabaja?". Otro ejemplo muy claro: "Aclare usted ese punto". Finalmente, el orden riguroso de las preguntas, el trato siempre distante y un tanto inquisitorial, de desconfianza, del juez.

PRONUNCIACIÓN Y ORTOGRAFÍA

Clave:

esdrújulas	llanas	agudas
* __ __ __ __	__ * __ __ __	__ __ __ * __ __
periódico	trabajo	cocinar
música	veranos	vivió
	difícil	español
	niño	mayor
	lápiz	están
	soltera	rapidez
	gustan	ganó
		estás

Normalmente identificarán los casos más fáciles primero, y posiblemente necesitarán la ayuda del profesor para establecer los más complejos:

1. Llevan tilde todas las palabras esdrújulas.

2. Llevan tilde las palabras llanas si no terminan en vocal, ni en "n" ni en "s".

3. Llevan tilde las palabras agudas si terminan en vocal, en "n" o en "s".

No se incluyen ejemplos de vocales cerradas en hiato, que aparecerán en la unidad 3. De todas maneras, el profesor puede completar los casos de uso de tilde si considera que los alumnos pueden asimilarlo.

Transcripción:

Crisis, examen, artículo, ciudad, nació, Madrid, allí, situación, gano, tuvo, periódico.

VOCABULARIO

Nota general para todas las secciones de VOCABULARIO.

Por lo general, se darán las variantes léxicas de México, Venezuela y Argentina.
Elegimos estos tres países tanto por ser representativos de sus respectivas áreas geográficas como por su volumen de población e importancia cultural y socioeconómica. Se entiende que en los países limítrofes suelen utilizarse los mismos o parecidos vocablos. También debe tenerse en cuenta que, aunque asignemos un vocablo a un país determinado, puede suceder que se utilicen otras formas en algunas regiones de ese país. La variedad lingüística de Hispanoamérica escapa a cualquier intento de clasificación rígida. Por eso hemos preferido limitarnos a las variantes más difundidas y conocidas.

— En España el nombre completo de una persona incluye el nombre "de pila" (con el que se le bautiza a uno, de ahí la referencia a la "pila" bautismal), y dos apellidos, el primero es el del padre y el segundo el de la madre.

— El término "hembra", aunque correcto en lenguaje oficial o legal, es considerado peyorativo o malsonante por muchas personas, porque se utiliza para referirse a animales. En su lugar se puede utilizar siempre "mujer". "Varón" sólo se utiliza para personas. "Macho" se utiliza sobre todo para animales, pero también para referirse, a veces en sentido irónico o despectivo, a "un hombre muy viril".

actividades

1. Esta actividad se puede hacer de forma oral y en parejas, o que el profesor diga las respuestas y los alumnos le hagan las preguntas de uno en uno o a coro.

Clave:

1. ¿Cómo se llama?   3. ¿De dónde es?   5. ¿A qué se dedica?   7. ¿Qué le gusta?

2. ¿Qué edad tiene?   4. ¿Tiene hijos?   6. ¿Dónde vive/trabaja?   8. ¿Habla algún idioma?

2. Se muestra una carta donde aparece la información personal y tiempos verbales.

Clave:

Pierre Junot
16 Rue L'Étoile
Nantes

Nantes, 2 de octubre de 1990

Querido Ignacio:

Mi profesor me ha dado tu dirección y te escribo para presentarme.
 Me llamo Pierre, soy francés y tengo 19 años. Vivo con otros estudiantes en un piso, en Nantes. Me gusta mucho el cine y hacer deporte.
 Nací en un pueblo pequeño y, cuando tenía 15 años, vine a Nantes para estudiar en el Instituto. Allí estudié español 1 año. Ahora estudio/hago Derecho en la Universidad.

Escríbeme pronto y cuéntame algo de ti.

Nombre: Pierre.
Apellidos: Junot.
Nacionalidad: francesa.
Profesión: estudiante.
Dirección: 16 Rue L'Etoile.
Aficiones: el cine, hacer deporte.

3. En las biografías de estos dos escritores se practica el Indefinido y el Pretérito Perfecto.

Clave:

Javier Marías nació en Madrid (España) en 1951. Estudió Filosofía y Letras. Fue profesor de literatura española en Oxford durante dos años. De vez en cuando escribe artículos en la prensa. Ha escrito varias novelas. En 1976 obtuvo el Premio Herralde con su libro "El hombre sentimental".

Manuel Olivar nació en México D.F. (México) en 1952. Estudió Matemáticas y Sociología. En 1979 hizo un largo viaje por Europa. De vez en cuando escribe artículos en revistas. Ha escrito varias novelas.

4. Después de escuchar la entrevista de trabajo y completar el cuadro con la información que se les pide a los alumnos, éstos tienen que deducir por lo que han oído si el entrevistado consigue el trabajo o no.

Transcripción:

—¡Hola! Buenos días.
—Buenos días. Siéntese, por favor. Veamos, necesito algunos datos suyos. ¿Cómo se llama?
—Andrés García.
—¿Cuántos años tiene?
—Veintitrés.

—¿Es usted de aquí, de Barcelona?

—No, soy de Gerona, pero llevo viviendo aquí seis años.

—¿Cuál es su dirección?

—Vivo en la calle Balmes número 45.

—¿Es soltero?

—Sí, pero pienso casarme pronto si consigo un trabajo.

—¿En qué trabaja actualmente?

—Bueno, no tengo trabajo. Terminé la carrera el año pasado y después tuve que hacer el Servicio Militar. No he tenido tiempo de trabajar.

—¿Qué estudios tiene?

—He estudiado Económicas en la Universidad Autónoma de Barcelona y he hecho algunos cursillos en el extranjero.

—Economista sin experiencia. Bueno, mire, la empresa necesita una persona con mucha experiencia. De todas formas, nos pondremos en contacto con usted.

Clave:

NOMBRE Y APELLIDO	Andrés García
LUGAR DE NACIMIENTO	Gerona
DIRECCIÓN	Calle Balmes
ESTADO CIVIL	Soltero
ESTUDIOS	Económicas. Cursillos en el extranjero
EXPERIENCIA PROFESIONAL	Ninguna (no)

¿Consigue el trabajo?   No.

descubriendo

Hispanos en Estados Unidos

Los hispanos son la minoría más importante dentro de EE.UU. y provienen, sobre todo, de Puerto Rico, México, Cuba y la República Dominicana.

La lengua hispana en estas circunstancias está sufriendo grandes modificaciones y simplificaciones a causa de su mala utilización en los medios de comunicación.

Por una parte, hay un continuo trasvase de términos ingleses al español, lo que hace que se reduzca el vocabulario de este último. Por otra parte, la traducción literal del inglés al español da lugar a deformaciones sintácticas. Por ejemplo, está muy extendido el uso de "te veo" (en inglés "see you") por "hasta luego". Se produce así el fenómeno conocido como "Spanglish", en el que la mitad de las palabras son inglesas y la otra mitad españolas.

Desde el punto de vista sociológico, los hispanos representan la esperanza del futuro debido a su alta tasa de natalidad. Se prevé que para el año 2020 la mayoría de los trabajadores de California serán hispanos, negros y asiáticos, mientras que los anglosajones serán mayoritariamente jubilados. Y esto mismo es aplicable a otras zonas del país.

Están enfadados

— Se presentan una serie de palabras y expresiones referidas al carácter. Lo importante en este apartado es el vocabulario.

— Hay que destacar que los adjetivos, ya sean positivos o negativos, cuando se habla del carácter, van siempre con el verbo SER.

— Por el contrario, cuando se habla de un estado, van con el verbo ESTAR (de buen humor, harto, contento…)

— Además, aparecen frases hechas con el verbo TENER (buen/mal carácter, la culpa, razón).

— "Caer bien/mal" siempre necesita el pronombre: *Juan me cae bien. Yo le caigo bien a María.*

— "Pero… ¿cómo?" expresa asombro y equivale a decir "¿Cómo es posible?".

SUGERENCIAS

El objetivo de los ejercicios 1 y 2 es activar el vocabulario usado para describir el carácter.
La presentación del vocabulario se puede reforzar con mímica en la clase o con una referencia a personajes de ficción de características muy marcadas, o incluso a personas reales muy conocidas para los alumnos.

Si los alumnos no se conocen lo suficiente como para opinar sobre el carácter de sus compañeros, el ejercicio 2 se puede cambiar de forma que los alumnos hablen en parejas sobre personas reales o personajes de ficción, siempre muy conocidos.

En el ejercicio 3 se presentan y practican locuciones muy útiles. Si quiere reforzar esta práctica, hay varias posibilidades:

— (No) tener razón: Puede surgir fácilmente en el ejercicio 2 si los alumnos no están de acuerdo.

— (No) tener la culpa: Aproveche cualquier serie de TV, película o novela muy conocida, para hablar de la trama y preguntar: *¿Quién tuvo la culpa?* ante algún hecho negativo.

                     También puede pedir a los alumnos que piensen en cuatro o cinco problemas graves de su ciudad/país o de la humanidad (guerras, violencia, contaminación, pobreza, etc.) y, a continuación, hablar de posibles responsabilidades.

— Estar de buen/mal humor y adjetivos de descripción: Con fotos recortadas de revistas, se muestran a los alumnos y éstos comentan: *Parece que está de mal humor, parece inteligente.*

1. *Transcripción:*

1. Javier no hace nunca regalos. Es muy tacaño.
2. Con Antonia nos lo pasamos muy bien .Cuenta muchos chistes. Es divertida.
3. Pedro estudia mucho, pero siempre cree que va a hacer mal los exámenes. Es pesimista.
4. Jesús no habló con nadie en la fiesta de ayer. Es bastante tímido.
5. Alberto sólo piensa en sí mismo. Es egoísta.
6. A Pilar no le gustan las fiestas ni las bromas. Es muy seria.
7. Lali no tiene educación. Es grosera.

Clave:

1 tacaño	4 tímido	7 grosera
2 divertida	5 egoísta	
3 pesimista	6 seria	

3.
1. Estoy de mal humor…
2. … me cae bien.
3. … está de buen humor.
4. Tienes razón, …
5. … tengo la culpa.

C. *En mi opinión*

— Partiendo de la opinión de tres personas sobre diversos temas se adelantan algunas formas de pedir opinión y opinar.

— Haga notar a los alumnos que, al dar una opinión, se suele emplear la estructura completa: "A mí me parece/gusta…".

— Destacar que el verbo PARECER puede ir con *adverbio, adjetivo, sustantivo* y *que +frase*:

> *A mí me parece bien.*
> *A mí me parece tonto.*
> *A mí me parece una tontería.*
> *A mí me parece que Pedro es inteligente.*

— "Lo que pasa es que…".—Introduce una objeción (equivale a "pero") o una aclaración.

SUGERENCIAS

No es previsible, ni necesario, que los alumnos sientan un interés especial por los temas que se tocan en la encuesta. En el ejercicio 1 se trata, pues, de practicar las fórmulas para preguntar y expresar opiniones con detenimiento y precisión.

El ejercicio 2 puede ser escrito u oral, según el nivel de los alumnos, y sirve de refuerzo para el anterior. Si los alumnos están muy motivados podrían añadir ellos mismos otras frases para que sus compañeros opinasen.

B. texto literario

Un héroe de la independencia

GABRIEL GARCÍA MÁRQUEZ. Nació en Aracataca (Colombia), en 1928.Tras escribir varios cuentos y novelas cortas, publicó en1967 "Cien años de soledad", con la que se consagra definitivamente como uno de los grandes maestros de la narrativa contemporánea. En 1982 recibió el Premio Nobel de Literatura. "El general en su laberinto" (1989) es su última novela publicada hasta hoy. En ella narra el último viaje de Simón Bolívar, el Libertador de América. Se mezclan en la obra el presente, con un Bolívar enfermo y desilusionado, perdida ya la esperanza de la unidad de los pueblos americanos, con las evocaciones de su pasado.

Clave:

1. Su edad, 35 años, está casado y tiene una hija.
2. Un rostro que refleja dulzura, las marcas de viruela en el mismo (la cara) y buena salud. Viste con sencillez: un largo abrigo de paño negro con el cuello subido.

3. Es inteligente, ordenado, tímido, supersticioso, valiente, tiene buen corazón.
4. Que es mariscal. A los 29 años dirigió una gloriosa batalla. Es un gran estadista. No era ambicioso, sólo ansiaba llegar a ser diputado, a pesar de sus méritos.

PRONUNCIACIÓN Y ORTOGRAFÍA

En esta unidad se continúa trabajando con la separación de palabras en sílabas. Se presentan los diptongos. Conviene que los alumnos lleguen a percibir auditivamente, por intuición, las sílabas en las palabras de los ejemplos antes de presentar las reglas y la distribución entre vocales abiertas y cerradas.

No se presentan ejemplos en hiato para evitar confusiones. El hiato se presenta en la unidad 3.

Clave:

carácter = 3, Javier = 2, políticos = 4, abierto = 3, buen = 1, humor = 2, tiene = 2, aguanto = 3.

bien, au-to-mó-vil, i-dio-ma, puen-te, vi-rue-la, vein-ti-nue-ve, a-mi-go, co-le-gio, es-pa-cio, quién, tra-vie-sa, ai-re.

VOCABULARIO

ser aburrido/a:	ser soso, no tener gracia.
estar aburrido/a:	sentir tedio o aburrimiento.
ser despierto/a:	ser listo.
estar »	no estar dormido.
ser guapo/a:	tener buena presencia física (permanentemente).
estar »	estar arreglado, bien vestido (en un momento determinado).
ser bueno/a:	ser bondadoso, portarse bien.
estar »	no estar enfermo / ser guapo (coloquial y vulgar).
ser listo/a:	ser avispado, inteligente.
estar »	estar preparado.
ser reservado/a:	no ser hablador.
estar »	estar apartado, guardado (para alguien o para algún fin).

actividades

1. La finalidad es que el alumno busque la información que se le pide con la mayor rapidez posible, y no se pare a pensar el significado de las palabras que puede desconocer. Se les da un tope de tiempo, por ejemplo, de cuatro o cinco minutos, y acto seguido se corrige y se comprueba cuántos alumnos han contestado correctamente las preguntas.

Clave:

1. La chica de veintidós años (Pilar).
2. No. Está divorciado.
3. Es empresario.
4. Escribiéndole al apartado de correos.
5. Los tres amigos con título universitario.
6. Al hombre de treinta y dos años.

7. Tres amigas.
8. El hombre no siempre libre, de veintisiete años...

2. Los alumnos escriben anuncios parecidos y se los entregan al profesor, que puede seleccionar los mejores o los más divertidos y leerlos en voz alta a toda la clase.

3. Antes de escuchar la cinta se pueden comentar los dibujos entre todos, y facilitar así un poco la actividad auditiva.

Transcripción:

A. Trabaja en una agencia de publicidad. Tiene 30 años, es alta, morena, atractiva... Es alegre y optimista, siempre está de buen humor.

B. Trabaja en un Ministerio. Tiene 40 años. Es alto, delgado, y lleva gafas y ropa clásica. Es bastante serio y tímido.

C. Trabaja en una discoteca. Tiene 22 años, es muy moderno, lleva ropa extravagante... es divertido, muy abierto y cariñoso.

D. Trabaja de profesora en un colegio. Tiene 28 años. Es rubia y bajita. Lleva ropa y zapatos cómodos... es alegre y tiene buen carácter.

E. Es director de una empresa. Tiene 65 años. Es bajo, gordo. Lleva traje... Es serio y se enfada a menudo.

Clave:

A. 4,   B. 2,   C. 5,   D. 1,   E. 3

4. Los alumnos expresan y exponen sus opiniones de una forma más libre y menos guiada. Se apoya en lo visto en el apartado B de esta unidad.

descubriendo

Qué piensan, qué desean, qué temen los jóvenes españoles de hoy

Se puede pedir a los alumnos que extraigan los rasgos más característicos de la juventud española; también pueden comparar las características que tienen en común con la juventud de su país.

Se pueden hacer preguntas del tipo: "¿Teníais alguna idea preconcebida de cómo era la juventud española?", "¿Qué pensáis ahora?", "¿Qué es lo que más te ha sorprendido en esta encuesta realizada entre 4.500 jóvenes?", etc.

Si los alumnos están motivados, y el profesor lo considera oportuno, se puede hablar o hacer un mini debate sobre los temas que preocupan a la juventud de hoy, como por ejemplo: el paro juvenil, relaciones con el otro sexo, etc.

Hacer unos recados

— En este diálogo se presentan, por un lado, varias estructuras que sirven para expresar la obligación y, por otro, el Presente de Subjuntivo, necesario para algunas de estas expresiones. Además, este tiempo es la forma del Imperativo negativo, que también se introduce y practica aquí.

— Con "hace falta" / "hay que" / "es necesario" + Infinitivo, expresamos la obligación (o ausencia de obligación), de manera general, que afecta a todo el mundo o a cualquiera:

> *Para adelgazar hay que hacer régimen y ejercicio.*

— Con "tener que + Indicativo" / "hace falta que" / "es necesario que" + Subjuntivo expresamos la obligación (o su ausencia) de manera particular:

> *No hace falta que vayas a trabajar mañana*
> *(tú)*

— Hay que tener en cuenta que, salvo algunas excepciones (soy-sea, sé-sepa), la irregularidad del Presente de Subjuntivo es la misma que la del Pres. de Indicativo.

— "¿Algo más?", equivale a "¿quieres que haga alguna cosa más?"

— "Si te coge de camino", significa "si pasas por allí cerca".

SUGERENCIAS

Para introducir el tema de tareas y obligaciones: si tiene alumnos adultos les puede preguntar por sus trabajos y lo que "hay que hacer" en ellos. (Trate de que al hacer referencia a las tareas se use la forma no personal).

Para reforzar la idea de que "hay que" implica obligación *no personal:* muestre a los alumnos fotos o dibujos de una habitación/casa desordenada, de un jardín descuidado o cualquier otra escena donde sea evidente que "hay que hacer algo"; a ser posible que no aparezca ninguna persona en la foto, para que no se pueda decir: "Ese hombre/chico/etc., *tiene que...*". Pregunte a los alumnos si ven algo que "no esté bien" en la foto y pídales que digan lo que "hay que hacer". Recuerde que les hará falta ayuda con el vocabulario.

Clave:

1.
  1. Para lavar la ropa, *una lavadora.*
  2. Para quitar el polvo del suelo, *una aspiradora.*
  3. Para limpiar los suelos, *una fregona.*
  4. Para comunicar noticias, *unas cartas.*
  5. Para ver películas y grabarlas, *un vídeo.*
  6. Para notificar a alguien cuánto tiene que pagar, *una factura.*
  7. Para proteger los pies, *unas botas.*
  8. Para pagar los servicios del correo, *unos sellos.*

2.
B: Hay que comprar una fregona.

A: No (hace falta que la compres. Ya la he comprado yo.

B: Hay que pagar el alquiler de la casa.

A: No (hace falta que) lo pagues. Ya lo he pagado yo.

A: Hay que pagar el gas.

B: No (hace falta que) lo pagues. Ya lo he pagado yo.

A: Hay que sacar dinero del banco.

B: No (hace falta que) (lo) saques. Ya (lo) he sacado yo.

B: Hay que llevar las botas al zapatero.

A: No (hace falta que) las lleves. Ya las he llevado yo.

A: Hay que llevar el vídeo a la tienda.

B: No (hace falta que) lo lleves. Ya lo he llevado yo.

B: Hay que hacer la compra.

A: No (hace falta que) lo hagas. Ya la he hecho yo.

A: Hay que hacer la comida.

B: No (hace falta que) la hagas. Ya la he hecho yo.

B: Hay que arreglar la lámpara.

A: No (hace falta que) la arregles. Ya la he arreglado yo.

A: Hay que arreglar la aspiradora.

B: No (hace falta que) la arregles. Ya la he arreglado yo.

B: Hay que poner la lavadora.

A: No (hace falta que) la pongas. Ya la he puesto yo.

B. *La reina pepiada*

— Se insiste en la práctica del Imperativo con Vd.

— Además se repasan las cantidades y, sobre todo, se amplía el vocabulario referido a alimentos y formas de cocinar.

— Antes de oír la grabación se recomienda que el profesor aclare las palabras difíciles.

SUGERENCIAS

En el ejercicio 1 se practican los imperativos con "usted" y con pronombre enclítico. Si observa que esta práctica es insuficiente, dada la complejidad del objetivo, puede repetir el ejercicio con otras instrucciones. Estas instrucciones deben ser sobre algo que conozcan bien al menos algunos alumnos. Además, si éstos han de utilizar verbos nuevos, habría que preguntar las formas de Imperativo (con "usted") correspondientes antes de comenzar.

En el ejercicio 2 se presenta vocabulario rentable y de uso cotidiano. Si considera que sería conveniente aprovechar la ocasión para ampliar más el vocabulario, pida a los alumnos que elaboren instrucciones parecidas y vaya presentando palabras nuevas a medida que las necesiten. (Los alumnos pueden indicar qué palabras necesitan con mímica o en su propio idioma). Un dibujo esquemático en la pizarra ayudará a los alumnos a asimilar esas palabras.

Ejemplo: *Para hacer una cama*
      Alumno: *Primero ... (gesto de extender una sábana)*
      Profesor: *"Extender"... "extienda"*
      Alumno: *Primero extienda la sábana sobre la cama y meta los ... (gesto indicando esquina a borde)*
      Profesor: *"Las esquinas/los bordes"*
      Alumno: *Y meta los bordes debajo del colchón, luego ...*

Clave:

1. La arepa es una tortita redonda de harina de maíz que se come a diario en Venezuela y otros países de América Latina:

... ingredientes preparados.   "Ahora fría/haga al horno las arepas".
... las arepas.   "Ahora ábralas y meta los trozos de pollo".
... la arepa.   "Ahora cúbralo todo con mayonesa".
¿... la sirvo?   "Sírvala bien caliente".

2. Para hacer una llamada telefónica   Para poner una lavadora
internacional

— consulte la guía para...   — abra el grifo del agua
— ponga monedas   — meta la ropa
— espere el tono de línea   — cierre bien la tapa...
— marque el 07   — ponga detergente
— marque el prefijo del país   — seleccione el programa ...
— marque el número de teléfono — conecte la lavadora.

⊖ **texto literario**

Carvalho hace la compra

MANUEL VÁZQUEZ MONTALBÁN.— Nació en Barcelona en 1939. Es autor de numerosas novelas, poemas, libros de ensayos y muchos artículos periodísticos. Su obra ha sido galardonada con distintos premios internacionales. 1981: Premio Internacional en París. 1989: Premio de la Crítica en la R.F.A. Premio Rocalmore en Palermo. Esta novela pertenece a la serie "Carvalho", detective privado, protagonista de parte de sus obras. En ella, Carvalho tiene que investigar el misterioso asesinato de un importante hombre de negocios, a quien todos imaginaban haciendo un viaje por los Mares del Sur.

1. Sí, porque pide "lo de siempre", es decir, lo que compra siempre.
2. No, cuando dice "este jamón de Salamanca ya no es lo que era" quiere decir que la calidad ha bajado mucho, que antes era mejor.
3. No muy bien. Piden algo, una marca, un producto de un lugar y en las tiendas le dan ese producto pero muchas veces no es de donde dicen los vendedores y los clientes piden. Por ejemplo, a cualquier jamón (que no sea de Jabugo o de Trevélez) le dicen que es de Salamanca, aunque sea de cualquier otra parte.
4. Según dicen, es tan exquisito que puede curar cualquier enfermedad y, si Pepe está deprimido, después de tomarlo se sentirá perfectamente.

PRONUNCIACIÓN Y ORTOGRAFÍA

Tras hacer los ejercicios de pronunciación de las unidades 1 y 2, los alumnos no deberán tener dificultades en hacer correctamente la separación en sílabas. Sin embargo conviene practicar la pronunciación de los ejemplos en hiato.

Haga que los alumnos los repitan.

Clave:

e-go-ís-ta, a-guan-tar, na-ta-ción, ca-e, ví-de-o, sa-bí-a, vi-u-da, co-le-gio,
fre-ír, a-gua-ca-te, gua-pa, ma-re-a.

VOCABULARIO

Clave:

Las listas son bastante completas. Los ejemplos que puedan añadir los alumnos serán probablemente sinónimos de algunos términos que aparecen.

Formas de guisar: hacer a la parrilla, a la brasa, tostar, escabechar, etc.

Sabores: agridulce.

Temperaturas: libre, se trata de mencionar cualquier comida o bebida.

actividades

1. Antes de leer el texto, se puede pedir a los alumnos que digan sobre qué creen que va a tratar, qué consejos se van a dar, qué tipo de alimentación es apropiado para el verano, por qué hay que tener más cuidado con los alimentos, etc.
Después de leer el texto se comprueba si las respuestas de los alumnos han sido parecidas a las sugerencias que da el Servicio de Salud. Por último, se responden las preguntas.

Clave:

1. Del sol y del calor.
2. En el frigorífico.
3. Muy clara.
4. Lavarlas con agua abundante e incluso añadirles una gota de lejía.
5. Que hay que hacerlas inmediatamente antes de consumirlas.

2. Si alguna persona en la clase ha probado el gazpacho o sabe cómo se hace, éste es el momento ideal para contárselo al resto de la clase.
Antes de escuchar la receta compruebe que los alumnos conocen todo el vocabulario que aparece en las instrucciones de preparación.

Pele bien los tomates. Haga lo mismo con la cebolla, el pepino y el pimiento.

Aparte un poco de tomate, pimiento, pepino y pan, córtelos en cuadraditos y póngalos en platillos separados, para añadir al servir el gazpacho.

Ponga en la batidora el resto de los ingredientes. Hay que batirlos muy bien. Tiene que quedar muy fino (como una sopa o crema). Si hace falta, añada un poco de agua.

Después de batirlo todo, póngalo en la sopera y métala en el frigorífico. No añada los cubitos de hielo hasta el momento de servir.

Al servir el gazpacho, añada agua fría al gusto, y remuévalo bien. Sirva aparte los platillos con las verduras y el pan, todo por separado.

El gazpacho es de origen muy antiguo, posiblemente mozárabe. De procedencia andaluza y extremeña, se ha extendido por toda España, y constituye un aperitivo o primer plato favorito para el verano.

Según D. Gregorio Marañón, el gazpacho es "una sapientísima combinación empírica de todos los alimentos simples fundamentales para una buena nutrición".

3. De acuerdo con los gustos y motivaciones del alumnado, éstos escribirán instrucciones sobre cómo hacer algo. En clase se pueden sugerir algunas ideas o bien ellos mismos proponerlas. Estas variarán de acuerdo con la edad, sexo, nivel cultural, etc., de los alumnos.

descubriendo

El licor más peligroso del mundo: el mezcal

En los pueblos de la región mexicana de Oaxaca se sigue elaborando, hoy como en tiempos de los aztecas, un brebaje diabólico obtenido de la misma tierra y sazonado con gusanos rojos. Es el destructor y alucinógeno mezcal.

Este líquido ambarino pálido aterriza en el estómago como una carga de profundidad. La fama de brebaje infernal no viene de su graduación que, aunque elevada, no constituye ningún récord: 43 grados en la escala Gay-Lussac, lo que no es demasiado si lo comparamos con la absenta, o algún orujo casero de los que se fabrican en España. Viene, más bien, de la literatura —principalmente Lowry en "Bajo el volcán"—, que nos ha presentado la acción destructora de esta bebida.

Bebida, por otra parte, venerada y consumida en México, su país de origen. Conviene aclarar que, a pesar de la semejanza en los nombres, el mezcal no debe ser confundido con la mescalina, la famosa droga alucinógena que comparte con el licor su origen mexicano.

Viaje a Extremadura

— En español hay numerosas formas de expresar la hipótesis y la probabilidad. En esta unidad presentamos algunas de ellas.

— El Futuro Imperfecto se usa para expresar la probabilidad en el presente: *¿Dónde estará ahora Antonio?*

— Aprovechando el tema del viaje, se presentan la expresión de la distancia y el tiempo aproximados: *Estará a unos 20 kms*. La presencia de "unos" acentúa el carácter hipotético de la frase.

— Con "A lo mejor" se expresa falta de seguridad, pero aunque las acciones sean futuras, el verbo va en Presente: *A lo mejor vamos* (no "iremos") *a Yuste.*

— "¿Por qué no...?" sirve para sugerir y equivale casi a una invitación y "Podríamos..." es una sugerencia para hacer algo juntos.

— "¿Sabes?". Es una pregunta retórica y se utiliza al empezar a hablar, cuando se quiere comunicar una noticia.

— Mérida. Ciudad de Extremadura, famosa por sus ruinas romanas.

SUGERENCIAS

Para practicar el uso del Futuro para expresar "suposición, cálculo aproximado" frente a "conocimiento cierto" diga a los alumnos que les va a hacer preguntas difíciles y pídales que respondan aunque no estén seguros.

Ejemplo:

Profesor: *¿Cuantos habitantes tiene México?*

Alumno 1: *No sé, **tendrá unos** cuarenta o cincuenta millones.*

Alumno 2: ***Creo que** tiene unos sesenta millones.*

Alumno 3: *Yo lo sé (estoy seguro/lo he leído). **Tiene** noventa millones.*

Para practicar "a lo mejor..." haga preguntas a los alumnos sobre su futuro inmediato:

Ejemplo:

¿Vas a salir fuera el próximo fin de semana?

¿Vas a casarte?

No importa que algún alumno responda con seguridad: "Sí/No". No se trata de un ejercicio mecánico, sino de una actividad abierta en la que se practica el contraste seguridad/probabilidad.

1. *Clave:*

Ejercicio libre; algunas posibilidades son:

1. ¿Por qué no vamos a verlo? / Podríamos ir a verlo.
2. ¿Por qué no le pedimos dinero a ...? / Podríamos buscar un trabajo / ...
3. ¿Por qué no lees un libro? / ... vas al cine? / ... salimos a dar una vuelta?
4. ¿Por qué no comes? / ... haces la comida? / ... vamos a un restaurante?
5. ¿Por qué no te acuestas? / ... tomas una aspirina? / Podrías ir al médico.
6. ¿Por qué no descansamos? / Podríamos descansar.

En la ciudad

— En este apartado se repasan y amplían las funciones presentadas en primer curso referidas a direcciones y formas de llegar a un sitio.

— También se amplía el vocabulario propio de establecimientos y edificios públicos de la ciudad.

— Por otro lado, la noticia del accidente sirve para introducir el Pretérito Pluscuamperfecto, que expresa una acción pasada anterior a otra también pasada.

SUGERENCIAS

Después del ejercicio 1, en el que se utiliza el plano como apoyo visual a las instrucciones, pregunte a los alumnos cómo se va a algún sitio cercano. Los alumnos deben contestar sin apoyo visual, y procurando no hacer gestos con las manos.

Para reforzar la práctica del Pretérito Pluscuamperfecto pida a algún alumno que cuente un cuento breve y sencillo (una anécdota real también puede servir). Al terminar diga que va a recapitular y pida a los alumnos que le corrijan si se equivoca. Al repetir el cuento cometa errores en el orden en el que suceden las cosas.

Ejemplo:

Profesor: ... *Caperucita llegó a casa de su abuelita y allí se encontró con el lobo, ¿verdad?*

Alumno 1: *No, ya se había encontrado/se encontró con el lobo antes.*

Profesor: *Ah, vale. Caperucita ya se había encontrado con el lobo cuando llegó a casa de su abuelita. Bueno, sigo.*

Clave:

Preguntas de comprensión:

1. Unos motoristas y el conductor del autobús.
2. La moto se saltó el semáforo y chocó con un autobús.
3. Los que iban en la moto resultaron heridos graves.
4. El conductor del autobús dijo que él no tuvo la culpa, porque intentó evitar el choque.
   La gente dijo que el autobús arrancó cuando el semáforo ya se había puesto rojo.

2. 1. Cuando llegaron al teatro ya había empezado la representación.
2. Cuando llegaron los bomberos ya se había quemado la casa.
3. Cuando llegamos a su casa ya habían salido.
4. Cuando fuimos a comprar las entradas ya se habían terminado.

3. 1. ¿Qué tal el fin de semana?

Regular, la vuelta a Madrid el domingo por la noche (SER) __fue__ horrible. (ESTAR, nosotros) __Estuvimos__ dos horas parados. Cuando (LLEGAR, nosotros) __llegamos__ a casa ya (SER) __eran__ las 12.

2. ¡Otra multa! Pero tú ¿qué haces?

Yo no tengo la culpa. El viernes pasado, cuando (VOLVER, yo) __volvía__ del trabajo, me (PONER, ellos) __pusieron__ una multa porque no (PARARSE, yo) __me paré__ delante del semáforo en rojo: yo no lo (VER) __vi/había visto__ .

3. ¡Esta ciudad cada vez está peor!

¿Qué te pasa, mujer?

Nada, que anoche, cuando (SALIR, nosotros) __salimos__ del cine, (SER) __era__ ya más de la una de la mañana, y (PARECER) __parecía__ que (SER) __eran__ las 12 del mediodía. (HABER) __Había__ muchos coches y a esa hora (CONDUCIR) __se conducía/conduce__ a una velocidad excesiva.

⬤C. texto literario

El atasco

JULIO CORTÁZAR. Argentino, nacido en Bruselas en 1914, vivió en Argentina hasta que en 1950 se instaló en París, donde murió en 1985. Autor de numerosas obras, entre las que destaca "Rayuela", es también muy conocido por sus cuentos. El que aquí presentamos es un relato de un atasco en la autopista del Sur de París un domingo por la tarde. El autor va mostrando, por un lado, los comportamientos, las reacciones, los momentos de tensión, de angustia del conductor y, por otro, las relaciones que se establecen durante este breve tiempo entre los automovilistas.

Clave:

1. Porque ven que pasa el tiempo y que ellos siguen sin avanzar nada por culpa del atasco y se ponen cada vez más nerviosos.

2. Siempre se organiza un atasco tremendo al regresar a París.

3. Los conductores se ven obligados a ir muy despacio, pararse, poner en marcha el motor para avanzar muy poco (tres metros), volver a pararse…

4. En conversar y observar a los conductores de los coches próximos y, a veces, bajarse del coche si la parada es bastante larga.

5. Porque un conductor distraído sigue parado en el momento en que los otros empiezan a andar y se puede avanzar otro poco.

6. Un Dauphine con una muchacha como conductor. Un Peugeot 404 conducido por un ingeniero. Un 2 CV conducido por dos monjas. Un Caravelle conducido por un hombre pálido. Un matrimonio y su hijita a bordo de un Peugeot 203. Dos jovencitos en un Simca.

PRONUNCIACIÓN Y ORTOGRAFÍA

No hace falta que los alumnos distingan con exactitud los diferentes esquemas de entonación. Basta con que diferencien oraciones interrogativas, exclamativas y aseverativas basándose, no sólo en la entonación, sino también en la estructura de la frase.

Transcripción:

1. ¿Sabes?, ¡tenemos vacaciones!
2. ¿Sabe si hay un hotel cerca?
3. ¡Es un pueblo precioso!
4. ¿Está muy lejos Mérida?
5. ¿Cómo se va?
6. ¡Ya no puedo soportarlo más!

VOCABULARIO

Clave:

	acera	bordillo	calzada	un carril en cada sentido	varios carriles en cada sentido
calle	X	X	X	X	(X)
avenida	X	X	X		X
paseo	X	X	X	(X)	X
plaza	X	X	X		
glorieta	X	X	X		
carretera			X	X	
autopista			X		X
camino					
sendero					

actividades

1. Sitúe en el mapa las ciudades y lugares de interés turístico y lea la información con los alumnos. Si cualquiera de ellos ha estado en alguno de estos lugares es una buena ocasión para que se lo cuente al resto.

2. Con el vocabulario del cuadro y con la situación de los coches y las señales de tráfico, los alumnos tienen que escribir un informe contando lo que pasó. Si los alumnos son jóvenes o no tienen nociones de conducción, es conveniente que el profesor los ayude.

(Ejercicio libre.)

3. Se lee el texto antes de escuchar la cinta. Si los alumnos desconocen algunas palabras pueden preguntar el significado a sus compañeros o intentar deducirlo. Esta comprensión auditiva es prácticamente un dictado. Para que se pueda completar el texto ponga varias veces la cinta.

Transcripción y clave:

Anoche tuve un sueño muy raro. Iba por una ciudad desconocida, era ya de noche, y de repente, apareció un coche en una esquina, se paró y me subí. No lo conducía nadie. El coche arrancó, giró varias veces a la derecha y se paró delante de una casa vieja, rodeada de jardines, a las afueras de la ciudad. Del interior salía una música que parecía de otros tiempos. Allí la gente iba vestida también de una forma extraña, unos bailaban y otros estaban sentados cuando entré. Se paró la música y todo se desvaneció, quedó sólo la vieja casa deshabitada, con sus jardines salvajes, y yo que me preguntaba, ¿dónde he estado?

descubriendo

Descubra Barcelona

El dos de octubre de 1988, el alcalde de Barcelona Pasqual Maragall recibió la bandera olímpica en el Estadio de Seúl. Ese fue el principio de los Juegos Olímpicos de Barcelona 92. Desde la nominación olímpica, el público en general y el Comité Organizador pusieron todo su entusiasmo y energía.

Barcelona es una ciudad situada al noreste de la Península Ibérica, donde la historia está presente y se manifiesta cada día. Durante más de dos mil años ha visto desfilar por sus tierras a griegos, romanos, visigodos, árabes y francos. Y todos ellos han dejado huellas de su presencia.

En Barcelona se concentra la mayoría de la población catalana, y rivaliza con Madrid en extensión, desarrollo económico, vida cultural y deportes.

Aparte del barrio gótico y otros monumentos antiguos, Barcelona debe gran parte de su personalidad arquitectónica al ilustre arquitecto Gaudí.

Antonio Gaudí nació en Reus en 1852 y murió en Barcelona en 1926. Estudió arquitectura en Barcelona y en 1883 fue nombrado arquitecto del templo expiatorio de la Sagrada Familia, su creación más significativa aunque quedó inacabada, y a la que Gaudí estuvo muy vinculado.

Paralelamente a ésta, fue realizando muchas obras y afirmando su originalidad. Los estilos del pasado, entre ellos, el gótico, los manejó con entera libertad, mezclados con formas decorativas de nuevo cuño. Fue un gran representante del estilo llamado "modernista".

Antirreligioso en su juventud, Gaudí evolucionó hacia un catolicismo apasionado. La Sagrada Familia fue para él no sólo su creación artística de mayor empeño, sino una afirmación de fe. Entre 1898 y 1914 realizó un grupo de obras en las que desplegó su asombrosa capacidad creadora. A esta etapa de madurez corresponden la casa Batlló, cuyo exterior evoca formas óseas y cartilaginosas; la casa Milá, llamada La Pedrera, por su forma ondulante de piedra, etc.

De boca en boca

— El título alude al tema que se trata en este apartado, el Estilo Indirecto. Cuando una noticia "va de bo-ca en boca" quiere decir que se transmite rápidamente de forma oral, como un rumor.

— Aprender el cuadro de las correspondencias verbales entre Estilo Directo e Indirecto no entraña dificul-tad, pero sí su práctica y consolidación en la lengua hablada. El profesor, después de escribir el cua-dro en la pizarra, puede dar ejemplos en Estilo Directo y pedir a los alumnos que los transformen en Estilo Indirecto. Después se puede pasar a realizar los ejercicios de PRACTICA.

—"¿Ya sabe usted lo de D. Fernando?". Aquí, el pronombre "lo" equivale a "eso", lo que le ha ocurrido a D. Fernando, la noticia.

—... "uno de lujo, ya sabe". Significa que el interlocutor sobreentiende a qué se refiere el hablante.

—... "al Caribe, o a Miami o por ahí". Ese "por ahí" puede ser cualquier otro lugar de la Tierra.

SUGERENCIAS

Para reforzar la práctica del Estilo Indirecto, se puede hacer un juego en clase siguiendo el modelo del ejercicio 2-3: el profesor plantea preguntas parecidas a las del ejercicio 3 (Ejemplo: *¿Dónde vive Montse?*, *¿Qué hace Amparo?*) y dice a los alumnos que va a repartir papeles con respuestas a las preguntas. El profesor escribe tantos papeles como alumnos hay en clase. Para cada pregunta escribe tres o cuatro pa-peles, dos o tres con respuestas correctas y un papel solamente con una respuesta incorrecta (una "men-tira"). Cada alumno recibe un papel (no sabe si es verdad o mentira lo que dice), y tiene que:

— Contar a otros (**de uno en uno**) lo que dice su papel. Ejemplo: *Montse vive en Barcelona*.

— Contar lo que han dicho otros alumnos. Ejemplo: *María me ha dicho que Amparo es taxista*.

— Descubrir a los "mentirosos".

Tiene que obtener todas las respuestas y asegurarse de que sean ciertas (contrastando información: si oye a un compañero decir que Amparo **es taxista**, pero oye a otros dos decir que **es pintora**, deducirá que es pintora, y que quien diga que es taxista está mintiendo. El primero en obtener todas las respuestas correctas y descubrir a los mentirosos será el ganador del juego).

Clave:

1. Don Fernando le dijo al portero que le había tocado la lotería.
Basilio, el portero, le dijo a su mujer que a don Fernando le había...
Victoria, su mujer, le dijo a una vecina que le habían tocado varios millones...
Eulalia, la vecina, le dijo a su marido que don Fernando era millonario, ...

2. 2. Con Julia. (Montse miente).
3. Estaba triste. (Miguel miente).
4. Amparo y Montse (Montse miente).
5. De Valencia. (Miguel miente).

Noticias

— Se tratan dos funciones diferentes, pero muy relacionadas entre sí.

— En el caso de "¿Te has enterado de..." y "¿Sabes que...?" el hablante no quiere saber si el otro conoce la noticia, sino que quiere informarle de ella. Se suelen utilizar estas dos estructuras para empezar a comentar extensamente esas noticias, como motivo de conversación.

— En el caso de "¿Sabes si...?, el hablante está pidiendo información o confirmación de algo que le interesa.

SUGERENCIAS

Si desea hacer el ejercicio 2 más ameno proponga el siguiente juego: En parejas y por turno, A pregunta a B si conoce una noticia. Esta noticia puede ser verdadera o falsa. B tiene que contestar "Sí, ya lo sabía/ya me había enterado" si de verdad conoce la noticia o si cree que es verdadera, aunque no la conozca en realidad y, por el contrario, debe responder "No, no lo sabía/no me había enterado" si cree que es falsa. Si acierta, en cualquiera de los dos casos gana un punto; si falla, el punto lo gana A. Los alumnos deben intentar preguntar por noticias poco conocidas o extrañas (pero verdaderas) o falsas, pero muy verosímiles para engañar a sus compañeros.

Clave:

3.
1. ¿... de que ... ? — ... , me había enterado.
2. ¿... que ...? — ... , no lo sabía.
3. ¿... si ...? — ... , no lo sé.
4. ¿... de que ...? — ... lo sabía.
5. ¿... que ...? — ... me había enterado.
6. ¿... que ...? — ... no lo sabía.

4.
1. ¿Sabes si necesito fotos (para sacarme el carnet)?
2. ¿Sabe si el 47 / este autobús va al centro?
3. ¿Sabe(s) si es muy caro?

C. texto literario

Una broma pesada

MARIO BENEDETTI. Nació en Paso de los Toros, Uruguay, en 1920. En 1973 tuvo que exiliarse y ha vivido en Argentina, Perú, Cuba y España. Además de periodista, es autor de novelas, cuentos, poesía, teatro, ensayos, crítica literaria, guiones cinematográficos e, incluso, letras de canciones. "La tregua" es el diario de un empleado de oficina próximo a la jubilación, que nos va contando sus problemas, sus esperanzas y los acontecimientos más triviales de su vida. El libro termina con una profunda frustración, la muerte de la mujer que abría una esperanza en la vida del protagonista.

Clave:

1. Porque pensaba que si no se lo enseñaba a nadie le iba a tocar el gordo.
2. Porque lo vio encima del mostrador cuando Menéndez sacó la cartera para pagar algo. A continuación, Rosas anotó el número y se lo contó a todo el personal de la oficina.
3. Anotar en la pizarra el número que tenía Menéndez en lugar del que ha salido premiado de verdad.
4. Primero se quedó paralizado y luego (sin que nadie pudiera evitarlo, con toda rapidez), entró en el despacho del gerente sin llamar y le dio un beso en la calva.
5. En la novela, Menéndez es despedido porque el gerente se siente muy ofendido por la acción de aquél, sobre todo delante de un cliente.

PRONUNCIACIÓN Y ORTOGRAFÍA

En Hispanoamérica y algunas regiones de España existe el "seseo", es decir, que se sustituye el sonido /θ/ por /s/. Esto hace que muchos hablantes encuentren en la ortografía de /s/ bastante dificultad: lo mismo puede ser s que z o ce, ci.

En la grabación correspondiente a este ejercicio, como es natural, se mantiene claramente la oposición entre /s/ y /θ/.

Transcripción:

Pasan unas muchachas que se adornan el amplio sombrero de paja con ramitos de aliaga, llevan unas batas de cretona y andan sueltas, ligeras, graciosas como corzas. El viajero las ve marchar y cierra los ojos. El viajero prefiere dormir bajo el recuerdo de una última sensación agradable: una cigüeña que vuela, un niño que se chapuza en el restaño de un arroyo, una abeja libando la flor del espino, una mujer joven que camina, al nacer del verano, con los brazos al aire y el pelo suelto sobre los hombros.

Viaje a la Alcarria. Camilo José Cela.

VOCABULARIO

— "Echar a suertes" es decidir algo al azar, por ejemplo, quién debe hacer una tarea o algo que nadie quiere hacer, o quién se queda con algo que todos quieren. No se usa, sin embargo, para referirse a un sorteo oficial de lotería o a ningún juego organizado.

— Una "racha" es un período, temporada, etc., en el que se tiene la misma suerte (buena o mala).

— Un "gafe" o "cenizo" es una persona que tiene mala suerte, o que la trae a los demás.
Se trata, por supuesto, de una superstición, pero en situaciones de riesgo o en momentos delicados, pocos son los que no tratarían de apartarse de un "gafe".

— "Chisme" y "habladurías" significan lo mismo que "rumor", pero en tono despectivo.

actividades

1. El objetivo de esta actividad de comprensión auditiva es el repaso y consolidación de los números. Los alumnos tienen que ser capaces de identificarlos y escribirlos cuando los oyen a una velocidad normal.

Transcripción:

... y ahora vamos con los resultados de las loterías. *El gordo de Navidad* correspondió al número *cuarenta mil ochocientos treinta y seis*; cuatro, cero, ocho, tres, seis.

En el *sorteo de la O.N.C.E.* el primer premio, de *dos millones y medio de pesetas* por cupón, fue para el número *setenta y dos mil cuatrocientos cincuenta*; siete, dos, cuatro, cinco, cero.

En la *Lotería Primitiva* de hoy la combinación premiada es la siguiente: 7, 13, 17, 26, 41 y 47. Los boletos con 6 aciertos cobrarán casi 14 millones. Los de 5 aciertos, 700.000 pts. Los de cuatro aciertos cobrarán 2.700 pts. y los de tres sólo 300 pts.

El gordo de Navidad: 40.836

El sorteo de la ONCE: 72.450

La Lotería Primitiva: 7, 13, 17, 26, 41, y 47

Ha ganado en el sorteo de la Organización Nacional de Ciegos, y cobrará dos millones y medio de pesetas.

Cada alumno tendrá que comprobar si ha ganado en la Lotería Primitiva.

2.

Ayude a los alumnos, si hace falta, a identificar a los personajes y dé algunas pistas de lo que puede estar pasando entre Ricardo, Gonzalo y Verónica.

Cuando se haya oído el capítulo un par de veces resultará fácil completar el resumen con el verbo en la forma adecuada.

Transcripción:

UNIDOS POR EL DESTINO, capítulo 132.

[Voz en off]: Ricardo, tras rechazar a Verónica por creer que había tenido una aventura con su mejor amigo, Gonzalo, va a verlo lleno de odio, pero le espera una sorpresa.

Ricardo: Bueno, Gonzalo, estarás satisfecho. Conseguiste que mi padre te nombrara director del hospital cuando sabías que yo tenía derecho a ese puesto. Ahora has conseguido el amor de Verónica. Te felicito, lo tienes todo, y a mí me has dejado sin nada.

Gonzalo: Ricardo, escucha, estás totalmente equivocado. Deja que te explique...

Ricardo: No, Gonzalo, no hace falta que expliques nada. No soy tonto. Ahora comprendo todo perfectamente.

Gonzalo: Pero Ricardo, no es lo que piensas.

Ricardo: ¿Ah, no?, y ¿qué es entonces? ¿Qué mentiras vas a inventar ahora?

Gonzalo: Está bien, Ricardo, no me creas si no quieres. Pero espero que escuches a Verónica.

Ricardo: ¿Verónica?, ¿dónde está?

(Puerta abriéndose)

Verónica: Aquí mismo, Ricardo.

Ricardo: ¡Verónica!, ¿qué haces aquí?

Verónica: ¿Te has olvidado de que Gonzalo también es médico? He venido como paciente.

Ricardo: ¿Es que ya no vas a la consulta de don Genaro, el médico de tu familia?

Verónica: Hay cosas que ni don Genaro ni mi familia deben saber. Ricardo, voy a tener un hijo tuyo. Gonzalo me lo acaba de confirmar.

Ricardo: ¡Verónica! Entonces... ¿por eso has venido a esta consulta varias veces sin decirme nada?

Gonzalo: Así es, Ricardo. Verónica quería estar segura antes de decírtelo a ti, al padre de la criatura. Bueno, os dejo solos, parejita. Y... felicidades, Ricardo.

Clave:

Ricardo, muy enfadado, le dijo a Gonzalo que había conseguido el puesto de director del hospital y el amor de Verónica, y que a él lo había dejado sin nada. Gonzalo se defendió diciéndole a Ricardo que estaba totalmente equivocado. Pero Ricardo le respondió que no hacía falta que explicara nada y que ahora lo comprendía todo perfectamente. En este mismo momento se presentó Verónica, y Ricardo, furioso, le preguntó qué hacía allí. Verónica le contestó que había ido como paciente a la consulta de Gonzalo. Éste acababa de confirmarle que iba a tener un hijo suyo. Ricardo se quedó atónito. Todo este ataque de celos había sido invención suya.

3. La primera tarea que se les pide es relacionar los titulares de los periódicos con las noticias en sí. En éstas siempre hay palabras claves que ayudan al alumno. Como en el ejercicio 1 de la unidad 2, el profesor puede dar un tiempo máximo de unos minutos y a continuación corregir.

La segunda parte de la actividad es que los alumnos digan si conocían o no las noticias. Es normal que no conozcan ninguna, pero pueden simular que conocen algunas y otras no. Si les resulta interesante pueden seguir hablando u opinando sobre las noticias.

Clave:

    1. C   2. D   3. A   4. E   5. B

descubriendo

Nos jugamos hasta la camisa

Cada vez son más los que están en contra del juego y acusan al Estado no sólo de tolerarlo, sino incluso de promoverlo, mediante las loterías. Lo cierto es que sí se dan casos lamentables de personas que se arruinan por culpa del juego y adquieren una adicción que resulta muy difícil de combatir. De todos modos, por muy arraigado que esté el juego en las costumbres españolas e hispanoamericanas, por lo general se trata de un vicio bastante comedido. En España se considera bastante normal, por ejemplo, "jugarse a los chinos", el café o la consumición cuando se reúnen varios amigos en un bar. Lo mismo ocurre con las partidas de mus, el juego de naipes más conocido en España. Al comenzar la partida, los jugadores acuerdan qué se va apostar: una cena, unas copas, etc. Es decir, las apuestas suelen ser limitadas y, preferiblemente, en forma de consumiciones. Un juego como el póker, en el que se pueden producir pérdidas más importantes, no encaja tanto con la forma de ser de los españoles. La idea es jugar por diversión, demostrar que uno es más listo que los demás y reírse un poco del perdedor, porque tiene que pagar, pero "desplumar" a un amigo no está bien. Esto no deja de ser un tanto cruel, pero al menos no suele tener consecuencias graves.

Este tema es propicio para el debate. Sin embargo, es muy probable que los alumnos estén todos de acuerdo en que el juego en sí, el hecho de apostar dinero, no puede ser bueno como hábito, de modo que conviene conducir el debate hacia temas como el por qué de este hábito, las raíces culturales, las diferencias de costumbres en los distintos países, etc., y, en todo caso, hablar sobre los juegos más cotidianos e "inocentes", sobre todo con alumnos adolescentes. El parchís que ilustra la portadilla de esta unidad es uno de estos inocentes juegos de mesa y ha gozado de gran estima en las reuniones familiares.

A.

En la consulta

— Se presentan en esta unidad los elementos léxicos más importantes y necesarios para el hablante extranjero en una situación de enfermedad.

— Desde el punto de vista gramatical, se introduce el uso del Subjuntivo en oraciones independientes que expresan deseo. Para ayudar a los alumnos que no tienen el Subjuntivo en su lengua materna, el profesor puede dar aquí una pequeña explicación acerca de los significados que tiene este modo frente al Indicativo. Así, se puede adelantar que el Subjuntivo se utiliza, en general, para expresar inseguridad, deseo, probabilidad, acciones futuras, esperanza....

— También se presenta la expresión de la probabilidad y la hipótesis en Futuro Perfecto. Para practicar esta forma, el profesor puede hacer preguntas a los alumnos del tipo *¿Por qué no ha venido X?*, de manera que los alumnos contesten con una hipótesis: *Habrá perdido el autobús* o *se habrá dormido*.

SUGERENCIAS

Los ejercicios 1 y 2 pueden tomarse como modelo para realizar ejercicios orales complementarios:

Después del ejercicio 1: En parejas, A dice algo sobre un/a compañero/a de clase. B contesta expresando una suposión o una conjetura.

Ejemplo: A: *Eva está muy callada.*

B: *Tendrá sueño/estará triste/etc.*

Después del ejercicio 2: En parejas, A cuenta a B una noticia (buena o mala).
B reacciona expresando un deseo.

Ejemplo: A: *Mañana hay examen de....*
B: *Ojalá no sea difícil.*

1.
No nos oye. _____	Será sordo.
Es muy tarde y Marisa... _____	se habrá quedado en la oficina.
No contesta el teléfono. _____	No estará en casa.
Está muy delgada. _____	Habrá seguido un régimen.
Tiene la cara muy caliente. _____	Quizá tenga fiebre.
Me encuentro fatal. _____	Te habrá hecho daño la comida.

2.
1. El cielo está muy oscuro. _____	Ojalá no llueva.
2. El tren sale dentro de... _____	Ojalá no lo perdamos.
3. He comprado un décimo... _____	Ojalá te toque.

3.
1. A   Se <u>ha puesto</u> malo el actor principal. No sé que le <u>pasará</u> pero no <u>podrá</u> actuar esta noche.

   B   Pues ojalá se <u>ponga</u> bueno pronto, porque si no <u>tendremos</u> que suspender la obra. No podemos seguir sin él.

2. A   ¿Cuándo sintió mareos por primera vez?

   B   Pués no sé, <u>hará</u> unos tres o cuatro meses.

Belleza y salud

— Para ilustrar la función "recomendaciones", se introduce otra estructura muy habitual en español, compuesta de verbo SER + adj. + que + SUBJUNTIVO . Como veremos en otras ocasiones, se utiliza el verbo en Subjuntivo cuando la oración subordinada posee sujeto diferente a la principal. En este caso, la principal no posee ningún sujeto personal, mientras la subordinada tiene el sujeto "tú".

— Este apartado es especialmente rico por su vocabulario. En el ejercicio 2 de PRACTICA se repasan los nombres de algunas partes del cuerpo y las posiciones del cuerpo. Antes de leer el texto, el profesor puede hacer preguntas a los estudiantes sobre el léxico aprendido en primero.

SUGERENCIAS

Si observa que los alumnos sienten interés por el tema de la salud, puede ampliar la segunda parte del ejercicio 1 del modo siguiente:

Tras pensar en otros consejos para mantenerse joven (o llevar una vida más sana), los alumnos elaboran en grupos encuestas sobre hábitos de vida u otro tema parecido.

A continuación se intercambian las encuestas de un grupo a otro. Se contestan las preguntas y se devuelven al grupo de origen. Éste examina las respuestas y da consejos a los encuestados. Por ejemplo, una de las preguntas podría ser:

¿Cuántas horas al día ves la televisión?

Si el alumno del otro grupo responde "siete", se le puede aconsejar: "*Es necesario que veas menos la televisión y leas más*".

2. DELFÍN:

1. Tumbada boca arriba, con el cuerpo y los brazos bien estirados y los pies sujetando una pelota de unos 20 cm. de diámetro, eleve las piernas y lleve las rodillas a la altura de la cara.
2. Deje caer la pelota y recójala después con los pies para volver a la posición inicial. Repita unas diez veces.

RANA:

1. Sentada sobre la punta de los pies con las piernas separadas, lleve los brazos hacia arriba y cruce las manos encima de la cabeza.
2. Dé un salto hacia arriba y baje los brazos, con las palmas de las manos vueltas hacia dentro, apoyadas en el suelo. Repita.

GATO:

1. De rodillas, con las piernas juntas, extienda los brazos hacia delante y desplace el cuerpo hacia atrás.
2. Adelante el cuerpo hacia los brazos y eleve la cabeza como hacen los gatos por la mañana, cuando estiran los músculos.

texto literario

Malas noticias

MANUEL PUIG. Nació en 1932 en General Villegas, provincia de Buenos Aires, y murió en 1990. Es autor de numerosas novelas en las que incorpora materiales propios de la novela rosa y el folletín. Sus personajes están dotados de una profunda verdad y ternura. El fragmento que presentamos pertenece a su última novela publicada antes de su muerte. A través del diálogo entre dos hermanas, ya muy ancianas, argentinas, que viven en Río de Janeiro, el autor va rememorando sus vidas. La nostalgia y la tristeza impregnan estos diálogos escritos en lengua coloquial, que M. Puig maneja con gran maestría. Además conocemos la historia y amores de Silvia, vecina y amiga de una de las protagonistas, a quien va dirigida la carta.

Clave:

1. Eran buenas amigas y existía entre ellas un gran afecto.
2. La muerte de su madre.
3. No, la mañana de su muerte le dijo a su hijo que se iba a acostar porque se sentía un poco cansada. Murió sin sufrir. Su hijo cree que ni se dio cuenta de que se moría.
4. Se quedaron en casa hablando.
5. La madre del ingeniero había decidido quedarse en Suiza, y no volver a Río, dejar la casa de allá.
6. Calentó el café para desayunar. Su madre ya estaba levantada y había desayunado.

PRONUNCIACIÓN Y ORTOGRAFÍA

La inclusión o no de la h, generalmente a principio de palabra, es una de las pocas dificultades ortográficas del español, junto a las distinciones **b-v**, **ll-y** y **g-j** con sonido /x/.

Las únicas reglas para este caso son etimológicas. Las palabras con h generalmente provienen de latín y tenían h ó f en su forma latina (y en castellano antiguo).

Así: filio > hijo   homine > hombre   habere > haber

Por eso, si los alumnos no tienen conocimientos de latín ni tienen una lengua materna romance no merecerá la pena ni mencionar las reglas y será mejor confiar la ortografía de h a la memoria.

Por otra parte, la evolución de las palabras es complicada y surgen muchas excepciones: de Hispania, hispánico, pero de España, español.

Transcripción y clave:

1. ¿Sabes?, esta mañana Manuel ha tenido un accidente.
2. Habitualmente me levanto a las ocho, pero hoy me he levantado a las nueve.
3. ¡Ojalá haga buen tiempo el domingo!
4. ¿Había mucha gente en el cine?
5. ¡Hombre, Juan!, ¿qué haces por aquí?
6. Ahí hay un hombre que dice ¡ay!

VOCABULARIO

Significado de las expresiones:

"Echar una mano a alguien": Ayudarle en un momento de apuro.
"Tomar (le) el pelo a alguien": Burlarse, reírse de alguien.
"Salvarse por los pelos": Salvarse por poco.
"Estar hasta las narices": Estar harto.
"Ser todo oídos": Escuchar con mucha atención.
"No mover un dedo por alguien/nadie": No ayudar nunca, comportarse egoístamente.
"Perder la cabeza": Volverse loco.
"Ser uña y carne": Ser inseparables.
"Dar la cara": Afrontar las consecuencias de un acto.
"Ser un caradura": Abusar de los demás, ser cínico.

1. Antes de escuchar el debate radiofónico se leen las preguntas y las respuestas para que los alumnos se familiaricen con el tema.

Cuando se haya terminado la actividad se puede hacer un pequeño debate sobre las medicinas, los hospitales, los médicos, etc.

Transcripción:

(Locutor) ¿Tomamos demasiadas medicinas? ¿Tomamos medicinas que a veces no son las adecuadas? Éste es el tema que tocaremos hoy en nuestro programa "La Salud es lo que importa": La automedicación. Con nosotros el doctor Grau, Jefe de Servicio del Hospital Provincial de Valencia, la doctora Gracia, Presidenta del Colegio de Farmacéuticos de esta capital, y doña Matilde Sanchís, vicepresidenta de la Asociación de Consumidores.

(Dra. Gracia) Sí, por supuesto. Casi un 40 por 100 de las medicinas que se venden en las farmacias no están recetadas por ningún médico. Las compra directamente el enfermo.

(Locutor) Y esto, naturalmente, puede ser peligroso, ¿verdad, doctor Grau?

(Dr. Grau) Pues sí, efectivamente. Cuando una persona se siente mal, o nota algún síntoma, lo primero que debe hacer es acudir a un médico. El enfermo que va directamente a la farmacia y elige él mismo una medicina corre dos peligros: el de sufrir una intoxicación por tomar una medicina inadecuada, o simplemente el de no curarse bien porque la medicina es demasiado suave…

(Sra. Sanchís) Bueno, yo tengo que decir que muchas veces el enfermo pide una cita y tiene que esperar varios días, o incluso semanas, antes de que le reciba el médico. Y, a veces, el médico no examina al enfermo, simplemente escucha lo que dice y escribe una receta. Yo creo que en estas condiciones es normal que el enfermo prefiera no esperar e ir directamente a la farmacia. Los servicios médicos deberían mejorar bastante. Entonces los enfermos no tendrían que "automedicarse", como se dice…

(Dr. Grau) Perdone, pero no estoy en absoluto de acuerdo...

Clave:

1. Grau es el Jefe de Servicio de un hospital.
   Gracia es la Presidenta del Colegio de Farmacéuticos.
   Sanchís es la Vicepresidenta de una Asociación de Consumidores.

2. C.

3. — El enfermo puede sufrir una intoxicación por tomar una medicina inadecuada.
   — El enfermo quizá no se cure bien porque la medicina es demasiado suave.

4. C y D.

2. Los dibujos dan pie para que los alumnos expresen hipótesis sobre lo que está pasando o sobre lo que están haciendo/pensando los personajes. En algún dibujo no queda demasiado claro lo que está ocurriendo; esto está hecho a propósito para que los alumnos den rienda suelta a su imaginación.

3. Se practica el estilo epistolar. Los alumnos contestan la carta del familiar que les escribe siguiendo todas las indicaciones que se les dan en el libro.

4. Dependiendo del viaje que elijan los alumnos, van a tener que llevar o hacer unas cosas u otras. Una vez que estén divididos en grupos, el profesor puede ir pasando por cada grupo ayudando o sugiriendo ideas.

descubriendo

El curanderismo en la costa peruana

El curanderismo ha sido una de las prácticas más extendidas de la medicina popular. Todavía en la actualidad, en muchos países, tiene un auge muy considerable, aunque casi siempre al margen de la protección legal.

En esta práctica, podemos decir que no hay uniformidad de técnicas. Entre los principales tipos de curanderos deben citarse los ensalmadores, que sólo curan mediante oraciones, a menudo con carácter gratuito, y los charlatanes de feria, en un polo muy opuesto, que curan, generalmente, con un ungüento "mágico" que sirve para todo. Junto a ellos debe citarse, también en el ambiente rural, a la persona especializada en curar luxaciones y fracturas, que actúa a veces con verdadero criterio, prestando estimables servicios en casos de ausencia de médico. Tal vez éstos no deberían incluirse en el capítulo del curanderismo.

En España, los curanderos siguen existiendo hoy en día, pero sobre todo en pueblos aislados y más atrasados. La gente recurre a ellos en casos muy especiales. Por ejemplo, cuando el enfermo tiene una enfermedad crónica o incurable, y la medicina oficial no le ha dado esperanzas.

Muchos de estos curanderos practican ritos pseudo-religiosos y otros se ciñen a la medicina natural.

En Hispanoamérica, los ritos que llevan a cabo los curanderos provienen en muchos casos de culturas precolombinas, aunque en ellos se mezclan elementos cristianos y paganos.

Turistas en Perú

— Seguimos presentado el uso del Subjuntivo.

— "Cuando". En el diálogo se muestran varios ejemplos de utilización del Subjuntivo en oraciones temporales con "cuando", alternándolo con otros ejemplos con Indicativo. Es conveniente presentarlo así y recordar al alumno las estructuras que aprendió en 1°. Hágale observar que se utiliza el Subjuntivo siempre que hablamos de una acción futura, aunque no siempre el verbo principal va en Futuro:

Cuando volvamos a Barcelona, tenemos que enseñar las diapositivas.

Para practicarlo, se pueden hacer preguntas del tipo: *¿Cuándo te vas a casar?* o *¿Cuándo vas a cambiar de trabajo?*, de manera que los estudiantes tengan que utilizar el Subjuntivo: *Cuando tenga novia, Cuando encuentre un trabajo mejor.*

— "Espero que". Se utiliza el Subjuntivo en oraciones dependientes de verbos que expresan deseo, siempre que el sujeto de la oración principal y la subordinada sean diferentes. Esta condición es constante en español, por lo que conviene que quede bien fijada desde el principio:

Espero llegar pronto a clase   *Espero que llegues pronto a clase*
(yo)   (yo)   (yo)   (tú)

— "¡Cómo no!" : claro, por supuesto. Es una respuesta afirmativa enfática. Denota amabilidad.

— "No hay de qué" : de nada. Su uso está menos extendido que "de nada". También denota amabilidad.

— "Eso no es nada" : el hablante quita importancia a lo referido anteriormente para explicar su caso, que él considera más grave.

SUGERENCIAS

Para practicar oraciones de tiempo con "cuando":

— En pasado: Diga a los alumnos que van a inventar una historia en grupo y de forma improvisada. Uno cualquiera empieza la historia, dos o tres frases como máximo, y tiene que acabar con una frase interrumpida con "cuando". Por ejemplo:

Cuando abrí la puerta,....

El siguiente alumno tiene que continuar la historia como pueda. No importa que salga una historia un poco disparatada o "surrealista".

— En Subjuntivo y Futuro: se plantea un juego parecido. En este caso los alumnos van a planear unas vacaciones largas en un país exótico e interesante. El primer alumno empieza con el primer destino, visita o actividad, y termina:

Cuando terminemos la visita a Tikal,....

Y el siguiente alumno sigue con los planes.
Al final de cada juego se puede comentar "qué tal ha salido la historia/el viaje". Lo más probable es que no salgan muy coherentes, y los alumnos puedan explicar qué cosas les gustan y cuáles no les gustan.

Clave:

1. 1. ¿Cuándo enseñaremos los pasaportes? / Cuando pasemos por inmigración.
2. ¿Cuándo veremos el museo de Antropología? / Cuando volvamos a Lima.
3. ¿Cuándo visitaremos Tikal? / Cuando vayamos a Guatemala.
4. ¿Cuándo podremos descansar? / Cuando lleguemos al hotel.

2. 1. Espero que lo encontremos / que encontremos un taxi.

2. Espero que lleguemos (antes de las seis).

3. Espero que (el guía) hable inglés.

4. Espero que nos quede dinero.

3. 1. Vi.

2. Lleguen.

3. Suena - hay.

B.

Se suspende la excursión

— Se presentan aquí algunas formas de protestar en español. Su uso es indistinto. Sólo destacar que la oración subordinada dependiente de "no puede ser" irá siempre en Subjuntivo.

SUGERENCIAS

Para practicar las fórmulas de queja:

Si quiere hacer que los alumnos sientan la necesidad de quejarse anúncieles que hay una serie de novedades que les afectan, y empiece a contarles noticias negativas:

Profesor: *"Estudien por su cuenta el resto de la unidad y mañana haremos un examen"*, *"Mañana me voy de vacaciones y no tendrán ustedes profesor de español hasta el mes que viene"*, etc.

Alumnos: *"¡No hay derecho!, ¡Qué poca formalidad!*, etc.

Si los alumnos son adultos (y tienen un mínimo sentido del humor) no hace falta decirles de antemano que se trata de un ejercicio. Intente engañarles haciéndoles creer que se trata de hechos reales. Eso sí, exija que formulen sus protestas en español. Claro está, explique al final que todo es simplemente parte de un ejercicio.

Para conocer mejor Perú: pida a los alumnos que traigan fotos y busquen datos sobre Perú para redactar en español breves textos explicativos. Puede hacerse una exposición mural en clase con el tema de Perú, las culturas precolombinas, la situación social de los indígenas, los problemas económicos, etc., según el material que se obtenga.

Clave:

1. En los restos arqueológicos de Puka-Pukara, Kenko, Tampu Machay y Sacsayhuamán.

2. Machu Pichu.

3. En Ollantaytambo.

4. Los indios Uros.

5. La Catedral, el Museo de la Inquisición, la Plaza de Armas y el Museo del Oro.

⊂. texto literario

No todo es turismo de lujo

CARMEN MARTIN GAITE.- Nació en Salamanca en 1925. Empezó publicando cuentos en varias revistas y en 1945 ganó el Premio Café Gijón con "El balneario". En 1957 ganó el Premio Nadal por "Entre visillos", que supuso su consagración como escritora. La obra nos presenta con gran verismo la vida de unos jóvenes de una ciudad de provincia en los años 50: sus paseos, sus noviazgos, sus clases, el casino, en un ambiente cerrado y opresivo que a veces parece asfixiar a los personajes.

Clave:

1. Es pequeño, con la puerta detrás, y bancos a los lados que dejan en medio un pasillo muy estrecho.
2. Porque el autobús está ya lleno y piensan que no debe subir nadie más.
3. Él también piensa que allí no cabe, que ya hay demasiada gente y quizá se siente violento por las protestas de los demás.
4. Cuenta los pasajeros y después dice que hay sólo 13, y el autobús tiene 14 plazas. Obliga a una señora a quitar su bolso para que el nuevo pasajero pueda sentarse.
5. No, va bastante incómodo, sentado de medio lado, sin poder apoyarse bien y con la maleta encima de las piernas.

PRONUNCIACIÓN Y ORTOGRAFÍA

Si la lengua materna de los alumnos es romance o tiene vocabulario de origen latino, haga ver a los alumnos mediante ejemplos comparativos que las palabras de origen común suelen conservar la misma letra, b o v:

diciembre - decembre - decembre - December - Dezember

actividad - activité - attività - activity -

No obstante, siempre hay que tener en cuenta las posibles excepciones:

automóvil - automobile   libro - livre

Transcripción/clave:

(...) Valencia es mucho más que una próspera e importante ciudad mediterránea. Su ambiente, su vibrante carácter, su vocación vanguardista la convierten en un punto de referencia obligado a la hora de hablar de creación, diseño e ideas. Valencia hierve de actividad. Llena de energía, baila hasta el amanecer en las discotecas más osadas imponiendo un estilo mediterráneo de diversión, una moda específica. (...)

actividades

1. Aunque algunas de las condiciones son obviamente verdaderas o falsas, los alumnos no tienen que dejarse llevar por esto. Deben leer las condiciones generales de los billetes de autobús y contestar V o F según lo que han leído.

Clave:

1. V   2. F   3. V   4. F   5. V   6. F

2. A este tipo de notas de protesta a un periódico se les llama carta de protesta o de queja. El diálogo se puede hacer en un registro formal o informal. Todo dependerá de lo que deseen los alumnos. (El grado de enfado y el lenguaje utilizado por ellos podrá variar). Cuando los alumnos hayan terminado, el profesor selecciona dos diálogos muy distintos y hace que los alumnos los lean en voz alta a la clase.

3. Los alumnos que hayan viajado en avión a España o Hispanoamérica estarán familiarizados con los mensajes que se escuchan dentro del avión.

Clave:

1. A   2. B   3. D   4. B   5. C

4. Hay que complementar el diálogo basándose en el folleto turístico. El lenguaje utilizado en las preguntas y respuestas puede variar. Se admite todo lo que sea correcto.

Ejercicio libre (Posible solución)

• Buenos días.

—Buenos días, ¿en qué puedo servirle?

• Quería información sobre un viaje a Perú.

—¿Cuándo quiere hacer el viaje, en julio o en agosto?

• En julio. ¿Qué días tienen las salidas?

—El cinco y el diecinueve.

• Muy bien, pues el día 5 me iría bien. ¿En qué hoteles nos hospedaríamos?

—En el Sheraton, en el Libertador y en el Esteves.

• ¿Tienen baño las habitaciones?, eso es muy importante.

—Por supuesto, todas las habitaciones tienen baño.

• Ah... Y, ¿cuánto nos cuesta en total? Somos dos.

—El precio para dos personas saliendo de Madrid en temporada alta es de 504.000 pesetas.

• ¡Qué barbaridad! Yo pensaba que era más barato.

¿Es que está incluida la comida?

—No, pero tienen media pensión los días 3º, 5º y 6º del programa.

• Bueno, me lo pensaré. Gracias por la información.

5. Actividad libre.

Haga hincapié en que el estilo narrativo de una postal es más corto que el de una carta. Normalmente se dice dónde se está, si uno lo está pasando bien, qué está haciendo, si el tiempo es bueno, etc.

descubriendo

Misterios del pasado

Si los alumnos están interesados en este tipo de cosas se les puede motivar para que hablen y digan lo que piensan sobre estos lugares misteriosos. Pueden exponer sus propias teorías sobre las líneas de Nazca y el Machu Pichu.

Normalmente, en todos los países hay regiones más aisladas o atrasadas sobre las que recaen supersticiones y leyendas. Señale algunas de estas regiones que los alumnos puedan conocer bien.

Les puede preguntar lo que saben sobre el Triángulo de las Bermudas, Stonehenge, etc.

He cambiado de trabajo

— Enmarcadas en el tema del trabajo, presentamos en este apartado tres formas diferentes de expresar impersonalidad en español.

— En unos casos se utiliza la forma impersonal para generalizar, para expresar una ley o norma que afecta a todo el mundo, como cuando decimos: *No se puede fumar* o *se hace lo que se puede* (=todos hacemos lo que podemos).

— En otros casos no le importa al hablante especificar el Sujeto de la acción y entonces utiliza el verbo en 3ª persona del Plural: *Me pagan poco* (=ellos, la empresa).

— Por último, incluimos otra forma, la llamada Pasiva Refleja, que no es exactamente una impersonal, pero que gramaticalmente se confunde muchas veces con ella. Haga observar a los estudiantes que el Sujeto que concuerda en número con el verbo no es Sujeto Activo, sino Pasivo: es el que recibe la acción: *Se habla inglés / En España se hablan varios idiomas*
          ◄ (Sujeto Pasivo)——►

— "Eso sí" equivale a "Sí, pero..."

SUGERENCIAS

Los tres ejercicios pueden ampliarse de forma oral en clase. Hágalos primero y observe cuál plantea más dificultad para dedicarle más tiempo. Del mismo modo, si alguno de los tres ejercicios resulta sencillo no hace falta que lo amplíe.

— Para practicar los Superlativos: Diríjase a los alumnos hablándoles de personas/cosas muy conocidas para que reaccionen.

        Ejemplo: Profesor: *Rockefeller es rico, ¿no?*
                  Alumno: *¡Riquísimo!*

Esta práctica se puede realizar muy bien con apoyos visuales (fotos, dibujos).
Profesor (mostrando una foto): *Este barco es grande, ¿no?*
Alumno: *¡Grandísimo!*

— Para practicar las comparaciones: Igual que para el ejercicio 1, el profesor nombra personas/cosas conocidas o muestra fotos/dibujos, siempre de dos en dos, y pide a los alumnos que hagan las comparaciones oportunas.

— Para practicar la forma impersonal "se": Puede continuar con otros lugares donde se realizan actividades específicas, incluso cambiando la forma de la pregunta: *"¿Dónde se compran sellos?"*
También se pueden hacer preguntas sobre países y sus características, productos, lengua, etc. *"¿Qué se cultiva en Colombia?"*, *"¿En qué países se habla portugués?"*, etc.

1. *Clave:*

| 1 riquísimos | 2 muchísimo | 3 malísima | 4 facilísimo |

2.

| 1 menos | 2 mejor | 3 peores | 4 iguales | 5 igual |
| 6 mejor | 7 más | | | |

3.

Estadio	— se juegan partidos de fútbol
Cine	— se ven películas
Taller	— se arreglan coches
Carpintería	— se hacen puertas
Quiosco	— se venden periódicos
Peluquería	— se corta el pelo
Oficina de correos	— se envían paquetes y cartas

B. *Una entrevista de trabajo*

— Se muestra aquí una entrevista de trabajo típica. Antes de escuchar la entrevista conviene leer los anuncios de trabajo a fin de familiarizar al alumno con la terminología específica de este tipo de anuncios. El profesor deberá aclararle las palabras que no conozca.

— "Esteticiens", "Marketing". —Cuando en español no existe una palabra específica para designar una cosa o profesión, o todavía está poco aceptada, por ejemplo "esteticista", se adopta la palabra extranjera, como en este caso. Además, obsérvese la formación del plural en "Esteticiens", añadiendo "s". En otros casos, se añade "es": "club-clubes", pero es menos utilizado este recurso.

— Jornada continua o intensiva. —Se llama así al horario de trabajo cuando no contempla ningún descanso en medio; suele ir desde las 8 a las 15 h. El horario (o jornada) partido va de 9 a 13/14 h y de 16 a 19 h, generalmente.

SUGERENCIAS

Si los alumnos están motivados y sienten interés por el tema del trabajo, puede variar y ampliar el ejercicio 3 del modo siguiente:

— En lugar de escoger uno de los anuncios, los alumnos, en grupos, redactan otros anuncios siguiendo los modelos, pero con sus propios datos.

— En parejas, los alumnos preparan unas notas que utilizarán como guía, y representan sus papeles respectivos (entrevistado y entrevistador) de forma improvisada.

El profesor escoge los diálogos más originales o interesantes y los alumnos los representan ante la clase. Sus compañeros deben escuchar con atención y memorizar los datos y detalles importantes. Al final el profesor comprueba si han entendido haciendo preguntas de comprensión:

¿Qué puesto de trabajo se está ofreciendo?
¿Tiene suficiente experiencia el candidato/la candidata?, etc.

Clave:

1. Pedro Sarriá tiene experiencia en marketing. El anuncio más relacionado con este tema es el que solicita un economista.

2.
1. Ingeniero industrial
2. Vendedores/as y esteticiens (en el anuncio del abogado se pide "disponibilidad" para viajar, pero no necesariamente en su propio coche).
3. Recepcionista-telefonista
4. Abogado
5. Programador lenguaje máquina (para el abogado y el economista "se valoran" esos conocimientos, pero no son necesarios).

texto literario

Un locutor de radio obsesionado por los desastres

MARIO VARGAS LLOSA. —Nació en Arequipa, Perú, en 1936. Ha residido durante varios años en París y posteriormente en Londres y Barcelona. La novela con la que alcanzó más fama fue "La ciudad y los perros", Premio Biblioteca Breve en 1962 y Premio de la Crítica en 1963. El fragmento que presentamos pertenece a una divertida novela que consta de dos partes. En una de ellas se narra la historia del protagonista, el propio V. Llosa y sus amores con su tía Julia. En la otra parte se narran las historias que escribe Pedro Camacho, "el escribidor", para la radio: unos folletines disparatados, llenos de ingenio y humor. A cada una de las partes corresponden capítulos diferentes que van alternándose en riguroso orden.

Clave:

1. Mario, el narrador. Por culpa de Pascual.

2. Había dedicado todo el boletín de noticias de las 11 h. a contar un terremoto en Ispahan.

3. A Genaro-papá.

4. Porque pensaba que no había ninguna noticia de actualidad que pudiera interesar a los oyentes y la del terremoto le parecía, al menos, entretenida.

5. Mario piensa que su obligación como periodista es informar a los oyentes de lo que sucede en la actualidad. Y Pascual, por el contrario, cree que las noticias sensacionalistas y de catástrofes resultan más interesantes para los oyentes porque él mismo se siente atraído por ese tipo de noticias.

PRONUNCIACIÓN Y ORTOGRAFÍA

En esta unidad se insiste en la acentuación de las palabras y el uso de la tilde. Conviene aprovechar este repaso para hacer que los alumnos lean los ejemplos con especial atención a estos dos aspectos:

— Colocación correcta del acento fónico

— Pronunciación *clara* de las sílabas inacentuadas. Recuerde a los alumnos que en español estas sílabas no suelen debilitarse ni acortarse tanto como en otras lenguas.

esdrújulas	llanas	agudas
* __ __ ___	__ __ * __ __	__ __ __ __ * __ __
rapidísimo	cartas, trabajo, horario, continuo	fenomenal, ningún, Beatriz, revisión, responsabilidad

Clave:

información	preparar	documental	difícil	jefe	rarísima	redactor
peor	anuncio	datos	así	tenéis	periódico	

VOCABULARIO

Juan es poeta = artista
Charo es notaria = profesional liberal
Miguel es inspector de aduana = funcionario del Estado
Ignacio es director del departamento comercial de una empresa = directivo o ejecutivo
Verónica tiene una peluquería = empresaria
José Luis no tiene trabajo aún = parado
Carmen trabaja como redactora de un periódico = empleada, trabajadora.

actividades

1. Primero los alumnos escuchan las dos entrevistas de trabajo y completan los datos que faltan. Después leen el anuncio y discuten cuál de los dos candidatos es más apropiado y por qué. Se pueden hacer dos listas con lo que ambos tienen a favor y en contra. Para terminar, escriben un informe comparando a los dos candidatos, o pueden defender a Isabel de las Heras.

Transcripción:

Entrevistadora:	Bien, señorita de las Heras, es usted bastante joven, 25 años, ¿ha trabajado antes en un puesto parecido?
De las Heras:	Sí, por supuesto. Estuve cuatro años de secretaria de dirección, en una empresa de transportes, en Niza,
Entrevistadora:	Ah, en Niza. Entonces dominará el francés, ¿no?
De las Heras:	Claro. Cuando estaba en Niza tenía que escribir cartas y hablar con los clientes por teléfono, todo en francés.
Entrevistadora:	¿También tiene conocimientos de inglés?
De las Heras:	Bueno, estudié un poco en el colegio, pero ya no me acuerdo casi.
Entrevistadora:	Bueno, no importa. Hábleme de su trabajo en esa empresa. Por ejemplo, ¿utilizaba un ordenador?
De las Heras:	No, nunca he utilizado el ordenador.
Entrevistadora:	¿En qué ha trabajado anteriormente, señor Sainz?
Sainz:	Pues a los veintitrés años empecé a trabajar en una compañía de seguros, como agente. Estuve allí cuatro años y luego me marché a Estados Unidos, a aprender inglés. Volví tres años más tarde, encontré trabajo en una empresa de publicidad. Llevo ya dos años.
Entrevistadora:	¿Cuál es su función dentro de la empresa actualmente?
Sainz:	Estoy en la sección de ventas.
Entrevistadora:	¿Maneja un ordenador, un PC?
Sainz:	Sí, claro, continuamente.
Entrevistadora:	Muy bien, y ¿qué idiomas conoce?
Sainz:	Inglés hablado y escrito, y también tengo conocimientos de francés.
Entrevistadora:	¿Podría escribir cartas o hablar con los clientes en francés?
Sainz:	Bueno, nunca lo he intentado, pero creo que con un curso intensivo podría aprender lo suficiente...

1. *Clave:*

	Isabel de las Heras			José Luis Sainz		
Edad	25			32		
Conocimientos de francés	altos ☒	medios ☐	elementales ☐	altos ☐	medios ☐	elementales ☒
Conocimientos de inglés	altos ☐	medios ☐	elementales ☒	altos ☒	medios ☐	elementales ☐
Experiencia (años)						
Manejo de ordenador (PC)	sí ☐	no ☒		sí ☒	no ☐	

2. Se toman palabras de cada columna y se escriben frases sobre las diferentes profesiones.

— La azafata atiende a los pasajeros.
— El cocinero hace la comida.
— El representante lleva muestras a los clientes.
— La traductora traduce libros.
— La dentista cuida la dentadura.
— La guardia municipal ordena el tráfico.

3. En grupos, los alumnos discuten y hablan sobre lo que se les propone. Una persona puede tomar nota de lo que van diciendo los demás. Luego se dicen las "cosas que se pueden o no se pueden si..." en voz alta, y los otros grupos, si tienen más posibilidades, las añaden.

descubriendo

La universidad y la mujer latinoamericana

Este artículo puede suscitar varios temas de conversación o debate. Se podrían plantear las siguientes preguntas, entre otras:

— ¿Ha habido en tu país carreras tradicionalmente masculinas y femeninas?

— ¿Ha cambiado la situación en los últimos años?

— ¿Por qué crees que la mujer elegía ese tipo de carreras?

— ¿Qué problemas presenta la universidad de hoy?

— ¿Estás a favor de las universidades públicas o privadas?

— ¿Hay carreras que estén "de moda" en tu país?

A. *Famosos*

— Se presentan dos formas de identificación muy usuales. Por un lado, "el hombre que, la mujer que", etc., seguidos de una forma verbal. Es muy frecuente la omisión del Sustantivo (hombre, mujer) porque generalmente ya sabemos a quién se refiere el hablante.

— Por otro lado, tenemos "el de, la de", etc., seguidos de un Sustantivo que designa alguna característica de la persona de la que se habla (ropa, barba, gafas, etc.). Como en el caso anterior, el Sustantivo suele omitirse.

— Otro punto tratado es el uso de Indicativo o Subjuntivo en las oraciones de relativo introducidas por "que". La regla que puede servir de orientación al alumno es que cuando hablamos de algo que tenemos o de acciones experimentadas, usamos el Indicativo; cuando hablamos de algo que deseamos o no hemos experimentado, usamos el Subjuntivo. Es verdad que hay casos más complejos en los que son posibles los dos usos, pero el matiz que permite el uso de un modo u otro es difícil de captar y no debe tratarse en este nivel.

— "¡Pero hombre!", expresa asombro, sorpresa.

— "¡Ah, claro!", equivale a "ah, sí!" o "ya me doy cuenta".

SUGERENCIAS

Para practicar las oraciones de relativo:

— LLeve a clase fotografías en las que aparezcan varias personas, al menos una de ellas muy famosa. Pregunte a los alumnos si conocen a los que aparecen en cada foto. Si reconocen a alguien, pídales que identifiquen:

> Profesor: *¿Quién es Pavarotti?*
> Alumno: *El de la barba/el que está saludando/el que está en el centro, etc.*

— También se puede practicar sin material complementario alguno. Pregunte a algunos alumnos por sus compañeros, de dos formas distintas:

> 1. Profesor: *¿Quién es ese/el que está sentado en la esquina, el del jersey rojo?*
>   Alumno: *Ése es Michel*
> 2. Profesor: *¿Quién es Silvia?*
>   Alumno: *La del pelo corto/la que está de pie, etc.*

— Practique definiciones de objetos, siempre que el vocabulario no sea muy complicado. Puede pedir que los alumnos escriban la definición de un objeto y elegir las mejores definiciones. También puede probar el *juego del diccionario:* En grupos de hasta seis, o toda la clase (si no es numerosa). El profesor (o el alumno que dirija el juego): elige una palabra cualquiera y la dice en voz alta. Los demás escriben en un papel una definición de esa palabra; no importa mucho que la conozcan o no, lo importante es que la definición "suene" realista. La persona que dirige el juego escribe en su papel la definición correcta, o sea, la del diccionario. Luego recoge los papeles de todo el grupo (el suyo incluido) los mezcla y los lee uno a uno, numerándolos. "Número 3: *carpeta es un objeto que sirve para...*" Los demás escuchan y tienen que adivinar cuál es la definición del diccionario. Cada jugador da su opinión: *"Yo creo que la buena es la núm. 2".* La persona que dirige revela cuál es la definición "buena" y se anotan los puntos obtenidos. Cada jugador obtiene un punto si ha acertado el número de la definición buena, y un punto por cada jugador que haya "votado" (equivocadamente, claro) por la definición que él mismo escribió. Por lo tanto, es muy importante hacer definiciones que "suenen bien". Si las votan los demás jugadores se obtienen muchos puntos.

Se repite cuatro o cinco veces y se suman los puntos obtenidos por cada jugador. El que tenga más puntos es el ganador.

Si considera que las definiciones verdaderas del diccionario son demasiado difíciles, prepare usted mismo unas cuantas palabras y definiciones sencillas.

Clave:

2. Llamar la atención de todos: *¡A ver!*
Llamar la atención de una persona: *¡Oye!*
Expresar impaciencia: *¡Ya estamos con...!*
Expresar indiferencia: *Me da igual*
Ceder, evitar una discusión: *Bueno, vale.*

3. Quiero un periódico que tenga guía de espectáculos.
No he conocido a nadie que sea más amable que Laura.
Estoy buscando un pantalón que vaya bien con esta camisa.
Ofrezco una recompensa de 50.000 pts. para la persona que encuentre mi perro.

B. *De verbena*

— Con expresiones que significan extrañeza (qué raro que, me extraña que), el verbo de la oración subordinada va en Subjuntivo. Se usa el Presente de Subjuntivo cuando la acción aparece como no terminada y el Pretérito Perfecto cuando la acción la vemos como terminada. Para practicar estos dos usos el profesor puede hacer afirmaciones como: *"La calefacción no funciona"* o *"Simone no ha hecho los deberes"* para que el alumno diga: *"¡Qué raro que la calefacción no funcione!"* o *"¡Qué raro que Simone no haya hecho los deberes!"*

— "Bueno", aquí significa "y ahora...".

— "Chotis", baile típico de Madrid.

SUGERENCIAS

Para practicar "Qué raro/me extraña que... + Pretérito Perfecto de Subjuntivo", después de terminar el ejercicio 1 diga a sus alumnos cosas que les resultan muy extrañas y pídales que reaccionen:

> Profesor: *Esta mañana he visto a la directora del colegio.*
> Alumno: *Me extraña que la haya visto. Está enferma en casa.*

1. 1. Qué raro/Me extraña que se haya comprado un coche nuevo.
2. Qué raro/Me extraña que no haya ido hoy a trabajar.
3. Qué raro/Me extraña que haya aprobado el examen.
4. Qué raro/Me extraña que haya ido a la ópera.

C. texto literario

Manolo se cuela "en una fiesta de jóvenes de alta sociedad barcelonesa"

JUAN MARSÉ. —Nació en Barcelona en 1933. En 1959 empezó a publicar relatos en revistas literarias y ganó el Premio Sésamo de cuentos. Después de otras novelas obtuvo el Premio Biblioteca Breve con

"Últimas tardes con Teresa". Esta novela es una crítica de la sociedad burguesa y de los jóvenes universitarios de izquierda de la Barcelona de los años 60. La novela gira en torno a las relaciones entre el "Pijoaparte", un joven trepador de la clase baja, y Teresa, joven burguesa, a la que deja creer que es un obrero revolucionario.

Clave:

1. Se dirigió al "buffet" y se sirvió un coñac. Luego se dedicó a buscar una chica.
2. Unas setenta personas. Todos muy jóvenes, las chicas llevaban pantalones y los chicos camisas de colores.
3. Por su forma de vestir (están en una fiesta), su ropa informal, moderna.
4. Él llevaba traje y corbata. Se da cuenta de que pueden notar que no pertenece a su clase.
5. Es extraño su comportamiento. Intenta pasar desapercibido, es decir, que nadie se fije en él. Además, él no saluda a nadie y ningún chico o chica lo saluda a él, porque no lo conocen.
   Lo que sucede en realidad es que él no ha sido invitado.

PRONUNCIACIÓN Y ORTOGRAFÍA

La ortografía de los sonidos /x/ y /g/ no presenta problema, pero ésta es una buena ocasión para repasar la pronunciación de estos sonidos. Pida a algunos alumnos que repitan las parejas de palabras "justo/gusto, etc".

Clave:

— Escucha y di...

    1 b) gusto;   2 a) gota;   3 a) garra;   4 a) paje;   5 b) majo

— Escucha las frases...

    1. Los jueves vengo a clase por la tarde.
    2. ¿Quieres jugar conmigo al ajedrez?
    3. ¿Te gusta tocar la guitarra?
    4. Jorge, no cojas esa botella.
    5. El guía nos llevó a Guadalupe en su coche.

actividades

1. Para facilitar la actividad, antes de oír el texto, pida a los alumnos que digan lo que creen que está pasando en los dibujos, y que describan a los personajes, sus ropas, etc.

Transcripción:

Había mucha gente en la presentación de la última novela de Diego Bonet. Una mujer joven, vestida con vaqueros y chaqueta de cuero, llegó justo antes de comenzar el acto, y tuvo que conformarse con un asiento en una de las últimas filas. Sacó del bolso unas gafas, un cuaderno y un bolígrafo, preparada para tomar notas. Un conocido periodista, vestido con traje oscuro, saludó al público y empezó a comentar la novela. La sala era grande y no había micrófonos, pero se oía bien, porque la gente estaba en silencio.

Cinco minutos más tarde entró en la sala una pareja. Eran de mediana edad. El hombre tenía bigote y gafas, y llevaba un traje a rayas muy elegante. La mujer también iba bien vestida, con un vestido largo muy moderno. Llevaba los brazos cargados de pulseras, que sonaban al moverse. Se sentaron justo detrás de la mujer que tomaba notas, y empezaron a hablar, primero en voz baja, y después cada vez más alto. Estaban discutiendo sobre algo. La mujer de las gafas empezó a impacientarse, la discusión no le dejaba oír al periodista. Por fin, ya harta, se volvió y les dijo: "Hagan el favor, no oigo nada". Se quedaron mirándola unos segundos, y la mujer de las pulseras le contestó: "¿Y a usted qué le importa?, estamos hablando de cosas nuestras", y siguió hablando con el hombre.

Clave:

        1. C   2. C   3. A   4. B   5. C

2.

Probablemente los alumnos habrán oído hablar de alguna de las fiestas populares españolas. El profesor puede ir preguntando y sacando información sobre las fiestas que conocen. Al final, un alumno puede exponer oralmente todo lo que se ha dicho en clase sobre el tema.

Si alguien conoce la tradición navideña española puede contársela al resto y compararla con la de su país.

1. En España *todas las ciudades y pueblos* tienen una fiesta dedicada al santo patrón.
2. Las Fallas se celebran en *Valencia* el *19 de marzo*.
3. En Semana Santa hay *numerosas procesiones* en todos sitios.
   Las más sobresalientes quizá son las de Sevilla.
4. En la *Feria de Abril de Sevilla* se baila *flamenco*.
5. El 7 de julio es San *Fermín*.
6. En Nochebuena se cantan *villancicos* y en Nochevieja se comen *las doce uvas* que dan *buena suerte*.

3.

La finalidad de esta actividad es que se sepa narrar un acontecimiento dando todo tipo de detalles. Si sus alumnos no suelen asistir a fiestas, motívelos para que se la inventen.

descubriendo
Danzas nacionales

Las danzas populares o tradicionales son uno de los aspectos culturales que más destacan y que son más fáciles de identificar. Sin embargo, existe cierta tendencia hoy en día a relegarlas al plano de las atracciones turísticas y los actos oficiales. Parece que se van convirtiendo en "piezas de museo". Conviene hacer distinciones importantes en las danzas de España y América Latina.

En España, las sevillanas han experimentado una difusión que pocos hubieran imaginado hace unos años. Se bailan en toda España y se conocen en gran parte del mundo. Téngase en cuenta que el flamenco en general ya está limitado a una región de España, Andalucía, como expresión puramente popular, es decir, nacida realmente del pueblo y no de un aprendizaje académico; además, dentro del flamenco, existen otras muchas variedades y estilos distintos a las sevillanas. ¿Por qué el éxito tan arrollador de las sevillanas? Para empezar, las sevillanas son la danza flamenca más fácil de aprender para los no iniciados. Luego está la Feria de Sevilla, un ambiente tan desbordante de alegría y tan mágico que es difícil resistir la tentación de salir a bailar, máxime cuando está socialmente aceptado que se baile sin tener ni idea. Esto, naturalmente, sería impensable con otros bailes flamencos que precisan de muchísima más técnica y más condiciones físicas.

Las otras danzas populares españolas, por muy arraigadas que estén en sus regiones respectivas, difícilmente pueden llegar al grado de popularidad de las sevillanas, ni llegar, como éstas, a las discotecas y salas de baile modernas. Y sin embargo, hay que recordar que la jota, por ejemplo, es con mucho la danza más extendida en las regiones españolas, existiendo infinidad de versiones propias de cada región o incluso de cada comarca.

En América Latina, la mezcla de culturas (todas las indígenas, la española, la de los esclavos africanos, etc.) ha producido una enorme variedad de estilos. Ya en el pasado han destacado algunos ritmos (mambo, conga, merengue) que se dieron a conocer en el mundo entero. Hoy en día es la salsa, con muchísima diferencia, la que acapara la popularidad y el protagonismo. De nuevo se trata de una danza espontánea, flexible, y que cada uno puede bailar "a su manera". Todo esto, unido a un ritmo movido, una música alegre y dinámica, y unas letras simpáticas e ingeniosas, hace de la salsa una danza insustituible en fiestas populares, tanto para jóvenes como para los no tan jóvenes.

A.

Estamos de obras

— La estructura que presentamos aquí: "decir + que + verbo en Subjuntivo", donde el verbo "decir" expresa mandato, está muy relacionada con las que han aparecido anteriormente: expresión de obligación (hace falta que) o deseo (espero que). Es decir, el significado del verbo principal obliga a usar el Subjuntivo en la oración subordinada.

— Hay que señalar que cuando el verbo principal va en Presente, Pretérito Perfecto o Futuro Imperfecto, el verbo subordinado va en Presente de Subjuntivo. En cambio, si el verbo principal va en Pasado (Indefinido, Imperfecto, etc.), el verbo subordinado va en Pretérito Imperfecto de Subjuntivo.

— Conviene que el alumno diferencie claramente si el verbo "decir" significa "comunicar, transmitir una noticia",

Ejemplo: *Me dijo que iría el lunes,* o si equivale a "ordenar", ej: *Me dijo que fuera el lunes.*

— "¡Lo sabía!". Usamos esta expresión cuando presentíamos que algo iba a suceder y sucede. Generalmente, algo malo.

— "No te pongas así". Significa "no te enfades".

SUGERENCIAS

Los nombres de profesiones relacionadas con las obras en una casa pueden ser numerosos, pero muchas veces la gente no los utiliza, bien por desconocimiento o porque un mismo profesional realiza diversas tareas. Así, nombres como "solador" (el que coloca baldosines), "escayolista" (el que coloca techos u ornamentos de escayola), son menos comunes. La gente utiliza la perífrasis "El/los de..." para evitar estos u otros nombres: "Los del parquet", "el (señor) de las persianas", "los de las ventanas" (que serían "los cristaleros"), etc.

Fíjese en el aula. Si ve que hay desperfectos o cosas que se podrían mejorar, dígaselo a los alumnos:

Profesor: *El color de las paredes no me gusta. Hay que pintar. ¿De acuerdo?*
Alumno: *Sí, vamos a llamar al pintor.*

— Para practicar las órdenes en estilo indirecto y en pasado, pida a los alumnos que preparen diálogos breves en parejas, en los que se den órdenes. (Podrían utilizarse las órdenes usadas para el ejercicio 4). Cada pareja representa su diálogo y el resto de la clase intenta memorizarlo. Al final, pregunta:

Profesor: *¿Qué le dijo Hans a Anna?*
Alumno: *Le dijo que le prestara algo de dinero.*

1.
1. Vamos a llamar al *electricista.* Dile al electricista que venga.
2. Vamos a llamar al *carpintero.* Dile al carpintero que venga.
3. Vamos a llamar al *fontanero.* Dile al fontanero que venga.
4. Vamos a llamar al *electricista.* Dile al electricista que venga.
5. Vamos a llamar al *carpintero.* Dile al carpintero que venga.
6. Vamos a llamar al *albañil.* Dile al albañil que venga.

2.
1. Yo no le dije que la comprara/comprara una.
2. Yo no te dije que la vendieras.
3. Yo no le dije que los llamara.
4. Yo no te dije que los tiraras.
5. Yo no le dije que los trajera.

3.
1. ¡Cállate!	Me ha dicho que me calle.	Le dijo que se callara.
2. ¡Ven!	Me ha dicho que me vaya.	Le dijo que se fuera.
3. ¡Váyase usted a casa!	Me ha dicho que me vaya a casa.	Le dijo que se fuera a casa.
4. ¡Hable más despacio!	Me ha dicho que hable más despacio.	Le dijo que hablara más despacio.
5. ¡Traiga el contrato!	Me ha dicho que traiga el contrato.	Le dijo que trajera el contrato.

B. *Una casa mejor*

— La diferencia de uso entre "no mucho" y "no tanto" depende del énfasis de la pregunta o afirmación del primero que habla. Este énfasis se manifiesta en la utilización del superlativo del adjetivo o en el tono exclamativo de la frase, en este caso, el segundo hablante contesta con "no tanto". Si no existe ese énfasis, se contesta con "no mucho".

— No importa que + verbo en Subjuntivo. Se emplea para responder a una objeción y expresa indiferencia.

      A. *Hace frío para salir.*   B. *No importa que haga frío...*

— En este apartado, para expresar la función de "preguntar acerca de preferencias" usamos:

"Qué + verbo" cuando se ofrecen cosas diferentes para elegir: *"¿Qué prefieres: un libro o una planta?"*

"Qué + sustantivo" o "cuál + verbo" cuando se ofrece entre dos o más cosas para elegir: *"¿Qué libro prefieres?"* o *"¿Cuál (de estos libros) prefieres?"* , pero nunca diremos *"¿Cuál libro prefieres?"*

SUGERENCIAS

— Para practicar "no mucho/no tanto": En parejas, un alumno muestra una foto u objeto y el otro alumno le hace preguntas sobre la foto/el objeto durante un minuto exactamente. Cada vez que haya una respuesta con "no mucho" o "no tanto" la pareja *obtiene* un punto si se han utilizado estas expresiones correctamente, o lo *pierde* si el uso es incorrecto. Por ejemplo:

    A: *¿Cuánto te ha costado ese bolso?*   +1
    B: *No mucho, 2.000 pts.*
    A: *¿Te gusta ese color?*
    B: *No tanto, prefiero uno más alegre.*   −1(debería ser "no mucho").

Gana la pareja que suma más puntos.

— Deben practicar "¿Qué/cual?": En equipos, los alumnos preparan preguntas para un concurso. Deben ser sobre un tema (Hispanoamérica, Historia, Geografía, Actualidad, etc.) y deben empezar la mitad con "¿Qué...?" y la otra mitad con "¿Cuál...?". Unas seis preguntas por equipo serán suficientes. Uno por uno los equipos van planteando las preguntas y los otros equipos tienen un tiempo limitado para responder. El equipo que conteste correctamente gana un punto. Si ninguno acierta, gana el punto el equipo que planteó la pregunta.

1. 1. No tanto   2. No mucho   3. No mucho   4. No tanto   5. No tanto

2. 1. Cuál   2. Qué   3. Cuál   4. Cuál   5. Qué

C. texto literario   *Un piso con goteras*

MIGUEL DELIBES. —Nació en Valladolid en 1920. Es uno de los novelistas españoles actuales de mayor prestigio. Su obra es muy extensa y ha obtenido numerosos premios, entre ellos el Nadal. Desde 1974 es miembro de la Real Academia Española. En "Cartas de amor de un sexagenario voluptuoso" (1983), el protagonista es un jubilado que entabla correspondencia con una señora viuda. En el libro sólo aparecen las cartas del hombre que nos van mostrando su vida presente, sus recuerdos, sus opiniones, su forma de ser... Es un personaje tierno y patético a la vez.

1. Es una casa normal, ni grande ni pequeña, ni antigua ni moderna, de los años 50.

2. El personaje cree que los metros reales del piso son menos de 160, porque piensa que en esta medida incluyeron el balcón, la terraza e incluso parte de fuera de la casa (el descansillo).

3. En vida de sus hermanas, el tamaño del piso era el adecuado, pero ahora, para él solo, es grande.

4. Tiene goteras debido al uso de los detergentes actuales, que pican las cañerías de plomo, y continuamente se ve obligado a llamar a los fontaneros. (No hay que olvidar que "goteras" se emplea, familiarmente, para indicar fallos de cosas, e incluso de problemas de salud de personas, producidos por la antigüedad del objeto o la edad de la persona).

5. Le parecen demasiado caros los pisos de nueva construcción.

PRONUNCIACIÓN Y ORTOGRAFÍA

En esta unidad se repasan los esquemas tonales y acentuales más básicos.

Los alumnos deben:

      — distinguir la entonación interrogativa de la aseverativa.

      — identificar las pausas, indicadas gráficamente por los diversos signos de puntuación.

Haga hincapié en la diferencia de significado entre las parejas o tríos de frases.

Clave:

1. c	2. b	3. c	4. b	5. a	6. a

VOCABULARIO

Relaciona estas dos listas

Suelo	parquet/terrazo/moqueta
Paredes	pintura/papel pintado/baldosines/alicatados
Techo	pintura

El ascensor es sólo para personas y el montacargas para bultos, paquetes, etc.

actividades

1. Antes de oír la cinta, lea el vocabulario del cuadro. Si lo considera conveniente pida a los alumnos que pongan los verbos en Presente de Subjuntivo para facilitarles así la tarea.

3. Juan: ¡Elena!, ¿qué tal?

Elena: ¡Hombre, Juan! Cuánto tiempo sin verte.

Juan: Sí, es verdad. Es que he estado de viaje una temporada y he vuelto hace unos días. Y a ti, ¿cómo te va?

Elena: Bien, pero estoy muy liada como siempre, ya sabes. Mira, ven el sábado a cenar a casa, vienen unos amigos bolivianos que quiero que conozcas.

Juan: ¡Uf! No sé si voy a poder. He empezado un proyecto nuevo y tengo que trabajar este fin de semana.

Elena: ¡Anda, venga! No trabajes tanto. Voy a preparar una cena estupenda.

Juan: Bueno, haré lo posible. ¿Llevo alguna tarta o alguna botella de algo?

Elena: Vale, trae una botella de licor de manzana.

Juan: Y, ¿a qué hora es la cena?.

Elena: Ven a las nueve, nos tienes que contar cosas de tu viaje.

Clave:

1. F   2. V   3. F   4. F   5. F

4. En parejas o en grupos reducidos, los alumnos explican y describen cómo sería su casa ideal.
Haga que los alumnos utilicen la mayor cantidad posible de palabras, incluso dando detalles sobre las habitaciones, estilo de mobiliario...

descubriendo   *Buenos Aires*

Buenos Aires se encuentra situada junto al río de La Plata, en el extremo sur de la barranca que cierra la Pampa ondulada, en la línea hidrográfica del Paraná y el Plata. Esta posición le permite constituir un enlace entre el interior y el exterior, favoreciendo así su actividad portuaria, muy superior a la de todos los otros puertos. Confluyen en ella los intereses de la región más importante de la Argentina, dedicada al cultivo de granos y a una ganadería seleccionada y, en virtud de un proceso ininterrumpido de crecimiento, se ha convertido, en definitiva, en punto de mira de todo el país. Acumula funciones político-administrativas comerciales, financieras, industriales, religiosas, culturales, y es el eje de comunicaciones.

La ciudad de Buenos Aires participa de los caracteres del clima templado propio de la Pampa. El mes más cálido, enero, tiene un promedio de 23,6 y el mes más frío, julio, de 10´8, siendo la media anual de 16´6. Las precipitaciones son abundantes.

El origen de la ciudad de Buenos Aires se remonta al siglo XVI. Esta ciudad ha ido creciendo hasta convertirse en una de las grandes ciudades del mundo y en la más importante, demográficamente, entre las de habla hispana.

En unos grandes almacenes

— Introducimos aquí dos estructuras parecidas en la forma, pero muy diferentes en su función. En primer lugar, para pedir permiso tenemos "te/le + importa + que + verbo en Subjuntivo". El sujeto de la primera oración es diferente del de la segunda:

> *¿Os importa que salga un momento?*
> (a vosotros)   (yo)

— En segundo lugar, presentamos dos exponentes de la función "pedir un favor"

•¿Te/le + importa + verbo en Infinitivo:

> *¿Te importa salir un momento?*
> (a ti)   (tú)

•¿Podría + Infinitivo?

Ambas estructuras, y sobre todo la segunda, se utilizan en situaciones bastantes formales.

"¡No faltaba más!". Equivale a "sí, por supuesto". Sólo se usa en situaciones formales.

"Oferta". Es un artículo que está más barato, o como en este caso, regalan algo cuando uno lo compra.

"A punto". Preparado para/en el momento en que lo necesite.

— Para practicar las fórmulas para pedir un favor y, al mismo tiempo, el uso de los pronombres átonos:
Cada alumno hace una lista de cinco cosas que "se ha olvidado en casa" y que necesita para la clase
(el libro de español, un lápiz, un rotulador rojo, etc.) y otras cinco cosas que "ha traído" (una goma de
borrar, un bolígrafo, un cuaderno, etc.) y que, por lo tanto, puede prestar a algún compañero. Cada
alumno empieza a pedir cosas una por una a los que tiene a su lado. Éstos se las prestan, si las tienen
(en su lista) o, si no, preguntan a otros si se las pueden prestar. Por ejemplo:

> A: ¿Te importa/puedes prestarme un lápiz, por favor?.
> B: No tengo ninguno, pero espera. Voy a preguntar a....
>   Oye, ... ¿puedes prestarle un lápiz a...?.
> C: Sí, ahora mismo se lo presto.

1. 1. Te importa 2. Podría 3. Le/te importa 4. Os importa 5. Podría 6. Le/te importa.
7. Le/te importa.

2. Se pide permiso en las frases 3 y 6.
Se pide un favor en la 1, 2, 4, 5 y 7.

3. Posibles respuestas:
1. ¿Te importa bajar/que baje/Podrías bajar la tele?
2. ¿Os importa que fume?
3. ¿Le importa bajar (apagar)/Podría bajar (apagar) el aire acondicionado?
4. ¿Le(s) importa que abra/Podría abrir la ventana?
5. ¿Les importa pasar/que pasemos a la sala de conferencias?

4. 1. B. Me, preguntarme
2. A. Comprarle,
   B. Cómprasela.
3. B. Sí, ya la he puesto.
   B. Sí, ya la he hecho.
   A. Y el alquiler, ¿lo has pagado?.
   B. También, lo he pagado.
4. B. ¡No me digas!, no lo sabía.
5. A. ¿A tus hijos les gusta leer?
   A. ... al mío no le gusta nada.
6. B. ... (nos) lo hemos pasado estupendamente.

B. *Las rebajas*

El objetivo de este apartado es, por una parte, presentar una situación completa de compra y, por otra,
ampliar el vocabulario referido a este campo. Asegúrese de que los alumnos han comprendido bien el diálogo haciendo preguntas sobre él.

Para situar el ejercicio 2 (juego de roles) en un contexto apropiado, puede perdir a los alumnos que traigan
más fotos de anuncios de electrodomésticos y colocarlas en las paredes o sitio visible para que puedan
señalar y referirse a los distintos aparatos.

Después de hacer el ejercicio 2 pregunte a algunos alumnos por sus "compras".

1. 1. b,   2. b,   3. c,   4. c,   5. c.

C. texto literario

Consejos a una "cabeza loca"

BENITO PÉREZ GALDÓS. Nació en Las Palmas de Gran Canaria en 1843 y murió en Madrid en 1920. Es una de las figuras más destacadas del siglo XIX español. Su obra es amplísima, en ella refleja con gran verismo el ambiente y las formas de vida de la alta sociedad, de la burguesía, y del pueblo del Madrid de su tiempo.

"La desheredada" es la historia de una joven humilde, que cree ser hija de una marquesa, intenta demostrarlo sin poder conseguirlo y no se resigna a la pobreza. Toda su vida es una lucha entre la realidad y sus fantasías, que la llevarán a la más absoluta miseria.

1. Peculio, deber, hacer cuentas, cantidades, activo, pasivo, cálculo, deudas, duros....

2. Unas veces tiene mucho y otras nada, porque gasta más de lo que puede y tiene. Se lo gasta en caprichos, lujos, cosas innecesarias.

3. No se preocupa de hacer cuentas. Además, llevada por la fantasía, siempre cree tener más dinero de lo que realmente tiene.

4. Porque hay algunas personas que se aprovechan de ella, fingen tener necesidades y le sacan el dinero.

5. Es el propio autor. En la novela del siglo XIX, el autor con frecuencia interviene en la narración para contar los pensamientos e intenciones de sus personajes o hablar con ellos como en este caso.

PRONUNCIACIÓN Y ORTOGRAFÍA

En esta unidad se repasa la distinción entre palabras agudas, graves o llanas y esdrújulas, y el uso de la tilde.

A estas alturas los alumnos deben tener clara la primera distinción. Si no es así, convendría añadir ejemplos de palabras agudas, llanas y esdrújulas, para afianzar este punto.

El uso de la tilde, por el contrario, presenta más complejidad. Normalmente, algunos alumnos seguirán cometiendo errores. Sin embargo, en lugar de insistir mucho en este punto ahora, es mejor repetir ejercicios de este tipo en cada unidad. Así, poco a poco, los alumnos irán automatizando el uso de la tilde.

Clave:
1. Juan irá a París el año próximo.
2. El vendedor no nos atendió como debía.
3. Me he comprado una lavadora automática, ecológica y, además, muy económica.
4. Luis García vivía en un chalé que le habían regalado sus suegros cuando se casó con Asunción.
5. A mí me dijeron que no tenían electrodomésticos en oferta.

VOCABULARIO

Para hablar de un electrodoméstico: las instrucciones (uso)
las características
la marca
el servicio post-venta
la garantía

Para hablar de una prenda de vestir: la talla
la marca
la composición

actividades

1. Antes de que los alumnos se pongan a hablar con sus compañeros, es indispensable que piensen bien lo que van a decir y tengan algunas preguntas/respuestas preparadas. Los diálogos se pueden ampliar tanto como los alumnos deseen.

2. Diga a los alumnos que van a oir un anuncio radiofónico anunciando unas rebajas. Si les resulta un poco difícil la comprensión, facilíteles el terreno repasando el vocabulario relacionado con los grandes almacenes. Si lo desea puede hablar del tipo de lenguaje utilizado en los anuncios que suele ser muy vivo, dinámico y con frases hechas del tipo "Si no queda usted satisfecho le devolvemos el dinero".

1. Aproveche las rebajas de julio de los Almacenes Prosperidad.
2. Precios de locura en todos los departamentos.
1. 15% de descuento en todos los electrodomésticos, además de nuestras ofertas especiales.
2. Lavavajillas marca Relucient por 49.000 pts.
1. Acondicionador de aire Gelidor por 79.900 pts.
2. ¡Es la locura!
1. Mantelerías, sábanas toallas, todo en el departamento de hogar con un descuento del 20%.
2. ¡Es la locura!
1. Y sin olvidar la moda. En Almacenes Prosperidad encontrará de todo y para todos.
2. Para caballeros: bañadores desde 1.500 pts.
1. Camisas de manga corta, de última moda, desde 1.900 pts, y todas las camisetas a 900 pts.
2. Para señoras: bikinis desde 1.800 pts. y bañadores desde 2.500.
1. Conjuntos de blusa estampada y falda desde 4.900 pts. ¡y todos de última moda!.
2. Y, para los jóvenes, nuestra boutique Joven y nuestra Tienda Vaquera, con todos los artículos rebajados. ¡Es la locura!
1. Y recuerde: si no queda satisfecho le devolvemos su dinero.
2. ¿A qué espera? Aproveche las oportunidades de Almacenes Prosperidad.

Clave: 1. F   2. V   3. F   4. V   5. F   6. V

3. Las ilustraciones de esta actividad pueden servir para distintos anuncios según la imaginación de los alumnos. Si éstos tienen dudas, hágales preguntas sobre una de ellas, como por ejemplo: "¿qué podéis ver aquí?, ¿en qué sitios pueden aparecer estas cosas?", etc.

A partir de las respuestas de los alumnos se les pueden hacer sugerencias.

descubriendo

Los personajes de Fernando Botero

Si lo considera oportuno puede hacerles a los alumnos las siguientes preguntas:

— ¿Qué os sugieren los personajes de Botero?
— ¿Os recuerdan a los personajes de algún otro pintor?
— ¿Conocíais a Fernando Botero?, ¿qué os parece?
— ¿Cómo quedan descritas algunas instituciones del Estado en este cuadro?

Fernando Botero pertenece a una generación posterior a la de los muralistas mejicanos.

Sin prescindir de los elementos y temas autóctonos y de la búsqueda de una identidad propia frente al arte europeo, al igual que los muralistas, la generación de Botero se rebela contra el excesivo didactismo (o propagandismo) que dominaba la pintura iberoamericana. Botero acepta la influencia de la pintura española del Siglo de Oro y de los artistas neoclásicos franceses, como David.

¿Qué podemos hacer?

En este apartado presentamos las siguientes funciones y estructuras:

— Con el verbo GUSTAR en forma condicional se expresa en español el deseo puro, independientemente de la probabilidad de que se cumpla o no: *"Me gustaría ser un pájaro y volar"*.

— En cuanto a la forma, como ocurre en otras ocasiones, la frase subordinada irá en Infinitivo o Subjuntivo, dependiendo del Sujeto. Anime a sus alumnos a practicarlo expresando sus deseos, ya sean realizables o no.

— En el caso de las oraciones con el verbo CREER, cuando van en forma afirmativa, la oración subordinada llevará el verbo en Indicativo. Por el contrario, cuando el verbo CREER va en forma negativa, el verbo de la subordinada irá en Subjuntivo.

— Con la estructura Si + Pretérito Imperfecto de Subjuntivo + Condicional expresamos una condicional poco probable e incluso, imposible. En la frase: *"Si tuviera tiempo, estudiaría chino"*, desde el momento en que la condición "tener tiempo" la enuncio en Pretérito Imperfecto de Subjuntivo, es que creo poco probable que se cumpla. Y por tanto, más improbable es que se cumpla la segunda parte, es decir, que estudie chino.

— "Verás..." Denota vacilación y se emplea para empezar a hablar.

— "Resulta que..." Se usa para empezar a contar un suceso.

SUGERENCIAS

Los ejercicios 2, 3 y 4 pueden ampliarse fácilmente. Se trata de que los alumnos expresen sus deseos (2 y 3) y se den consejos (4). Cualquier excusa es buena para hablar de estas cosas. Se puede improvisar una encuesta para averiguar cuáles son los deseos más extendidos en la clase.

El ejercicio 3 puede dar lugar a un debate en clase. Al terminar el ejercicio en parejas, pregunte a varios alumnos qué harían si... (una de las preguntas). Contraste las respuestas, pregunte a los demás qué creen que ocurriría si el alumno A o B fuera presidente del país e hiciera tal o cual cosa. El debate es prácticamente seguro.

Clave:

1. 1. Me gustaría que Andrés hiciera la cena.
  2. Me gustaría que lloviera.
  3. Me gustaría que leyeras este libro.

3. 1. ¿Qué harías si fueras presidente de tu país?
  2. ¿Qué harías si fueras el profesor?
  3. ¿Qué harías si tuvieras tres meses de vacaciones?
  4. ¿Qué harías si viniera un extraterrestre a tu casa?
  5. ¿Qué harías si te regalaran una moto?

Consultorio de Psicología

Es necesario que los alumnos comprendan lo más importante del contenido de las cartas. Para ello, el profesor, después de una lectura atenta, puede hacer preguntas sobre ellas para comprobar que se han entendido. Por ejemplo: *La mujer de la carta primera, ¿dónde tiene problemas con su marido, en su casa o fuera de ella?, ¿Qué comportamiento tiene el marido con sus amigas?*

"Tontea descaradamente en plan "verde", hace bromas de carácter sexual.

Para introducir la función de dar consejos de forma sencilla, pregunte a dos alumnos si tienen algún problema que quieran exponer o, si no se atreven, cuénteles alguno suyo (real o inventado) y pídales consejo; ayúdeles con la fórmula "yo en tu lugar".

1. 1. B   2. A

5.

Tomar el pelo a alguien:	Engañar, reírse de alguien, gastar una broma.
Volver a las andadas:	Reanudar malos hábitos del pasado.
Dar de lado a alguien:	No hacerle caso, no prestarle atención.
Levantar el ánimo a alguien:	Hacer que alguien se sienta mejor.
No querer saber nada de alguien:	Ignorar por completo a alguien.
Hacer el ridículo:	Hacer algo que provoca risa.
Ir de listo por la vida:	Creerse superior y a la vez aprovecharse de los demás.

ⓒ. texto literario

Un maestro a la antigua

ANTONIO MACHADO. Nació en Sevilla en 1875 y murió en Colliure (Francia), en 1939, pocos días después de haber abandonado España como consecuencia de la derrota de los republicanos en la Guerra Civil española. Es el poeta más importante de la llamada Generación del 98, grupo de escritores que se caracteriza por su afán de modernizar y mejorar España. Su obra poética es, por un lado, reflejo de su intimidad, y, por otro, canto al paisaje castellano. "Juan de Mairena" está escrito en prosa y recoge pensamientos, experiencias, anécdotas sobre los más variados aspectos de la vida.

Clave:

1. Carácter de Mairena: hombre benévolo, apariencia de persona tranquila y bondadosa, pero también de mal carácter, colérico, si alguien le irritaba.
   Mundo escolar: examinador, suspender, alumno, examen y suspenso.
2. Porque el chico ha dicho un disparate, ya que los griegos son símbolo de gente civilizada.
3. Porque piensa que una pregunta no es suficiente para suspender a un alumno.
4. El comportamiento del padre hace pensar a Mairena que no es un hombre culto e inteligente y que su hijo se parece a él.

(Aproveche para comentar el refrán español: "De tal palo, tal astilla" (= de tal padre, tal hijo)).

PRONUNCIACIÓN Y ORTOGRAFÍA

Ocurre con frecuencia que los alumnos, aparentemente, distinguen perfectamente los sonidos consonánticos, pero en realidad lo que hacen es deducir por el contexto:

"Juan está en el cuarto de baño".
"Me he hecho mucho daño en la rodilla"
"No encuentro el paño de cocina"

En cualquiera de estos ejemplos la confusión es prácticamente imposible. Sin embargo, conviene hacer ejercicios de distinción de sonidos aislados para afianzar y, sobre todo, para detectar posibles confusiones y resolverlas con práctica complementaria.

Clave:

> 1. a, 2. a, 3. b, 4. b, 5. a, 6. c, 7. b, 8. a,
>
> ceno - cielo - sano - parra - ópera - pago - ozono - roca
> laca - caza - gasa - barra - sitio - cito

Algunas de estas palabras serán desconocidas para el alumno. Hágale notar que no necesita conocerlas para saber escribirlas correctamente. De todas formas, aclare el significado de estas palabras después de terminar el ejercicio.

VOCABULARIO

Se llaman Institutos los centros públicos de Enseñanza Secundaria en oposición a los privados, que se llaman Colegios, como en la Primaria.

Para estudios técnicos o de ingeniería, los centros se llaman Escuelas Técnicas Superiores.

actividades

1. Como los alumnos ya han tenido la oportunidad de leer el tipo de cartas que se manda a los consultorios, les resultará más fácil inventar una carta ellos mismos. Después, oralmente, pueden practicar todas las formas que se han aprendido para dar consejos.

2. Explique a los alumnos que van a escuchar tres diálogos cortos en los que se les pregunta a tres jóvenes sobre sus planes futuros. Señáleles que a cada diálogo le corresponden dos preguntas.

Transcripción:

Loc: **Diálogo 1**

Loc: Isabel, ¿qué vas a hacer ahora que has terminado el Bachillerato?

Isa: Pues no estoy muy segura. Me gustaría estudiar Económicas, pero a lo mejor hago Ciencias Empresariales. Mi padre me dice que es mejor.

Loc: ¿Quieres dedicarte a los negocios?

Isa: Bueno, es que mi padre tiene una empresa de importaciones y exportaciones, y es un poco mayor ya. Dice que le gustaría dejar la empresa si encontrara a alguien para reemplazarle.

Loc: ¿Eres hija única?

Isa: No, tengo un hermano que es dos años mayor que yo, se llama Diego, pero a él le gusta más la música. Tiene un conjunto, ¿sabes?, y no le interesa la empresa para nada, así que seré yo la que lleve la empresa en el futuro.

Loc: **Diálogo 2**

Loc: Eduardo, ¿qué proyectos tienes para el futuro?

Edu: Bueno, lo primero terminar mis estudios. Estoy en 3º de Industriales. Cuando acabe quiero ir a Estados Unidos a estudiar un Master.

Loc: ¿No te gustaría empezar a trabajar?

Edu: Hombre, si encontrara un buen trabajo sí me gustaría, pero sin experiencia eso es muy difícil. En todas las empresas importantes te piden experiencia para entrar.

Loc: **Diálogo 3**

Loc: Y tú, Juan Carlos, ¿qué vas a hacer?

JC: Yo acabo de terminar la mili y no he decidido nada todavía. Si me tocara la lotería me iría dos años a viajar por todo el mundo.

Loc: ¿Has terminado tus estudios?

JC: ¡Qué va! Hice Primero de Informática, me gustaban los ordenadores y todo eso, pero sólo aprobé una asignatura. Repetí curso al año siguiente y aprobé otra, y luego ya me mandaron a la mili. Me he pasado un año limpiando cañones, y se me ha olvidado lo poco que aprendí, así que lo voy a dejar. No sé qué voy a hacer.

Clave: 1. c,   2. c,   3. a,   4. b,   5. c,   6. b

3. Esta actividad puede parecer un poco cruda por la triste condición del personaje, pero está hecho así a propósito. El objetivo es que practiquen oraciones condicionales con Imperfecto de Subjuntivo.

Clave: 1. Si tuviera mucho dinero no trabajaría de cartero.
2. Si no me gustara la gente no iría al fútbol o a la discoteca.
3. Si tuviera muchos amigos no me sentiría tan solo.
4. Si no quisiera cambiar de vida no estaría buscando otro trabajo.
5. Si me gustara (mucho) viajar no me quedaría en casa todas las vacaciones.

descubriendo

La España musulmana

ALHAMBRA.– La Alhambra es el edificio civil más importante que se conserva de la arquitectura civil musulmana. Todo el refinamiento, riqueza y delicadeza del arte y de la arquitectura islámicos en su último florecimiento en Occidente se encuentra en este edificio singular que es a la vez fortaleza, residencia y ciudad real y que se prolonga en los jardines del Generalife.

Alhambra significa "castillo rojo", nombre que le fue dado debido al color de sus muros, hechos con arcilla extraída de la propia colina donde se encuentra asentada. Este recinto militar, flanqueado por macizas torres, se abre al exterior por cinco puertas bien protegidas.

La Alhambra y los jardines del Generalife, declarados Patrimonio de la Humanidad en 1984, son la obra maestra de la arquitectura nazarita y constituyen el último período del arte árabe en la Península Ibérica.

LA MEZQUITA DE CORDOBA.– Enraizada en la margen derecha del río Guadalquivir, la ciudad de Córdoba, la antigua capital del Al-Andalus, del emirato y del califato del mismo nombre, ha conservado numerosas obras arquitectónicas de su pasado, entre las que destaca su Mezquita, declarada Patrimonio de la Humanidad en 1984.

La Mezquita forma un rectángulo casi regular que mide 180 metros de norte a sur y 130 metros de este a oeste. Se encuentra rodeada de un recinto macizo reforzado por gruesas torres cuadradas, entre las que se abren las múltiples puertas del templo. La Mezquita presenta en su interior uno de los más hermosos espacios arquitectónicos jamás realizados, con las 19 naves de su sala hipóstila que contiene el gran bosque de columnas, la original superposición de arcos y las bellas cúpulas nervadas.

LA GIRALDA.– La primitiva catedral de Sevilla fue destruida por la conquista árabe del año 712 y sobre sus ruinas los almohades construyeron una gran Mezquita. De ella destaca la Giralda, antiguo minarete construido entre 1172 y 1198 por Almanzor, que rivaliza en dimensiones y elegancia con la Koutoubia de Marraquech y la torre de Hassan, en Rabat.

Tras la reconquista de Sevilla en 1248, el minarete se salvó de la destrucción y fue coronado en el siglo XVII por una estatua en bronce de la Fe, el Giraldillo, situado a 97'52 metros de altitud. Otro recuerdo de la gran Mezquita es el famoso Patio de los Naranjos, situado al norte de la iglesia.

Temporada de ópera

En esta lección dedicada a planes y espectáculos, presentamos, por una parte, una estructura con el verbo QUERER que nos permite expresar ofrecimientos y que se compone de QUERER+QUE+verbo en Subjuntivo. Y, por otra parte, aparecen las oraciones subordinadas concesivas con AUNQUE. El uso del modo Subjuntivo en este tipo de oraciones es bastante controvertido, pero en este curso y como regla general, puede ayudar al alumno con lo que sigue. Si las acciones son pasadas, el verbo de la oración subordinada va en Indicativo (generalmente):

Anoche, aunque era tarde, salí a dar un paseo.

Si las acciones son futuras, mejor el verbo en Subjuntivo:

Aunque termine tarde, después de trabajar saldré a dar un paseo.

Si las acciones son presentes, puede ir en Indicativo o Subjuntivo.

A. Ya es muy tarde, no salgas.
B. Aunque es/sea tarde, voy a salir.

"Acabo de enterarme". Equivale a "me he enterado ahora mismo."

SUGERENCIAS

1. El ejercicio 1 se puede ampliar para incluir la práctica de todas las funciones presentadas

A pregunta a B por sus proyectos, preferiblemente que incluyan varios planes:
¿Qué piensas hacer...?

B contesta.
Pues primero pienso...

A pone objeciones:
Pero seguramente...

B mantiene sus planes:
Aunque...... lo haré/iré, etc.

A se ofrece para ayudar, acompañar, etc.
¿Quieres que.....?

B da las gracias pero no acepta:
No, gracias no hace falta, ...

2. Aunque no tenga mucho dinero, le haré un regalo.
Aunque la película sea mala, a mí me ha gustado.
Aunque no la conozco, la voy a invitar a mi fiesta.
Aunque me paguen bien, no pienso trabajar en esa empresa.
Aunque llueva el domingo, iremos al campo.
Aunque esté lejos, iré andando.
Aunque estoy muy cansada, trabajaré esta tarde.

3. 1. ¿Queréis que me quede con el niño esta noche?
2. ¿Quieres que te lo explique?/?Quieres que te ayude?
3. ¿Quieres que te haga la compra?
4. ¿Quieres que te diga/explique dónde está la exposición de arte?

Guía de espectáculos

Como en otras ocasiones, es importante explotar el vocabulario que aparece en los documentos auténticos relacionado con el tema que nos ocupa, el ocio y la cultura. Después de la lectura comprensiva, el profesor debe hacer preguntas acerca de los textos para asegurarse de que realmente han comprendido lo principal: *¿Lucho Gatica canta por primera vez en Madrid? ¿Qué tipo de canciones canta? ¿Se va a retirar definitivamente? ¿García Lorca era novelista?...* etc.

SUGERENCIAS

Como continuación del ejercicio 3, puede llevar a clase una cartelera de espectáculos real y actualizada de su propia ciudad (o elaborada) y decir a los alumnos que decidan en grupos qué quieren hacer el fin de semana. Después, pregúnteles qué han decidido y hágales preguntas:

> ¿Cómo habéis quedado?
> ¿Quiénes vais a ir?, etc.

— Pregunte a los alumnos si conocen algunos de los artistas o intelectuales que aparecen en la cartelera. Pregúnteles también por sus gustos, qué les parece tal o cual espectáculo, conferencia, etc.

1. 1. c,   2. c,   3. a,   4. b,   5.c.

⊂. texto literario

La bailarina

ALEJO CARPENTER.—Nació en La Habana en 1904 y murió en 1982. Es considerando como uno de los grandes narradores en lengua española del siglo XX. Por motivos políticos vivió muchos años fuera de su país, en Francia y distintos países de Sudamérica, hasta que en 1959 regresó a Cuba, donde dirigió la *Editora Nacional*. Posteriormente fue embajador de su país en Francia, donde murió. "La consagración de la primavera" es una extensa obra que refleja en gran parte la vida del propio autor. Su protagonista es un joven arquitecto de muy buena posición, que, bajo la dictadura de Machado, se ve obligado a huir a Francia. Después de numerosos avatares y de casarse con Vera, bailarina rusa, regresa a Cuba cuando triunfa la revolución de Fidel Castro para trabajar y colaborar en la reconstrucción del país.

Clave:

1. Que está sufriendo intensamente. Porque está tumbada con los ojos abiertos, casi sin luz, callada, con la mirada fija en el techo.
2. La identifica con ella misma, porque físicamente se parecen y también, como ella, siente una gran vocación por la danza.
3. La persona que está contando la historia piensa que sí, que quizás podrá en el futuro compararse con la Pávlova.
4. En la novela es el amor de un joven, y luego el matrimonio, lo que puede impedir que Mirta se convierta en una bailarina profesional, pero también podemos pensar que son todos los sacrificios que la joven tendrá que hacer si quiere llegar a ser una figura importante.

PRONUNCIACIÓN Y ORTOGRAFÍA

Resultaría muy complejo para los alumnos de este nivel intentar distinguir las numerosas variantes del español y estudiar sus características. Sin embargo, conviene que vayan comprendiendo "por qué les suena diferente" el acento de algunos hablantes, ya que, de todas formas, es inevitable que oigan una gran variedad de acentos en sus contactos con la lengua: viajes, canciones, etc.

VOCABULARIO

Una obra de teatro.
Una representación de teatro.
                          ópera.
                          ballet.
Un concierto de música.
Una actuación musical.
Un recital de poemas.
Un recital de música clásica.
(1) cine = un estreno, una cola, la taquilla, el acomodador.
(2) teatro = el palco, el telón y el escenario.
(3) ópera = el palco, el telón, el escenario y la orquesta.

actividades

1. Los alumnos leen las frases y las preguntas antes de escuchar la cinta. El profesor les pregunta quién/qué creen que son LosToreros Muertos. Deje que los alumnos digan cosas, aunque no sean acertadas. Si adivinan que es un grupo musical, pregúnteles qué tipo de música harán para tener ese nombre (pop).

Transcripción:

Lola: ¡Dígame!

Irene: ¿Lola?, soy Irene. Oye, ¿sabes que hay un recital poético esta noche? es un recital de homenaje a Rafael Alberti. ¿Te gustaría que fuéramos?

Lola: La verdad es que no me apetece mucho. Me gustaría más ir a ver a "Los Toreros Muertos". Actúan en el "Ya Está". Va a estar fenomenal. Van a tocar los temas de su último disco.

Irene: No sé, yo preferiría algo más tranquilo, estoy un poco cansada.

Lola: Venga, Irene, no seas así. ¡Anímate! hace mucho que no sales, ¿verdad?

Irene: Pues sí, pero es que no me gustaría volver a casa muy tarde.

Lola: De acuerdo, vemos la actuación, nos tomamos una copa y a casa, ¿vale?

Irene: Bueno, si es así, de acuerdo. ¿A qué hora quedamos?

Lola: ¿Te pasas por mi casa a las ocho?

Irene: Tan pronto no puedo. Salgo a las siete y media de trabajar, y me gustaría pasar por mi casa para ducharme y cambiarme.

Lola: Pues entonces quedamos en el "Ya Está" a las nueve o nueve y media.

Irene: Vale, muy bien. Nos vemos después.

Lola: Hasta luego.

1. Irene,　2. Lola,　3. Irene,　4. Irene,　5. Lola,　6. Irene,　7. Irene.
8. Un grupo musical (Un conjunto musical).
9. Porque Irene no puede tan pronto. Sale de trabajar a las siete y media, y le gustaría pasar por su casa a ducharse y a cambiarse.
10. Quedan en el "Ya Está" a las nueve o nueve y media.

2. En parejas, cada alumno lee solamente su papel (A o B), y van improvisando un diálogo que puede extenderse cuanto deseen los alumnos. Para consolidar las estructuras y el lenguaje utilizado, una vez que se hayan terminado de hacer y practicado los suficiente los juegos de roles, se pueden escribir como ejercicio.

3. Los alumnos rellenan los huecos con las palabras que quieran, siempre que en el contexto encaje su forma y significado. En esta primera parte de la actividad, el profesor debe aceptar todo lo que sea correcto. Después se oye la cinta y los alumnos completan la noticia con las palabras que acaban de escuchar. Tal vez, éstas coincidan con algunas de las suyas.

Crónica de nuestro corresponsal Juan Arias desde Roma.

JUAN ARIAS. **Roma.** Los tres *grandes* tenores de la lírica mundial, el *italiano* Luciano Pavarotti y los *españoles* Plácido Domingo y José Carreras, que por primera *vez* en sus vidas, con motivo del Mundial de Fútbol jugado en este *país*, han actuado *juntos*, no defraudaron a los 6.000 afortunados *espectadores* que abarrotaron las imponentes ruinas de las Termas de la Roma imperial, escuchándoles en un *silencio* casi sagrado. Los tres geniales tenores de nuestro *tiempo* ofrecieron un espectáculo que difícilmente se pdorá *repetir*, y que fue transmitido en directo por *televisión* a 54 países.

descubriendo

Dos formas de hacer "collage"

Estos "collages" no pretenden ser representativos de la pintura hispanoamericana. Se han elegido por su evidente contraste y por incorporar objetos auténticos y que sí pueden ser representativos por sí mismos de tradiciones y costumbres.

Si lo desea puede hacerle a los alumnos las siguientes preguntas:

—¿Os parece "provocativo" el "collage" "Declaración de amor a Venezuela?

—¿Cuál es vuestra primera reacción al ver los dos "collages"?

—¿Cuál os parece más serio/divertido?

—¿Os recuerdan alguna obra o estilo que conozcáis?

—¿Qué opináis de esta frase? "Los artistas han incorporado.... en un intento de acercarse a estas culturas que no son las suyas".

14 UNIDAD

A. *Derecho a la vida privada*

Es este apartado se presentan algunos elementos útiles para opinar y dar argumentos sobre un tema. La situación elegida (un debate televisivo) condiciona el tipo de lenguaje empleado por los protagonistas. Este lenguaje, más formal que el habitual, se caracteriza por:

• el empleo de ciertas conjunciones que en el lenguaje coloquial sonarían raras:

> "ya que" en lugar de "porque"
> "sin embargo" en lugar de "pero"
> "por supuesto" en lugar de "sí, claro"

• la forma de ordenar el discurso: "en primer lugar..."

• el empleo de la pasiva: "tienen derecho a ser respetados"

— Por otro lado, se presentan las formas de cortesía (señor, señora, don, doña) que en español tienen reglas específicas. Hay que tener en cuenta el uso del artículo cuando nos referimos a alguien en tercera persona: *"El señor López es pintor"*, pero *"señor López, ¿es usted pintor?"*. Y también hay que destacar que no se utiliza nunca "don" delante del apellido.

— "Famosa, lo es en todas...". El pronombre "lo" sustituye al adjetivo atributivo "famosa". En estos casos siempre se emplea "lo", sea cual sea el género y el número del atributo al que sustituye.

SUGERENCIAS

Elija un tema que pueda ser del interés de los alumnos (el tema esbozado en el diálogo de presentación puede usarse también, ya que no se desarrolla casi nada) y pida voluntarios para representar papeles en un debate televisivo. El resto de la clase serán los espectadores. Si quiere ejercer algún control sobre el desarrollo del debate represente usted el papel de presentador-moderador. Haga notar a los alumnos que no importa que usted los ayude con el vocabulario español; esto es absolutamente normal cuando en un debate participan personas extranjeras que saben poco español. Si tiene algún alumno aventajado, puede incluso utilizarlo de intérprete al español y permitir que algunas intervenciones de los demás alumnos sean en su lengua propia. Esto no haría más que añadir realismo a la situación.

Procure que el debate no sea muy largo, para que al final los espectadores puedan hacer preguntas o expresar su opinión.

Clave:

1.

José María trabaja de pintor *aunque* es biólogo.
Las tiendas estaban abiertas *aunque* era domingo.
Los periodistas nos informan *ya que* es su obligación.
Los políticos tienen derecho a la intimidad *aunque* sean famosos.
En ese almacén venden de todo *incluso* jaulas para pájaros.

3.

1. Señor.	2. Señor/a., doña...	3. Doña.
4. Don.	5. Señor/a., la señora.	6. La señora.

B. *Razones de una decisión libre*

— Basándonos en un documento auténtico presentamos una lista de argumentos en pro y en contra de la paternidad/maternidad.

Partiendo de estos argumentos, los alumnos podrán debatir sobre el tema utilizando los elementos aprendidos en A. Por otro lado, el léxico que aparece permitirá al profesor introducir al alumno en el campo de la formación de palabras en español.

SUGERENCIAS

— El ejercicio 1 puede utilizarse como base para una redacción individual.
— El ejercicio 3 puede ampliarse de dos formas distintas, según las necesidades de los alumnos:
   a) Los alumnos buscan otras palabras con sus derivados, de forma que haya un sustantivo, un verbo y un adjetivo con la misma raíz. Puede darles pistas, es decir, una de las palabras, para que rellenen los otros huecos.
   b) Los alumnos buscan palabras o expresiones de sentido contrario al de las que aparecen en el cuadro. Así, usarán sufijos y palabras antónimas. Hágales notar que a veces tenemos que usar "no ..." o "falta de ..." cuando no hallamos un antónimo apropiado: "libertad" ≠ "falta de libertad" (esclavitud no reflejaría adecuadamente el contrario de libertad" por ser su significado muy extremo).

3.

SUSTANTIVO	ADJETIVO	VERBO
satisfacción	satisfactorio/satisfecho	satisfacer
riqueza	enriquecedora	enriquecer
libertad	libre	libertar/liberar
comprensión	comprensivo/comprensible	comprender
maravilla	maravilloso/educado	educar
educación	educativo/educado	educar
plenitud	pleno, lleno	llenar

texto literario

El Quijote y la novela policíaca

ERNESTO SÁBATO. Nació en Rojas, provincia de Buenos Aires, en 1911. Hizo su doctorado en Fisicas en la Universidad de La Plata y trabajó en el Instituto Curie (Francia). En 1945 abandonó definitivamente la ciencia para dedicarse a la literatura. Ha escrito varios libros de ensayo sobre el hombre en la crisis de nuestro tiempo y sólo tres novelas: "El túnel" (1948), "Sobre héroes y tumbas" (1961) y "Abadón el exterminador" (1974) premiada en París como la mejor novela extranjera publicada en Francia en 1976.

"El túnel" es una novela psicológica que trata de las relaciones entre un pintor, personaje contradictorio y apasionado, y una mujer a la que conoce en una de sus exposiciónes de pintura y a la que acaba asesinando.

Clave:

1. Que se volvió loco de tanto leer novelas de caballerías, se creyó un caballero andante y empezó a actuar como él.
2. La novela tendría como protagonista a un personaje que enloquece de leer novelas policíacas y se cree el mejor detective y empieza a actuar en la vida real como un detective de novela.
3. Mimí cree que Hunter no escribe esa novela porque, como él mismo ha dicho, no es Cervantes, es decir, le falta talento y capacidad. La segunda razón, la pereza, no es el verdadero motivo.

PRONUNCIACIÓN Y ORTOGRAFÍA

En esta unidad se continúa con la presentación de distintos acentos y variantes léxicas de algunos países hispanoamericanos.

Como ocurría en la unidad anterior, no proponemos ejercicios porque resultarían demasiado difíciles para este nivel. No obstante, puede preguntar a los alumnos qué características han observado al escuchar las grabaciones. Podrán repasar y recordar las características expuestas en la unidad anterior, o incluso observar otras.

VOCABULARIO

"Sí" con la boca pequeña o con la boca chica. Asentir por compromiso, sin estar convencido.

¿En qué situaciones...?

— para introducir un tema nuevo : 5, — para citar fuentes: 2, — para explicar mejor una idea: 1,
— para acabar una conversación : 6, — plantear una cuestión : 4
— Los ejemplos con "perdona" sirven para ilustrar los varios sentidos que puede tener esta palabra según el contexto. Puede indicar:
   o que uno quiere intervenir (interrumpir)
   o que se va a plantear alguna objeción
   o que uno no ha oído o comprendido algo
   o que uno quiere disculparse de verdad

actividades

1. En parejas, los alumnos leen los argumentos y deciden cuáles son a favor y cuáles en contra. Si desconocen palabras como "recluta", usted puede ayudarles, pero tal vez desee que sean ellos quienes adivinen el significado de las palabras que no conocen.

Clave:
A favor: a, d, e , h   En contra: b, c, f, g

2. Deje que los alumnos elijan el papel que más les guste. No hay que forzarlos a que representen un papel con el que no están de acuerdo.

Haga hincapié en que utilicen los elementos de unión.

3. Los alumnos tienen que ser capaces de exponer en forma de carta sus ideas o críticas utilizando todo tipo de recursos para la argumentación. Ésta debe ser clara y tener un planteamiento lógico.

4. Antes de hacer la actividad, coménteles que Antonio Resines es un joven actor del cine español que ha conseguido un gran éxito en películas tan conocidas como: "Ópera prima", "La vida alegre", "Sal gorda", "Sé infiel y no mires con quién", etc.

Si lo desea pida a los alumnos que rellenen los huecos con palabras que ellos crean que hacen falta.

Después escuchan la cinta y comprueban lo que en realidad dice Antonio Resines.

Transcripción: **La estabilidad emocional**

«Hubo una época en la que era como muy..., un poco despendolado, enloquecido. La verdad es que casarme me ha venido muy bien, porque me he estabilizado emocionalmente. Además yo siempre había querido tener un hijo.» Su hijo tiene ahora siete años. «Nos llevamos bien, nos divertimos juntos y mi trabajo no le afecta. Hasta hace poco, cuando le preguntaban qué hacía su padre, no sabía muy bien qué contestar. Ahora que ya es mayor, incluso me lleva al colegio para presentarme a sus amigos.»

Su profesión le ha dado equilibrio, estabilidad económica. «Me ha aportado más de lo que me ha quitado. Eso sí, me ha restado un poco de intimidad, por lo de la fama, ya sabes, aunque tampoco me creo yo mucho lo que me está pasando; siempre he pensado en esto como en algo coyuntural... No sé qué es lo importante en la vida, pero desde luego no el ser famoso, de eso estoy seguro.»

Clave:

1. Antonio Resines dice que casarse *le ha venido* muy bien, porque lo ha estabilizado *emocionalmente.*

2. Además, siempre *había querido tener* un hijo.

3. Él y su hijo se llevan *muy bien,* se *divierten* juntos y su *trabajo* no le afecta.

4. Su profesión le ha restado *un poco de intimidad.*

5. Para él lo más importante en la *vida* no es ser *famoso.*

descubriendo

Javier Mariscal, un diseñador de moda

Aparte del interés cultural que tiene, la sección "Descubriendo" de esta unidad incluye una entrevista auténtica a Javier Mariscal para mantener la coherencia temática de la unidad: la argumentación, la expresión de ideas y las opiniones.

La "polémica" a la que alude el entrevistador se debió principalmente a que Mariscal, siendo valenciano y no catalán, fuera el autor de la mascota oficial de los Juegos Olímpicos de Barcelona '92, y algunos nacinalistas radicales protestaron.

Por otra parte, el dibujo de Cobi, el perrito, tiene un diseño bastante vanguardista, algo insólito en una mascota deportiva. La verdad es que las protestas, por una u otra razón, fueron bastante minoritarias. La gente enseguida se acostumbró a "Cobi".

A. El argumento de una novela

Hemos pretendido en esta lección hacer una recapitulación del uso de los tiempos verbales en español, en especial los que se utilizan en la narración. Después de una lectura atenta, el profesor puede hacer preguntas para comprobar que los alumnos han comprendido bien el texto. A continuación, pida que los alumnos señalen y reconozcan los tiempos verbales. Es posible que algún alumno pueda explicar a sus compañeros porqué se utiliza el Pretérito Indefinido y no el Pretérito Perfecto, por ejemplo.

Por último, se puede pasar a practicarlos como recomendamos en PRACTICA.

SUGERENCIAS   15 A y B

Esta unidad tiene una estructura temática muy cohesionada. El tema de la novela "Crónica de una muerte anunciada" predomina sobre los aspectos funcionales o estructurales, aunque éstos están claramente establecidos.

Antes que nada, anuncie a los alumnos que esta unidad será diferente a todas las demás y recuérdeles datos sobre Gacía Márquez (nacionalidad, Premio Nobel de Literatura, etc.)

Antes de abordar el ejercicio 1, los alumnos deben haber comprendido perfectamente la trama. Si es necesario, plantee algunas preguntas de comprensión:

* ¿Por qué termina mal la boda?

* ¿Por qué quieren matar a Santiago Nasar los hermanos Vicario?

* ¿Por qué se trata de una "muerte anunciada"?, etc.

Para el ejercicio 1 deje que los alumnos elijan entre escribir el final individualmente o en parejas para aportar más ideas. De todas formas no convendría que se formaran grupos de cuatro o más, ya que algunos alumnos no participarían en absoluto.

En el ejercicio 2 procure que los diálogos sean breves. Dígales a los alumnos que se ahorren los preliminares (preguntar el nombre, etc.)

En el ejercicio de la parte B, cuide de que los alumnos no mencionen nombres de personajes ni actores de la película. El resto de la clase debe adivinar el título de la película sin más ayuda que la narración de la trama.

Sin embargo, si nadie logra acertar de qué película se trata, los alumnos pueden hacer preguntas al grupo sobre la trama, los personajes, los actores, etc.

C. texto literario

Los sueños, la muerte

1. Los sueños eran bastante extraños. Según su madre, siempre soñaba con árboles. Ella no había notado ningún aviso de desgracia.

2. El alumno puede opinar libremente, aunque el crimen no parece muy justificado, porque ni siquiera es seguro que Santiago Nasar le quitase la honra a Angela.

SUGERENCIAS

La acentuación incorrecta de las formas verbales puede originar confusiones importantes.

En VEN I se practicó la distinción entre formas similalres, como:

"llego" (1ª persona singular del Presente de Indicativo), y

"llegó" (3ª persona singular del Pretérito Indefinido).

En esta unidad se amplía esta práctica a la distinción entre el Futuro ("llamará") y el Imperfecto de Subjuntivo ("llamara"), algunos casos específicos de distinción entre verbos ("practico, equivocó") y sustantivos o adjetivos ("equívoco o práctico").

Clave:

1 a,   2 c,   3 a,   4 b,   5 b,   6 a,   7 b,   8 a.

VOCABULARIO

— "Anciano/a" es un término poco usado hoy día. "Señor/a mayor" es más delicado.

Clave:

Nadie *advirtió / avisó* a Santiago Nasar (del peligro ... / de que lo querían matar.)

— Santiago Nasar no *sospechaba* de los hermanos Vicario.

— Los hermanos Vicario amenazaron con matar a Santiago Nasar

— La madre de Santiago Nasar *supuso / suponía* que su hijo ya estaba en casa y cerró la puerta.

actividades

Esta actividad no es difícil, pero los alumnos deben estar preparados para usar su imaginación. Dígales que van a tener la oportunidad de inventarse su propia vida, pero con algunas limitaciones. La rueda de la Fortuna da muchas vueltas y ocurren cosas imprevistas.

Por evidentes razones cada alumno debe escribir su "biografía" de forma individual. Déjeles tiempo suficiente para escribir la biografía completa.

En lugar de contarse los alumnos sus vidas en grupos, puede elegir las redacciones que le parezcan más interesantes, corregir los errores gramaticales o de vocabulario, y leerlas en clase. Los demás alumnos pueden hacer preguntas o comentarios, y los autores tendrán que responder.

descubriendo
Breve guía de Colombia

Antes de leer el texto pregunte a los alumnos qué saben de Colombia, dónde está situado este país, etc. Lo más probable es que casi todos lo asocien a las plantaciones de café. Si alguien mencionara el tema del narcotráfico, y usted lo considera conveniente, se puede hacer un pequeño debate sobre los orígenes y las consecuencias de este delicado y grave problema internacional que es la droga.

He aquí algunos puntos para conducir el debate:

— Factores que conducen al cultivo y tráfico de coca: pobreza, alto índice de desempleo, bajos precios del café.

— ¿Cómo se puede acabar con la droga? ¿Combatiendo el cultivo, la distribución o preferentemente el consumo?

— Clima de violencia en el país: grupos paramilitares de derechas, guerrillas de izquierdas, narcotraficantes.

— Posición del gobierno: pocos recursos, corrupción en la administración, inestabilidad política.

— Condiciones geográficas: regiones inaccesibles, selva y montañas. Condiciones idóneas para escapar de la ley.

Clave de los tests

CLAVE TEST (Unidades 1, 2 y 3), pág. 39

1-b	2-c	3-a	4-c	5-c	6-a	7-b
8-c	9-a	10-b	11-c	12-b	13-b	14-b
15-d	16-b	17-a	18-c	19-b	20-a	

CLAVE TEST (Unidades 4, 5 y 6), pág. 73

1-c	2-b	3-d	4-a	5-c	6-b	7-b
8-a	9-a	10-c	11-a	12-d	13-c	14-b
15-a	16-d	17-c	18-b	19-d	20-c	

CLAVE TEST (Unidades 7, 8 y 9), pág. 107

1-b	2-a	3-d	4-b	5-d	6-b	7-b
8-a	9-c	10-c	11-c	12-a	13-b	14-a
15-b	16-c	17-b	18-a	19-d	20-c	

CLAVE TEST (Unidades 10, 11 y 12), pág. 141

1-c	2-d	3-c	4-c	5-d	6-c	7-a
8-b	9-b	10-c	11-c	12-d	13-a	14-b
15-b	16-a	17-c	18-a	19-b	20-a	

CLAVE TEST (Unidades 13, 14 y 15), pág. 175

1-c	2-c	3-d	4-c	5-c	6-b	7-b
8-c	9-b	10-d	11-c			

12.
1-viví	2-viví	3-me cansé	4-había	5-me fui
6-era	7-daba	8-pasé	9-preguntó	10-quería
11-había	12-había dejado	13-había encontrado/encontró		
14-empecé	15-pagaban	16-ganaba	17-mandaba	
18-pude	19-era	20-había querido		